ROGER FRISON-ROCHE

BIVOUACS SOUS LA LUNE

La piste oubliée

ARTHAUD

LA PISTE OUBLIÉE

Né à Paris en 1906 d'une famille savoyarde, Roger Frison-Roche quitte la capitale à dix-sept ans pour Chamonix où il se distingue bientôt comme alpiniste et comme guide. Il collabore à divers journaux, donne des articles à des revues spécialisées et participe en 1935 à une première expédition dans les montagnes du Sahara central : il l'évoque dans L'Appel du Hoggar. *Il y retourne en 1937, puis s'installe en 1938 comme journaliste à Alger où il écrit* Premier de cordée *qui obtient un succès considérable.*
Correspondant de guerre en 1942 sur le front tunisien, fait prisonnier, transféré en France, il gagne le maquis de Savoie et termine la guerre comme lieutenant de chasseurs alpins. Il entreprend ensuite de nombreux voyages et continue à écrire romans ou grands reportages.
Après la Savoie qui lui inspire encore La Grande Crevasse *(1948) que suit* Retour à la montagne *(1957), il donnera le Sahara pour cadre aux trois volets de* Bivouacs sous la lune : La Piste oubliée *(1950),* La Montagne aux écritures *(1952),* Le Rendez-vous d'Essendilène *(1954). C'est en Laponie qu'il situera* La Dernière Migration *et* Le Rapt.
D'une expédition dans le Grand Nord canadien en 1966, il rapporte avec Pierre Tairraz un film et un reportage : Peuples chasseurs de l'Arctique, *et un récit :* Nahanni, trappeurs et prospecteurs du Grand Nord canadien.

Le Sahara n'a pas toujours été un désert ponctué de rares oasis reliées par des pistes que ronge le vent de sable. Les fossiles et les peintures rupestres le montrent giboyeux et habité, les légendes mentionnent d'autres oasis et, dans ses *Histoires* écrites cinq siècles avant notre ère, Hérodote, le grand voyageur grec, parle des Garamantes dont les chars roulaient vers le Soudan pour y chercher or et esclaves.
C'est la route des Garamantes et la troisième oasis des légendes que l'ethnologue Lignac espère découvrir en allant explorer le Ténéré. Le chef de la Compagnie saharienne locale à qui il a demandé une escorte lui adjoint le lieutenant Beaufort qui aura, en outre, la mission secrète d'arrêter le Targui Akou, assassin d'un officier.
Beaufort choisit comme second le maréchal des logis-chef Franchi, s'attirant ainsi la haine de Tamara la Targuia qui va chercher auprès d'Akou un allié pour se venger. Menace latente qui pèse de plus en plus sur le sort de l'expédition
Comment Beaufort surmonte ses difficultés de « boujadi », comment Lignac réalise son rêve et Tamara le sien, c'est le ressort dramatique d'un récit qui explique avec précision la vie au Sahara et qui traduit admirablement la grandeur sauvage et austère de ces déserts de pierre et de sable où l'homme reprend ses vraies dimensions.

ŒUVRES DE ROGER FRISON-ROCHE

Dans Le Livre de Poche :

PREMIER DE CORDÉE.
LA GRANDE CREVASSE.
RETOUR A LA MONTAGNE.
LA MONTAGNE AUX ÉCRITURES.
LE RENDEZ-VOUS D'ESSENDILÈNE.
LE RAPT.
LA DERNIÈRE MIGRATION.
PEUPLES CHASSEURS DE L'ARCTIQUE.
LES MONTAGNARDS DE LA NUIT.
NAHANNI.

PREMIÈRE PARTIE

TAMARA

NOTA. — L'auteur a conservé un certain nombre de mots indigènes dont l'équivalent n'existe pas en français. Des astérisques les accompagnent lorsqu'ils figurent pour la première fois dans le texte et renvoient au glossaire.

CHAPITRE PREMIER

Accroché à son volant, mort de fatigue, le képi bleu délavé rejeté en arrière, les yeux rougis par le vent de sable, Dubois, engagé volontaire depuis cinq ans aux Compagnies sahariennes, s'efforçait de résister au sommeil.

Depuis plusieurs heures, malgré les ondulations du reg * qui secouait la voiture, il avait cessé de penser. Automatiquement il passait ses vitesses, débrayait, embrayait, dégorgeant son carburateur d'un rageur coup de pédale.

À ses côtés, le « colon » dormait... A vrai dire, les officiers du Nord, bien sanglés dans leurs dolmans impeccables, auraient difficilement reconnu un officier supérieur en ce paquet de burnous rouge et blanc, laissant dépasser d'un sarrouel * noir soutaché de broderies blanches deux pieds nus énormes aux orteils écartés, de vrais pieds de Saharien, élargis par le port des naïls *. Du visage, on ne distinguait qu'une moustache en brosse débordant le chèche * kaki relevé jusqu'au nez et rabaissé du front jusqu'aux yeux. Sur la banquette arrière, trois corps emmêlés se laissaient, eux aussi, gagner par un sommeil pesant que rien ne pouvait empêcher, ni les cahots, ni l'atroce chaleur de cette nuit de juin 1928, parcourue par le souffle brûlant du vent d'ouest.

Dubois maugréa :

« Les brutes ! pas un qui me tiendrait compagnie ! Et cette piste qui n'est plus visible ! Sacré colon, toujours pressé, comme si on n'aurait pas pu passer par El Goléa, In Salah et Arak ! C'est quand même plus fréquenté et meilleur... »

Il n'acheva pas... Devant lui se présentait un oued dont il ne pouvait estimer la largeur, et brutalement le reg dur et roulant fit place aux sables mous... Il essaya bien de descendre rapidement ses vitesses ; trop tard ! lorsqu'il eut réussi à se mettre en première, l'auto, enlisée jusqu'aux moyeux, se bloqua sans rémission, moteur calé.

Son voisin, surpris par le choc, alla buter du front sur le pare-brise.

« Tu roupillais, bleusaille ! tu roupillais... » lança le colonel d'une voix furieuse ; puis, se tournant vers la banquette arrière, d'où s'élevaient des interjections en arabe et en tamachek * :

« Ahmed, Bombi... fissa * ! aux roues... 'spèces d'emplâtres ! pas moyen de compter sur vous... Dubois, t'auras huit jours... suffit !... Allez ouste, Lignac, dégagez ! Ai pas envie de coucher dans l'oued... Sacré vent de sable ! Bon sang, quelle chaleur... chien de métier ! Comme si c'était le rôle d'un colon de se balader en plein été au cœur du Hoggar... mais faut pas compter sur les jeunes... Pas plus de résistance que des filles... Et Beaufort, est-ce qu'il arrive ? On n'aperçoit même plus ses phares... Tu l'as perdu, hein... T'auras huit jours de plus... »

Blasé, muet, Dubois ouvrit la portière.

Ils descendirent et tout à coup furent enveloppés dans une tornade de sable chaud qui parcourait le reg en hurlant. Elle les gifla violemment au passage et disparut dans la nuit.

Dubois avait laissé passer l'algarade sans broncher. Il connaissait son colonel, depuis le temps que tous deux parcouraient le Sahara en tournées d'inspection. Il riait intérieurement en le voyant se masser le front avec énergie. Quel réveil !

Quant à lui, bien sûr, il avait somnolé, mais les autres, pensait-il... Le patron, en prenant place à ses côtés, au début de l'étape, ne lui avait-il pas dit : « Vas-y, petit ! On bavardera, ça te tiendra compagnie » ? Il n'allait pas lui expliquer, au colon, que depuis trois heures il conduisait en solitaire sa lourde machine, tandis que son voisin et les autres ronflaient !

Mais déjà l'ensablement, cet incident quotidien de la piste, était oublié.

Tournés vers le nord, les cinq hommes scrutaient la nuit ; une nuit cuivrée, rouillée, exhalant des touffeurs de pierres rouges, une atmosphère de four ; on n'apercevait pas les feux de la seconde voiture.

« C'est ma faute, mon colonel, concéda Dubois avec humilité à force de regarder la piste droit devant, j'ai oublié de me retourner ; d'ailleurs j'avais toujours l'impression de voir leurs feux dans mon rétroviseur... Faut espérer qu'ils ne perdront pas les traces... car sur vingt kilomètres, c'est du reg dur. On doit être entre In Takoufi et In Abezzou ?

— Bien sûr, pardi, grogna Marlier, on doit se trouver à hauteur de la Tefedest du Sud. Au jour, on verra l'Iscarneïd et l'Inekoulmou... Tu te rappelles ? Les deux énormes coupoles de granit... Bon !... ça va, fiston, fit-il radouci, je retire les huit jours ; je n'avais qu'à ne pas dormir, moi non plus... Ahmed, Bombi, poussez aux roues ; vas-y, démarre doucement, en première... Ton carburateur tousse ; faudra le nettoyer.

— Faut mettre les creshbas *, mon colonel ? interrogea le chauffeur.

— Pas la peine... Allez, Lignac, un coup de main ! Au Sahara, on est tous solidaires... »

Cahin-caha, la voiture se dégagea, prit de l'élan ; Dubois, ayant réussi à la sortir des sables mous et à la conduire sur un tertre, orienta le capot face au vent et coupa le contact. Le moteur se tut. Il se fit tout à coup un grand silence, interrompu de temps à autre par la voix du vent gémissant sur le désert... On ne distinguait toujours pas les étoiles... Rien que le mur des ténèbres !

« Ta batterie est-elle bonne ? dit encore le colonel. D'ailleurs, on en a une de rechange ; laisse tes phares allumés, ça servira de repère aux autres. »

Sa colère passée, Marlier se prit à sourire...

Ses hommes connaissaient son caractère emporté et ne s'en effrayaient pas. Véritable soupe au lait, ses ires ne duraient que quelques secondes ; certes, s'il avait fallu additionner tous les jours d'arrêt, toutes les heures de consigne, toutes les rétrogradations prononcées et enlevées sur l'heure, au cours de ses emportements périodiques, on eût pu croire que les troupes du Territoire des Oasis cumulaient les punitions. En fait, Marlier punissait rarement. « On vient au Sahara par vocation, disait-il. Si ça ne vous plaît pas, ouste... dans le Tell !... Il y en a assez pour prendre la place. »

« Bombi, fais chauffer l'ataï* », décida-t-il soudain.

Ecartant le chèche de sa figure, il caressa à pleines mains ses grosses moustaches, geste familier pour son entourage. Son énorme stature se dressait dans la nuit; le képi relevé sur le front, l'œuf colonial en avant (sa guerba *, comme il disait), il était bien ainsi que la légende l'avait dépeint aux gens du Nord, le chef original et non conformiste, modelé par le désert, sachant comprendre et diriger aussi bien les Européens que les Chaamba* ou les Touareg. Plus à son aise sur la piste que dans les salons du XIXe Corps, à Alger.

Un peu à l'écart, les goumiers allumèrent le feu ; de leur brutale flambée les larges touffes de drinn * éclairèrent un cercle du désert. Déjà Chaambi Ahmed ben Metlili, accroupi à même le sable, nettoyait les petits verres et les minuscules théières ; tandis que Bombi, l'ordonnance, abaissant son litham *, découvrait une large face de nègre, hilare et sympathique.

La bouilloire fusa, et son chant humanisa le paysage.

Pendant que Dubois, comme tout mécanicien digne de ce nom, fourrageait dans son moteur, faisait le plein d'eau et d'essence, le colonel et Jean Lignac assis à l'orientale devisaient autour de la flamme. Deux caractères opposés, deux volontés égales. Le mince et frêle Lignac faisait apparaître plus monstrueuse encore la forte corpulence de l'officier.

Petit, maigrichon, tout en nerfs, le jeune savant cachait cependant sous son aspect délicat un tempérament de fer, capable d'endurance jusqu'au-delà des limites raisonnables. En fait, sa première mission en 1922, aussitôt après son agrégation, avait été une réussite scientifique. Explorant les terrains de parcours des Touareg de l'Ahnet * et des Iforas *, dans ces régions hostiles qui séparent le Sahara algérien du Soudan, il avait non seulement découvert les débris d'un squelette fossile remontant au quaternaire — datant peut-être même de la fin du tertiaire —, mais encore réuni les premiers éléments d'une carte géologique et précisé de nombreux points astronomiques. Un peu contré au début par les militaires du Territoire, qui n'avaient pas tout de suite compris ce que recelait de foi, de puissance de travail et de raisonnement scientifique cette enveloppe mesquine [1], il avait forcé au bout

1. *Meskine* : pauvre en arabe.

de quelques mois leur estime : désormais il était des leurs.

On lui pardonnait même son éternel bavardage, son grand et terrible défaut... Car le Gascon, au cerveau bouillonnant d'idées, ne pouvait rester un instant sans parler. Quiconque sait qu'au désert le silence est vertu cardinale comprendra qu'il ait fallu à Lignac toutes ses qualités de savant et d'homme pour gagner la partie.

Le colonel, qui avait vu défiler dans ses bureaux d'Ouargla maint « chargé de mission » dont les hautes lettres de recommandation ne dissimulaient pas toujours l'incapacité, avait apprécié les résultats tangibles rapportés dès sa première exploration par ce surprenant bavard. Lui-même était grand parleur ; mais, à la différence du savant, le colonel se taisait parfois brusquement, pendant des heures, et chacun savait alors qu'il fallait respecter ses méditations.

Bombi apportait avec respect le plateau de cuivre et les théières. Avec des gestes minutieux de femme, il disposait devant les deux Français les verres de poupées. Marlier et Lignac regardaient, à nouveau somnolents, mais avec l'intérêt que porte tout Saharien à la confection rituelle du thé. Bombi, en la matière, était maître.

Ayant creusé un léger trou dans le sable, le noir y glissa quelques charbons ardents. Dessus, la bouilloire toute bosselée chantonnait, laissant fuser la vapeur par son bec. De deux petits sacs de toile, le nègre sortit le thé vert et le pain de sucre. Il jeta dans l'une des théières une grosse poignée de feuilles, les ébouillanta, rejeta le liquide, puis remplit de nouveau le récipient ; ensuite, à coups de martelet de cuivre — le marteau d'Antinéa — il cassa le sucre en gros cubes qu'il plaça dans l'autre théière. Très lentement, marmottant une nostalgique mélopée, il transvasa le breuvage de l'une dans l'autre, en versa une petite quantité dans son verre, goûta avec la précision d'un chevalier du Tastevin humant sa coupelle.

Le thé fut servi à la ronde. Le premier verre au colonel, le deuxième à « M'siou Lignac », le troisième à Dubois qui, faisant fi du kanoun *, attrapa son verre et le vida d'un trait sans attendre le signal de la dégustation. Les trois hommes ayant bu, Bombi servit alors les goumiers assis à l'écart. Les grandes flammes des feux de camp montaient maintenant presque verticales dans l'air surchauffé. Le vent de sable tombait, avec l'approche du jour. On pouvait, à travers l'atmosphère embrumée, apercevoir déjà quelques points lumineux dans le ciel : des étoiles. Habitué aux vicissitudes du désert, l'équipage supportait sans être incommodé l'exceptionnelle chaleur de la nuit. Lignac rompit enfin le silence :

« Ça commence tôt les chaleurs, mon colonel !

— Je vous avais bien dit de venir en hiver ! ronchonna Marlier.

— Bien sûr, mon colonel, mais allez décider ces messieurs de l'Institut à faire « fissa » ; ils ont l'éternité pour eux... Nous aussi d'ailleurs, et puis, là où je veux aller, nous serons constamment en altitude. Voyez-vous, je préfère un été dans le

Hoggar à l'été algérien... la sécheresse, il n'y a que ça !

— Hum, hum, hum !... Voudrais bien vous y voir après vingt ans de Sahara... Vous venez, vous fichez le camp dans le bled, vous nomadisez, tout nouveau, tout beau... mais prenez ma place, prenez celle des officiers d'A. I.[1] dans les postes. De la paperasse, de la paperasse, du bureau à longueur de journée... des rapports à fournir à ceux du Nord... des états de pertes... Ah ! là là !... Il y a des jours où je voudrais en être à ma première ficelle, avec toutes mes illusions... Bast ! je ne les envie pas ; qu'ils me f... la paix, qu'ils me laissent gouverner mon Sahara, les imbéciles... Parrot, qui commande à Djanet, m'avise l'autre jour qu'il a perdu deux chameaux au pâturage... perdus ou volés... en tout cas, pas perdus pour tout le monde... ça doit être un coup des Kel Messak *. Il en était venu une caravane depuis le Fezzan, et comme je n'ai pas le droit de passer la frontière théorique italienne !... Enfin, bref... Parrot m'envoie l'état de perte régulier modèle tant et tant... Mon chef d'état-major transmet... Ça arrive en Alger, ça f... le camp à Paris, juste comme un intendant mettait son nez dans les papiers pour vérifier la bonne utilisation des crédits : un contrôleur... ça alors !... Bref, six mois après m'arrive notification supérieure... annotée ironiquement par Alger, qui jubilait à la perspective de connaître ma réaction. — « Par « note, etc., il est prescrit d'entourer désormais les

1. A. I. : Affaires indigènes.

« pâturages [1] à chameaux d'un réseau de fil de
« fer barbelé ainsi qu'il se fait dans les prairies
« normandes ; utiliser piquets et stocks anciens
« qui doivent exister à Ouargla depuis la fin de
« la guerre. On évitera ainsi la perte d'animaux
« de valeur, longs à dresser et indispensables à
« notre mobilité dans le Sud. »

Lignac s'esclaffa ; mais déjà redevenu soucieux le colonel sentait se réveiller sa colère. Cette fois, il prit à partie Beaufort qui n'arrivait pas...

« Et cet animal qui n'est pas là. Pas étonnant, un bleu au Sahara ! On me l'a f... sur les bras !

— Diable, mon colonel, coupa Lignac, laissez-le s'acclimater. Je connais peu Beaufort, une ou deux rencontres à Ouargla pour la préparation du raid, et depuis les journées de piste ; mais il paraît avoir de l'étoffe.

— Oui, bon officier, reconnut en bougonnant Marlier. Premier de Saint-Cyr, excellentes notes, lieutenant de chasseurs alpins, et magnifique montagnard ! Fils de personne, je dois dire cela à sa décharge, arrivé par son travail et le sacrifice de ses vieux ; sympathique, bien sûr... Mais enfin, Lignac, voilà un gars qui vient au Sahara par désespoir... muté sur sa demande, avec un appui imposant de tous ses chefs... Faut le distraire, le petit, alors on l'envoie au Sahara... Comme si nous avions besoin d'être déprimés dans ce bled... Non, mais mon vieux, contemplez-la, cette terre de consolation ! »

1. On appelle pâturage au Sahara d'immenses étendues parsemées de rares touffes, très espacées les unes des autres.

La nuit finissant, le vent de sable était tout à fait tombé. Le paysage de mort s'ébauchait. Un paysage que, dans l'obscurité, ils n'avaient pas imaginé. La voiture était immobilisée sur la rive légèrement surélevée d'un oued à sec. Un immense reg sans végétation, couvert de cailloutis, s'étendait à l'est jusqu'aux premiers contreforts de la Tefedest. On y distinguait, très haut au-dessus des éboulis, deux énormes coupoles granitiques, gigantesques carapaces de chéloniens, bleutées, livides dans le jour naissant. Les flancs de la montagne baignaient dans un amoncellement de sables blancs — des sables de granit — qui les enrobaient, garnissaient les brèches et les couloirs rocheux ; on eût dit, dans la pâleur de l'aube, un paysage de neige. Quelques tahlas * desséchés, ébranchés par les nomades, marquaient en surface le cours souterrain de l'oued. Leurs branches mutilées accroissaient, si possible, la désolation du paysage. L'heure bleue tournait au fauve. On pouvait encore deviner, droit au sud, une puissante gara * s'élevant comme une immense pyramide au-dessus du reg.

« Tiens ! mon colonel, fit Lignac, la Gara d'In Ekker ! Nous ne sommes plus très loin de la piste principale. »

Là-bas, en effet, passait le fil ténu qui relie le Hoggar au Tidikelt et au Nord. La piste se faufilait à travers les gorges d'Arak ; dure et caillouteuse, elle offrait cependant une certaine sécurité par la proximité relative de ses points d'eau permanents : In Salah, Hassi el Kheneg, Tiratimine, Arak, Meniet, Tesnou et enfin In Ekker.

« Oui, on aurait pu la prendre, concéda Marlier ; mais je tenais à visiter mes gens de Flatters, et ceux d'Amguid. Sous prétexte qu'ils ne sont pas sur l'itinéraire direct on a tendance à les délaisser. La visite du patron, de temps à autre, ça fait du bien. Bon sang ! ça chauffe déjà ! On était si tranquille ! » grogna le colonel rejetant en arrière la visière de son képi.

Avec la soudaineté des aurores tropicales — ils se trouvaient juste sous le tropique du Cancer —, le soleil, implacable maître des solitudes sahariennes, apparaissait à travers une embrasure de la Tefedest, montant sur l'horizon avec une rapidité inouïe. En quelques secondes, il transformait le désert. La chaleur de la nuit — il avait fait 45° minimum — n'augmentait pas encore, mais, en vieux Saharien, le colonel savait ce que signifiaient et ces traînées laiteuses dans le ciel et la touffeur d'une atmosphère subitement immobile. Dans une heure, il ferait très chaud, trop chaud... et Beaufort qui n'arrivait toujours pas !

Les tons bleus s'étaient effacés, la montagne avait flambé d'un coup, et maintenant des flammèches d'air chaud vibraient à hauteur d'homme sur le reg caillouteux. Dans quelques instants, de la terre surchauffée allait monter, monter la brume de sable...

« Hier soir, hasarda Lignac, lorsque nous avons quitté ensemble le bivouac, au large de la Garet El Djenoun *, le chauffeur de Beaufort se plaignait d'ennuis d'allumage. Peut-être... »

Il n'acheva pas, Marlier s'emportait.

« Tous les mêmes... la peur, l'obsession de la

Garet ! C'est formidable de penser que des hommes équilibrés puissent accorder foi à toutes ces sornettes. La Garet, mon cher, la Garet El Djenoun est une montagne comme les autres, difficile à gravir sans doute ; quoique novice en la matière, j'ai pu observer sa face Est haute de mille mètres, et celle qui nous regarde, la plus humaine, présente encore des à-pic de plusieurs centaines de mètres. Enfin, il se trouvera bien un jour des grimpeurs...

— Si les djenoun ne les mangent pas, mon colonel... » plaisanta Lignac.

Au seul mot de djenoun, Bombi s'était arrêté de verser le thé et faisait de la main un geste de protection... Il était livide.

« Ah ! mon colonel ! Le lieutenant, il est arrêté par les djenoun ; pour sûr, il est en panne ! Il n'a pas cinq galons, mon colonel, cinq galons les djenoun ils craignent, mais deux, pas assez ; le lieutenant est un boujadi *... il aura voulu s'arrêter, peut-être même il aura bravé le sort... Mauvais, très mauvais, jamais braver la Garet et la Princesse du sommet... »

Le Noir hocha la tête gravement.

Objet de terreur superstitieuse dans tout le Sahara central, la Garet El Djenoun, fier sommet granitique, termine au nord la chaîne inexplorée de la Tefedest. Son éperon fouille à même les sables de l'Irrarhar, et aucun nomade, aucun Targui *, aucun Chaambi, ne se hasarde à pénétrer dans les gorges qui donnent accès à l'intérieur du massif. Quiconque s'y aventure est voué à la mort. On dit que, sur sa cime couverte de jardins d'oliviers, règne parmi les fleurs une belle et maléfique princesse et que les chaos rocheux alentour voient ressusciter chaque nuit les victimes de la reine des sables : le Caïd au burnous rouge, chevauchant, chevauchant, sans cesse aperçu, sans cesse disparu ; ces deux jeunes nobles des Ifetesen *, partis à la conquête de la beauté irréelle, et dont l'un est tombé dans les précipices sans fond, tandis que l'autre revenait à ses tentes, yeux exorbités et privé de raison.

Et la superstition s'est étendue aux blancs. Les chauffeurs des Compagnies sahariennes redoutent le passage au pied de la Garet : une puissance inconnue arrête les moteurs, détraque les magnétos... Un aviateur audacieux qui, un jour, l'a survolée, a nettement constaté que tous ses instruments de bord se déréglaient...

« Longève lui-même, mon colonel, osa dire Lignac, n'a-t-il pas déclaré solennellement que sa boussole s'était affolée tout le temps qu'il faisait ses relevés topographiques autour du djebel * Oudane ? »

Le topographe en question ne passait pas pour une tête légère, mais au contraire pour un homme solidement équilibré.

« Alors, Lignac, vous aussi... fit le colonel sur un ton de reproche. En tant que géologue, vous feriez mieux de rechercher si le djebel Oudane en général et la Garet El Djenoun en particulier ne sont pas des hauts lieux magnétiques... ça expliquerait bien des choses... ne croyez-vous pas ?

— Je crois, mon colonel, qu'au Sahara, l'esprit

le plus scientifique ne doit pas dédaigner les légendes et les traditions... La Garet El Djenoun sera gravie un jour ; je le crois comme vous ; mais ceux qui l'escaladeront ne résoudront pas pour autant le problème ; aux yeux des Touareg, ils passeront eux-mêmes pour des djenoun, et le silence et l'effroi retomberont sur la montagne maléfique.

— Hum », grogna Marlier.

Chaambi Ahmed, assis un peu à l'écart, semblait depuis de longues minutes plongé dans une intense méditation. De temps à autre, il se courbait vers le sol, collait son oreille au sable, réfléchissait... Lignac et le colonel n'y avaient point prêté attention, croyant qu'à son accoutumée il faisait la première des cinq prières musulmanes...

« Le lieutenant venir ! » dit le Chaambi en se relevant.

On ne voyait cependant aucun signe précurseur, pas même le mince plumet de fumée qui décèle de loin les autos sahariennes. Marlier tendit l'oreille. Comme tous les coureurs d'espace, il avait malgré l'âge l'œil perçant et l'oreille fine... On n'entendait que le bourdonnement familier, grésillant des mouches réveillées par le soleil et qui allaient ajouter leur torture au supplice quotidien du sable et du feu...

Il se passa encore de longues minutes, puis Dubois s'exclama :

« Il a raison, le vieux fennec *... Ecoutez, mon colonel ! »

La chanson métallique d'un moteur s'élevait,

imperceptiblement, dans le lointain du nord... Peu à peu elle s'amplifia ; Bombi, une main en abat-jour, désigna du bras tendu un petit flocon blanc qui bondissait sur le reg, presque à l'horizon.

« Les voici !... »

Chacun poussa un soupir de soulagement : ce retard qui se prolongeait depuis près de six heures devenait inquiétant... Déjà le colonel regrettait d'avoir prêté si peu d'attention au convoi... « Beaufort ? un novice ! Son chauffeur ? un an de Sud ! ça n'est pas suffisant... » Enfin, ils arrivaient.

« Vous disiez tout à l'heure, mon colonel, interrogea Lignac, que Beaufort avait été muté au Sahara par désespoir... Un drame... un accident ?

— Un drame qu'il ne m'appartient pas de vous révéler ; mais, croyez-moi, une épreuve terrible dont il sort le front haut...

— Je n'avais pas voulu dire... mon colonel... s'excusa le géologue.

— Je ne souhaite qu'une chose, reprit pensivement le colonel, c'est que, venu au Sahara par désespoir, il y reste par amour. Je vais l'essayer tout de suite ; là où je l'enverrai (et Marlier regarda Lignac d'un air matois), il faudra bien que l'homme d'action prenne le dessus sur le rêveur..

— Croyez-vous, mon colonel, que le Sahara puisse tolérer ceux qui n'ont aucune vie intérieure ?...

— Non ! la solitude exige d'être meublée. Il faut avoir quelque chose là-dedans (il se tapait sur la poitrine) pour tenir le coup dans cet infernal pays... Le plus difficile est de trouver des hommes et des sous-officiers qui possèdent toutes ces qualités... car pour les autres, c'est rapidement l'aveulissement, la boisson... et la négresse !... »

La seconde voiture n'était toujours pas visible ; on apercevait seulement, de-ci, de-là, quelques nuages de poussière flottant sur l'uniformité des sables. La Tefedest-ta-Mellet, la « Tefedest Blanche », sous son apparente platitude cache de nombreux replis de terrain, des défilés imperceptibles à travers lesquels sinue la piste... Apporté par le vent, le chant du moteur éclata tout à coup, brutal, triomphant !

On distingua nettement la carrosserie jaune orange de la Renault ; le condensateur plaqué comme une verrue sur le nez du radiateur ; les treillages métalliques roulés sur le marchepied. Enfin, ayant pris son élan et traversé l'oued d'un seul bond, ce qui fit dire à Dubois : « Pas malin, ils y voient clair, eux... », son chauffeur alla se ranger réglementairement à quatre mètres de la voiture du colonel, capots alignés.

Beaufort descendit le premier — grand, mince et athlétique, portant le collier de barbe, très brun avec des yeux bleus —, fit quelques mètres, s'immobilisa à six pas, salua militairement, attendant qu'on l'interrogeât.

« Alors ? fit Marlier, visiblement agacé par cette discipline impeccable, qui, à trois mille kilomètres des Alpes, sentait encore l'officier de chasseurs...

— Deux pannes d'allumage, deux crevaisons, trois ensablements... J'ai fait réparer de façon à conserver toujours une roue de secours... cela a pris du temps... Mes excuses, mon colonel, mais je vous croyais tous installés au bordj * d'In Ekker !

— Au Sahara, on part et on arrive ensemble, Beaufort... Seulement il va falloir rattraper ce retard maintenant... Nous sommes à soixante-dix kilomètres environ d'In Ekker... Je comptais faire le parcours de nuit, tant pis ! nous irons plus doucement... en trois heures ça doit passer... Pas trop fatigués ?

— Ça ira, mon colonel. »

Bombi apporta du thé bouillant. Ce breuvage désaltérant et excitant était à peu près tout ce que pût tolérer un corps humain par cette chaleur torride.

« Il faut repartir, Beaufort, dit tout soucieux le colonel. On dormira à In Ekker ! ça se gâte !... »

Il semblait en effet que la nuit fût retombée sur le désert. Le vent de sable s'était levé brutalement. Il arrivait de plein fouet sur la petite troupe, dispersait les braises du feu de camp qui s'envolaient en striant la brume d'une pluie d'étoiles filantes. C'était une nuit solaire, jaune au ras du sol et cuivrée vers le haut. On ne distinguait plus ni les montagnes, ni les tahlas rabougris, ni les talus de l'oued et les deux voitures du convoi, bien qu'à une dizaine de mètres seulement du groupe, n'étaient visibles que par intermittence. Toute vision était déformée par cet écran de poussière mouvante qui flagellait les hommes et les végétaux, raclait les roches, patinait et polissait les cavités mystérieuses des falaises où devaient se gîter immobiles, hiératiques, les mouflons à manchettes, à la longue barbe blanche et aux yeux d'or de divinités.

« En route !... ordonna Marlier. Ordre de marche : intervalle de dix mètres ; vitesse moyenne : trente kilomètres-heure, ne pas se séparer. Un veilleur sur chaque voiture. Ahmed, tu feras le chouâf * sur le toit de la mienne, et si tu perds de vue celle du lieutenant, tu frapperas trois coups avec la crosse de ton mousqueton... Vous, Beaufort, que votre chauffeur roule exactement dans nos traces, surveillez sa marche, ne vous endormez pas, attention à ne pas nous tamponner, nous allumerons les feux de position. Foutu pays... »

Le colonel, fataliste, s'enveloppa complètement le visage avec son chèche, ne laissant qu'une fente pour les yeux sur lesquels il abaissa ses lunettes de chauffeur, et donna l'ordre de départ.

C'est à peine, tant les hurlements de la tourmente avaient augmenté, si l'on entendait maintenant le bruit des moteurs. Lentement et prudemment, les deux voitures reprirent les traces en direction du Sud.

Beaufort, fidèle aux consignes reçues, ne quittait pas des yeux le feu rouge arrière de l'autre voiture, luttant avec la dernière énergie contre l'assoupissement qui s'emparait de lui.

Arrivé au printemps à Ouargla, où il vivait en solitaire, ponctuel dans sa tâche, ne donnant prise à aucune critique, il n'avait jusqu'ici fait que du travail d'état-major. Marlier — saisissant l'occasion de mettre enfin à exécution son projet — l'avait employé à monter une section spéciale d'autos sahariennes qui devaient dans son esprit, remplacer, un jour ou l'autre, les pelotons méharistes. (C'était le seul désaccord qui subsistât entre le colonel et ses officiers. Ceux-ci s'entêtaient à rester fidèles au chameau.) Enfin était venu le jour où Marlier l'avait fait appeler.

« Nous partons dans huit jours, Beaufort, avait-il déclaré. Faites préparer deux voitures, c'est l'occasion ou jamais de vérifier si vos conceptions et les miennes sont justes... Pour moi, mon chauffeur : Dubois ! Vous, choisissez votre équipage ; quand on part pour le bled, il est indispensable de former une solide équipe. Vous n'aurez pas de mal à trouver des gars résistants et expérimentés... Etudiez bien vos réserves en essence, huile, eau et pneumatiques... Ne comptez pas sur un ravitaillement éventuel à Fort-Flatters ; j'y songe, mais ce sera pour plus tard... Je voudrais que nous puissions faire Tamanrasset et retour, plus peut-être mille kilomètres au Hoggar... en tout cinq mille environ !

— Tout sera paré, mon colonel...

— J'emmène un civil, M. Lignac, le géologue... Tiens ! vous ne réagissez pas ? Si vous étiez le capitaine Artus, vous auriez déjà poussé les hauts cris... Un civil au Sahara... Mais ce civil, Beaufort, compte déjà plus de kilomètres à chameau que le meilleur de mes sous-officiers de peloton... »

Le soir, au mess, Artus s'était approché.

« Félicitations, Beaufort ! le vieux vous a désigné. C'est le monde renversé. Enfin bravo ! et tâchez, avec vos machines du diable, de ne pas nous obliger à aller faire deux mois de chameau en plein été pour vous repêcher !

— Merci pour vos vœux, mon capitaine », avait répondu Beaufort. Sans un mot de plus, il avait salué et quitté le mess.

« Je ne vois plus la trace, mon lieutenant », fit Lapeyre, le conducteur de Beaufort. C'était un solide engagé aveyronnais tout récemment arrivé dans le Sud. Beaufort avait étonné Marlier. Alors qu'il eût dû choisir un mécanicien chevronné — ainsi qu'il le lui avait du reste recommandé —, il s'était embarqué dans l'aventure avec le plus jeune chauffeur de la section ! Mais Lapeyre était un taciturne et Beaufort, avide de silence et de solitude, avait deviné qu'avec lui son raid ne serait pas gâché par d'incessants bavardages.

Lapeyre avait en effet perdu la trace ; le sable en mouvement venait battre les pneus de la voiture comme le ressac d'une mer démontée, se plaquait sur le pare-brise, pénétrait dans la conduite intérieure par les joints des portières, crépitait sur les vitres... Aucun repère ne s'offrait plus au conducteur... Crispé, tous ses nerfs bandés, les yeux rougis par le sable et rendus larmoyants, Beaufort essayait de diriger son second, de deviner sinon la piste, du moins le petit point rouge de la voiture de tête.

« Freine, Lapeyre !... » hurla-t-il.

La Renault se bloqua pile à moins de deux mètres de l'autre véhicule... Sur le toit de ce dernier, impassible, invulnérable sous ses burnous, Chaambi Ahmed avait donné le signal d'attente.

Les voitures repartirent.

« Quarante kilomètres au compteur, estima le colonel. Si tout va bien, Dubois, nous arriverons vers midi. Bon sang... un peu d'eau fraîche fera du bien.

— Nous ferons le plein complet, mon colonel, fit Dubois, car Tamanrasset c'est pas fameux ! Légèrement magnésien, précisa-t-il en connaisseur, tandis qu'In Ekker... »

Les deux Sahariens, le chef et le soldat, discutèrent longuement la qualité des eaux rencontrées. On eût dit qu'ils parlaient de crus fameux.

« La meilleure eau du Sahara, disait Marlier, c'est Sba, dans le Touat.

— Je préfère In Ekker, ne craignait pas de contredire Dubois. Elle est plus alcaline. »

Tous deux convinrent que l'eau d'In Salah était exécrable.

Ils allaient sans se soucier de la tourmente qui les enveloppait. Dubois flairait la piste, au milieu des fausses traces, qui divergent et vous perdent plus sûrement que tout... Parfois, quand il avait un doute, il entrouvrait la portière, scrutait la couleur du sable sous les roues...

« Le redjem *... on y est toujours ! »

Apparaissait alors une petite pyramide : quatre cailloux l'un sur l'autre... ou encore une rangée de pierres noires bordant les traces.

« Ça devient plus habitable, fit tout à coup le colonel.

— Ça tombera vers le soir, conclut Dubois.

— Que penses-tu de Lapeyre... Pour son premier voyage, il ne se débrouille pas mal, hein ?

— Pas d'expérience du sable, mon colonel, mais un vrai bon chauffeur... sérieux et qui entretient bien son matériel... Quand il saura reconnaître le fech-fech *, le sable pulvérulent des oueds et deviner les oasis à trente mètres, il gazera, mon colonel... c'est sûr. Mais il faut qu'il connaisse le sable. »

Marlier se tut. Il lui plaisait de voir son subordonné confirmer sa propre opinion. « Beaufort sait choisir ses hommes, c'est encore un point à son actif, pensa-t-il. Décidément, je crois que je vais le lancer immédiatement dans la bagarre. Je passerai sa section à d'autres, ça ne leur fera pas de mal, un peu de garage, d'organisation, de recrutement, ça les remettra dans le bain... ; mais ça va râler... » Il rit tout doucement de la bonne blague qu'il s'apprêtait à faire.

Une seconde fois, Beaufort avertit Lapeyre.

« Prends garde... stop !... Que se passe-t-il ? Le colonel descend ?...

— On doit être arrivé, mon lieutenant, voilà le bordj. »

On distinguait à peine les murs blancs, confondus avec la brume de sable.

« Déjà rendus ! » s'étonna Beaufort qui, dans la tourmente et l'incessant effort d'attention auquel il avait été soumis, ne s'était pas rendu compte du temps.

Avant d'ouvrir la portière, il resta un long moment immobile, songeur ; une lassitude, une grande tristesse marquèrent tout à coup ses traits... « Cinq heures sans penser ! est-ce possible ? » murmura-t-il. Déjà il s'évadait avec précipitation vers l'univers mystérieux qu'il était seul à connaître.

« Alors, Beaufort, on descend ! fit Marlier s'ébrouant et secouant le sable qui avait pénétré partout, lui faisait une frange boueuse autour des cils, recouvrait son visage d'une carapace jaune livide... Alors ? on y est quand même ; allez, vite à la douche !... Le gardien est en train de remplir les touques... »

Puis, se tournant vers Lapeyre encore tout étourdi de sa randonnée : « C'est bien, petit ! Tu as mérité tes galons de premier jus, tu pourras les coudre à Tamanrasset... Allons, vous autres, laissez les voitures. Il y a encore trop de sable : douche, déjeuner, sieste sous le panka *, à cinq heures le vent tombera, alors nettoyage du carburateur, coup d'œil général et en route. Il faut que demain matin on fasse notre entrée à Tam... »

Tamanrasset !... Le père de Foucauld, Laperrine, la révolte de 1916, Moussa ag Amastane, et présentement Aramoukh... demain, ils seraient donc à Tamanrasset !

Mais pour l'heure, sous les voûtes épaisses du bordj, l'équipage des deux voitures, étendu sur des nattes à même le sol, dormait pesamment, malgré l'atroce chaleur.

On n'entendait dans l'obscurité que le grésillement des mouches. Tous dormaient. Sauf Beaufort qui, grelottant de fièvre, allongé sur le dos, yeux grands ouverts, fuyait le sommeil ; il précisait dans sa mémoire une vire solitaire là-bas sur la montagne, en Savoie, et revoyait avec terreur la pâle et mince forme, inerte dans ses bras.

Comme l'avait prévu le colonel, la tourmente cessa vers le soir. Il y eut encore longtemps du sable en suspens, mais le vent tomba tout d'un coup, tandis que l'énorme Gara d'In Ekker brûlait tout doucement et, comme un fer rougi au feu qu'on laisse refroidir, passait du rouge à l'orange, puis sombrait dans la nuit bleue du Hoggar.

Bientôt, ils purent repartir. La piste désormais était meilleure. Plus de risques de s'égarer... mais ils gardèrent une vitesse prudente afin de ménager leurs pneumatiques, car la nuit était chaude ; parfois un long souffle plus frais descendait des montagnes dans lesquelles le convoi s'était engagé, et chacun alors respirait avec avidité.

« Dommage de faire le parcours la nuit, ronchonna encore Marlier. On aurait vu l'Ilamane et le Tahat... »

Les géants de l'Atakor * se discernaient à peine, en frise dentelée plus sombre que le ciel pailleté d'étoiles. Des milliers de constellations nouvelles apparaissaient et très basse à l'horizon la Croix du Sud [1] montrait la direction des terres mystérieuses qui séparent l'Algérie des pays noirs et du grand fleuve.

1. Tandis que la Polaire est invisible de l'hémisphère austral, la Croix du Sud peut être aperçue du Tropique du Cancer.

CHAPITRE II

SUR Tamanrasset assoupie pèse l'heure chaude de la gaïla *. Aucun être ne bouge. La sentinelle à l'entrée du bordj, accroupie sur le sable, somnole, mousqueton au poing. L'air est lourd, suffocant ! Une brume de sable voile les montagnes. C'est à peine si l'œil exercé distingue, à l'est, la brèche tranchée au rasoir du djebel Adriane et plus près, au nord, la masse cylindrique de l'Iharen, énorme surrection volcanique ourlée de colonnettes de basalte. De l'Atakor n'Ahaggar, on devine dans les lointains bleutés des formes étranges d'aiguilles, de tours rocheuses, de crêtes finement découpées, mais c'est en vain qu'on chercherait ce jour la fine lame de l'Ilamane, le roi des eaux, qui s'élève à deux jours de chameau au nord-ouest. A travers la brume, le disque solaire au zénith apparaît déformé, aplati, tantôt lointain, tantôt si proche que l'énorme sphère semble tomber comme un aérolithe en fusion sur l'oued aux éthels * frissonnants.

Pas un être vivant. Fort-Laperrine est mort.

Mort comme le sont à l'heure de la méridienne toutes les villes, tous les ksours * sahariens, tous les postes isolés ; toute vie a disparu sur les pistes, où seuls, par cette température, s'aventurent les voleurs de chameaux au pâturage, les détrousseurs de jardins, ceux qui ont l'âme noire...

Solitaire sur le reg de sable gris tavelé de roches bleues, le bordj rouge quadrangulaire de Tamanrasset paraît plus grand encore qu'il ne l'est en réalité. Bien dégagée, la place d'armes détient déjà en puissance les promesses de l'avenir. Le capitaine Julien, chef d'Annexe, est, comme tous les Sahariens, un grand bâtisseur. C'est à peu près le seul point sur lequel il s'entend avec son colonel. Marlier a fait Ouargla la Blanche. Julien a commencé Tamanrasset la Rouge. La large avenue qui traverse d'ouest en est l'emplacement de la cité future sera ombragée par deux magnifiques rangées d'éthels, l'arbre roi du Hoggar. La jeune plantation est protégée contre la dent vorace des chameaux et les déprédations des nomades par des défenses en argile en forme de margelle de puits, et recouvertes d'épineux.

Julien a construit sa maison d'habitation en banco *, rouge elle aussi, avec un toit de roseaux et d'argile séchée soutenu par des creshbas amenés à chameau d'Idelès, l'une des rares palmeraies du Hoggar, au nord de l'Atakor. Il l'a bien située près des éthels millénaires qui ombragent une cour intérieure où ont lieu fêtes et palabres. A côté, ce long bâtiment rectangulaire, c'est la popote des officiers et des hôtes de marque. Les murs poussiéreux s'ornent des portraits jaunis du général Laperrine et du père de Foucauld. Sur la table, la sonnette de messe de l'apôtre du Sahara sert maintenant — sacrilège amical qu'il n'eût pas désavoué — à appeler les boys.

Plus loin, se dresse le bordj crénelé, aux remparts épais d'un mètre, à l'entrée minuscule masquée par un mur pare-balles, la forteresse imprenable où fut cependant assassiné par traîtrise, en décembre 1916, l'ermite du Hoggar. La modeste croix en bois d'éthel qu'il fabriqua de ses mains reste toujours fichée au faîte de la muraille.

De-ci, de-là, taches vertes sur l'ensemble, des jardins, de pauvres jardins mangés par le sable, où poussent péniblement des radis, des tomates minuscules, des carottes albinos... ; sur un tertre rocheux à distance s'élèvera sans doute dans peu d'années un observatoire météorologique. Enfin, à quelques centaines de mètres du poste militaire, voici la pension Hermelin, tenue par une femme énergique que le colonel autorisa à fonder en ce site étrange une cantine à l'usage des sous-officiers et des hommes de troupe.

Quinze ans plus tôt, il n'y avait absolument rien en ce lieu, hormis l'abri naturel des grands éthels dans l'oued et quelques tentes en peaux de buffle que dressaient, à l'époque de la récolte du mil et des orges mûrs, les nobles Kel Rela * venus surveiller la moisson dans l'arrem *. Depuis, un centre commercial s'est créé sous la protection de nos couleurs. Quelques commerçants mozabites * ont bâti leurs cases un peu à l'écart des constructions européennes. Chaque année, la caravane du Thé et du Sucre remonte en convoi d'In Salah pour les alimenter en denrées et pacotilles diverses.

Baraqués * et entravés à l'ombre des murailles du bordj quelques blancs méhara, épuisés par la chaleur, allongent au ras du sable leur cou reptilien, clignent les paupières, ruminent, puis redressent le col et regurgitent la boule d'herbe mâchée et macérée qu'on voit descendre rapidement sous la peau veloutée.

⁂

Dans sa chambre d'hôte de passage, en pleine cour intérieure du bordj, Bernard Beaufort somnole douloureusement. Décidément, il n'a pas encore pu s'acclimater à la sieste, à l'obligatoire gaïla des nomades et des sédentaires du vrai désert. Nu sous une gandoura * de toile blanche, étendu sur une natte de roseaux, il cherche vainement le sommeil, car la nuit a été chaude, et chaud le jour précédent, et chauds les jours qui précédaient celui-ci et aussi les nuits ! Il voudrait pouvoir fermer les yeux. Mais il y a les mouches ! Les mouches atroces du Sahara, plus nombreuses que dans les ksour, où les noirs à la peau huileuse irriguent les maigres plantations. Il a tout essayé ! Il a fait l'obscurité dans sa case ; il a tiré les nattes de roseaux devant la fenêtre ; il a calfaté les ouvertures par où pouvait se glisser comme un dard brûlant la lumière du jour. Car les mouches ne laissent de répit à l'homme que dans l'obscurité totale. Mais ce clair-obscur est encore trop lumineux. Les mouches, éveillées par quelque invisible rais de soleil filtrant peut-être sous la porte sans seuil ou à travers les interstices entre terrasse et banco, reprennent leur obsédante chanson. Le dormeur a beau faire ! la chaleur l'invite à se dévêtir, mais les mouches l'obligent à se couvrir car elles s'abattent sur lui, sur son visage, sur ses lèvres, se glissent dans son nez, parfois le piquent cruellement...

Excédé, l'officier s'enroule dans son chèche, préférant l'étouffement à l'infernal supplice de ces mille picotements, de ces attouchements irritants. Il ne peut ni dormir, ni penser, car pour penser il faut être calme ; il ne peut qu'entamer cette lutte dérisoire contre l'essaim bourdonnant qui l'accable et le harcèle... Alors il se dresse, tout nu dans l'atmosphère torride, se dirige vers la douche, tire la cordelette en poil de chèvre et reçoit comme un bienfait l'eau chaude qui bascule d'une touque d'essence vide, posée en équilibre sur le toit de la case. L'humidité lui fait du bien, le réveille. Il reprend conscience. Il se sent si étranger, le montagnard, à ce Sahara qui l'enveloppe de ses perspectives insolites, lui impose son étreinte brutale et silencieuse, qu'il a peine à se reconnaître au milieu de ce monde nouveau. Quel travail, songe-t-il, peut-on faire en ces lieux maudits ? Le voici qui se rase, qui taille soigneusement son collier de barbe, ce cher collier d'Alpin qui lui rappelle sa section d'éclaireurs-skieurs, tous ces jeunes fiers de pouvoir se distinguer ainsi du commun de la troupe. Les skieurs, la neige !... « Mais où sont donc ces montagnes promises ? » crie-t-il tout haut. Un soir, un seul, celui de son arrivée à Tamanrasset, il a pu les apercevoir. Elles avaient belle allure les roches bleues du Hoggar et il lui avait semblé qu'une lueur minérale, comme un reflet de la terre, s'élevait des sables jusqu'à elles.

⁂

Soudain, n'y tenant plus, il ouvre la porte et, un instant aveuglé par l'haleine flamboyante du soleil, rabat la visière de son képi, met ses lunettes fumées, s'enveloppe du chèche...

Se glissant le long des murailles, contournant des corps humains vêtus de cotonnades indigo ou blanches qui dorment pesamment, Beaufort, maintenant hors du bordj, poursuit sa route à travers le poste assoupi ; l'ombre s'allonge déjà sous ses pas. La chaleur baisse. Parfois, taches écarlates dans ce brun roux, des formes légères se coulent d'une maison à l'autre ; les petites négresses aux nattes tressées et beurrées se rendent à leur travail dans les jardins de l'arrem. Quatre Touareg de haute taille s'avancent à pas lents et dignes, silhouettes hiératiques drapées de bleu, le chèche blanc enroulé par-dessus le litham, coiffés du heaume de cotonnade indigo tout brillant d'apprêt. Passant devant Beaufort, ils saluent lentement à la mode targuia en levant la main de droite à gauche :

« Ma-t-toulid ? Comment vas-tu ?

— Elkhir-râs ! Le bien seulement ! » répond Beaufort s'approchant et frottant doucement, délicatement, ainsi qu'il l'a vu faire à ses anciens, la paume de sa main ouverte sur la paume rose des Touareg.

Il s'enfonce dans les ravins pierreux et noircis ; les Kel Rela se dirigent vers le bordj, s'accroupissent contre la muraille, ramènent le litham sur leurs yeux, crachent sur le sable et attendent.

Un peu plus loin, Beaufort croise leurs méhara, entravés dans un ravin sous la garde d'un jeune esclave noir...

La brise se lève sur la Koudia *. La nuit sera sans doute clémente. Le jeune chef continue sa marche solitaire en direction de la montagne. Il parcourt la large plaine blanche où se distinguent sur le reg les traces des pneus d'avions ; il aborde les collines noires colmatées par les sables blancs, traverse un cimetière musulman dont les pierres dressées se confondent avec la rocaille environnante. Sur une crête, un charognard veille, qui s'envole lourdement à l'approche de l'homme. Beaufort prend sa place sur cette roche basaltique où de longues traînées de guano marquent le poste de guet favori du pirate des airs.

Dès lors, il peut songer en paix.

Du point où il se trouve, Beaufort découvre Tamanrasset dans son ensemble. Au nord, la Koudia, dentelle de pierre sur l'horizon, limite le paysage ; il cherche à percer les mystères de l'Est, ces terres inconnues vers lesquelles, un jour prochain, il partira à l'heure où les ombres s'allongent sous les pas des chameaux...

Selon son habitude, il essaie d'oublier le lieu et l'heure, de concentrer sa pensée sur la seule chose au monde qui l'intéresse encore. Mais chaque fois qu'il réussit à effacer de sa vision la grisaille bleutée du désert et le crépitement des cimes de l'Atakor pour y substituer les images familières de Savoie : torrents, chalets, alpages verdoyants, cimes de lumière, granits rouges pointant sur les calottes neigeuses, glaciers crevassés, chaque fois la Brèche de l'Adriane, la coupure sombre de la grande guelta * se dressant comme un rideau opaque devant les fraîches visions des Alpes semblent lui désigner impérativement le chemin ; il ne trouve plus devant lui que ce paysage de planète morte et les cimes de l'Est qui flambent doucement, le pied déjà baigné dans les cendres violettes du crépuscule.

CHAPITRE III

Les faits s'étaient rapidement succédé depuis son arrivée.

Il revoyait la scène : le bureau très sombre du capitaine Julien, chef d'annexe. Aux murs, des cartes, des croquis sahariens au millionième, présentant en majeure partie des blancs redoutables, quelques levés d'itinéraires au 250 000e, plus précis, établis par le lieutenant Verdier, rude coureur de pistes, le seul homme qui eût osé s'aventurer dans le Djouf * en plein été.

Le colonel Marlier occupait le fauteuil rustique — sangle en filali * et bois de caisse d'emballage — du capitaine Julien. Celui-ci, à ses côtés, montrait sa maigreur ascétique, son profil d'oiseau de proie, ses traits ravagés par le sable, par le soleil et l'alcool. Julien, comme il le disait lui-même, « en avait plein les bottes du Sahara ». Mais, venant de lui, cela signifiait qu'il n'aspirait plus désormais qu'à une liberté totale, qu'il ne pouvait plus souffrir ni les ordres, ni les disciplines nécessaires à tout commandement. Quant au Sahara, c'était autre chose ! Julien était marqué et ses proches savaient bien qu'il ne quitterait plus le Sud. Trois fois déjà il était remonté en congé vers le Nord ; il n'avait jamais pu dépasser El Goléa ou Ouargla. Par contre, il lui plaisait de palabrer le soir dans l'oued au milieu d'un cercle de guerriers voilés, et personne n'ignorait qu'il possédait lui-même troupeau de chèvres en Koudia, chameaux se faisant la bosse à la limite du Soudan, vers Tin Zaouaten, là où les tornades régulières font pousser en abondance le drinn et le hâd *. Célibataire, il avait épousé à la mode musulmane Tidiouit, la belle courtisane, pour qui les cavaliers Taïtoq * franchissaient des milliers de kilomètres à seule fin d'être admis à l'ahal *, sous la tente en peau de buffle.

Il était déjà trop tard pour Julien. Sachant qu'il serait dans deux mois mis d'office à la retraite — il était sorti du rang en 14 —, Marlier laissait faire. Tamanrasset naissait. Les soucis étaient plus à l'est et surtout plus au nord, où la turbulente confrérie des Ajjer *, chevauchant entre territoires français et italien, restait insaisissable et indomptée. Julien savait une chose : construire. Et Marlier lui avait confié la tâche de bâtir Tamanrasset. A cela, le vieux blédard s'entendait à merveille. Pour ce qui était des « A. I. », il avait délégué au lieutenant Verdier, le second de Julien, le soin de débrouiller les éternelles chicaïas * des peuples arabes ou berbères.

Le lieutenant jouissait d'un tel prestige que sa seule arrivée au milieu d'un groupe turbulent suffisait à apaiser toutes les discordes. Initié aux méandres compliqués de l'âme islamique, juste et sévère, aussi dur pour lui-même que pour les autres, Verdier parcourait sans cesse l'énorme territoire de l'Annexe, allant du Tidikelt à la Tripolitaine, du Tassili * aux premières mares d'hivernage du Soudan, pour recenser, soigner et rendre la justice, faisant rentrer l'impôt du beylik *, montant les plus belles bêtes de l'Aïr, gigantesques et fortes en bosses, qu'il ne changeait que pour employer, dans ses tournées en Koudia, les méhara touareg rustiques et endurants. Verdier, aux yeux des nobles ou des imrad *, et des harratin * des arrems, était le véritable chef du Hoggar. Il avait réussi à conquérir l'amitié du gros lourdaud d'Aramoukh, l'Aménokal * des Kel Hoggar *, et aussi celle d'Ouksem, son vassal, le chef de la tribu serve des Dag Rali * qui vit dans l'Atakor.

Beaufort était allé s'asseoir dans un coin du bureau, sur un gros tronc d'arbre silicifié, qui servait de siège. Marlier avait fait sortir le khodja* qui venait de lui lire de longs rapports relatifs à l'affaire Moreau. Il était soucieux.

« Mauvaise affaire, Verdier, sale histoire, avait débuté le colonel, tout était si calme dans votre secteur ! Maintenant, il est trop tard. Il faut me ramener cet Akou du diable, pieds et poings liés si nécessaire. »

Marlier s'était épongé le front, avait soufflé bruyamment dans sa moustache ; à travers l'encolure de son boubou * blanc déboutonné, on voyait la toison de sa poitrine ; puis il avait repris :

« Résumez-moi l'affaire, Verdier. Quelle chaleur, bon Dieu !... Julien, faudra me calfeutrer davantage votre bureau.. Et toi, paresseux, tire sur le panka ou je t'allonge les oreilles !.. »

Le négrillon avait activé le va-et-vient de la cordelette. Un peu d'air remué souffletait les figures penchées sur les cartes.

« Mon colonel, avait plaidé Verdier avec passion, c'est encore un coup de la colonie. Comme s'ils n'avaient pas assez d'herbe chez eux ! Il a beaucoup plu cet hiver dans l'Adrar * des Iforas. Les tornades ont remonté jusqu'à la lisière du tanezrouft * de l'Ahnet. L'acheb * a fleuri de tous côtés, cet acheb dont les bêtes sont si friandes ! Alors les Iforas de Kidal et d'Anesberakka ont laissé leurs troupeaux remonter vers le nord en quête de pâturages salés. Ils ont dépassé Tin Zaouaten, où le radio Moreau commande le poste. Le drame a éclaté au puits de Tin Rerho. » Le lieutenant précisa du crayon un point sur la carte. « Une fraction d'Iforas était venue s'abreuver au puits, en même temps que les troupeaux d'Akou ben Ouhet, un Kel Ahnet* de chez nous, qui avait dressé ses tentes dans les environs... Chicaïa autour du puits ; vieille querelle centenaire... l'eau du puits qui baissait fortement... bref !... et les coloniaux du groupe nomade du Timétrine qui, naturellement, ne sévissaient pas ! Vous connaissez notre rivalité, mon colonel ; ils ne peuvent pas nous sentir, nous les Algériens... et nous le leur rendons bien, à ces képis noirs. Des gens qui, toute l'année, vautrent leurs chameaux dans les herbages jusqu'à mi-corps !...

— Allons, allons, Verdier ! fit Marlier. Ceux de Bilma, du Kaouar, ou du Tibesti, ceux de Mauritanie n'ont pas toujours la partie belle, soyez beau joueur... reconnaissez-le. »

Le lieutenant ne broncha point et continua :

« Enfin, il est certain que s'ils avaient empêché leurs troupeaux de traverser la frontière, le drame ne serait pas arrivé ! »

Il reprit crescendo :

« Il y a donc eu querelles sur querelles. Bientôt, de campement à campement, on a échangé les injures et les menaces et les femmes s'en sont mêlées. Ah ! les garces ! elles s'y entendent pour jeter de l'huile sur le feu. Tant et si bien que les Kel Ahnet et les Iforas en sont venus aux mains ; une sorte de petite nefra* entre guerriers et nobles. Akou ben Ouhet s'est battu comme un lion ; comme un lion, mon colonel... (et il y avait de l'admiration dans la voix du lieutenant). Le malheur pour lui, c'est qu'il a transpercé de part en part deux inoubas* Iforas, deux beaux gosses encore nattés, de seize à dix-sept ans, venant juste d'être voilés et qu'il a, de sa lance, cloués au sol.

« L'autre malheur, mon colonel, c'est qu'à cette époque, j'étais dans le nord de la Tefedest, à relever un tracé éventuel de piste entre Amguid et Djanet. Et comme je n'avais pas de T. S. F., le capitaine n'a pu m'avertir... »

Il y eut un long silence, mais Julien ne releva pas l'allusion. Il semblait complètement étranger à la discussion. Beaufort, lui, suivait attentivement.

« Ouais », fit Marlier se tournant vers Julien, et tortillant sa moustache. Ne voulant pas tancer vertement le capitaine devant ses subordonnés, le colonel rentrait sa colère grondante... « Ainsi Moreau vous avait envoyé un message, fit-il ; c'est bizarre ! nos postes d'écoute ne l'ont pas capté...

— Il m'a envoyé un messager par chameau, rectifia le capitaine ; son poste ne fonctionnait plus. Il faut dix jours en marchant bien et avec une monture en forme, pour venir de Tin Zaouaten à Tamanrasset... conclut Julien maussade.

— Donc, mon colonel, reprit Verdier, Moreau a envoyé un message ; comme il ne recevait pas de réponse, il a pris sur lui d'arrêter Akou ben Ouhet ; jusque-là, rien que de très normal ! Il est donc parti avec ses deux goumiers, laissant le poste à la garde du brigadier Akli el Ouargli ; il a filé dare-dare sur Tin Rerho ; quatre jours de chameau. Akou avait repris la piste du Nord, mais alourdi par ses campements il a été rejoint par Moreau au puits de Tin Missao. Vous connaissez l'endroit, mon colonel ! Sinistre au possible : une gorge ensablée dans les grès érodés du Tassili n'Adrar ; au nord, le Tanezrouft ; au sud, le lacis inextricable du Tassili ; mais Moreau, il faut le reconnaître, était un bon pistard ; ses deux Chaamba avaient pris le pied et c'est ainsi qu'un jour il tomba pile sur le campement d'Akou.

« Le reste c'est les deux Chaamba qui me l'ont conté : Moreau, seul avec ses deux goumiers, ne s'est pas démonté ; le voici qui franchit le cercle des hommes d'Akou, accroupis, silencieux et menaçants autour de leur chef, il s'adresse au

Targui, le regarde dans les yeux : « ... Viens avec « moi, Akou, tu es mon prisonnier ! » Les deux hommes se sont confrontés longuement. Bien sûr, il n'y avait encore rien de perdu ! « Viens avec « moi, dit encore Moreau, le beylik te réclame ; « le lieutenant Verdier te jugera ; sois sans « crainte, il te jugera justement !... »

« Comme Moreau posait sa main sur l'épaule du chef targui debout — et celui-ci le dépassait bien d'une tête — les sokhrars* se sont levés d'un bloc ; Moreau s'est retourné vers eux, a fait jouer la culasse de son mousqueton ; les goumiers en ont fait autant. Le drame paraissait inévitable, cependant Akou a calmé les siens ; il a franchi le cercle haineux qui entourait le brigadier ; lentement il s'est dirigé vers le campement de Moreau à quelques centaines de mètres de là, puis, silencieux, il s'est accroupi sur le sable, à côté du brigadier.

« Si la chose en était restée là, tout se serait bien passé ; mais alors Moreau a commis sa seule faute. Il a oublié la qualité de noble d'Akou ; et le considérant comme un prisonnier, il a voulu appliquer le règlement, cet imbécile : il a forcé le Targui à travailler. » Le colonel eut un sursaut d'étonnement. « Escorté par un Chaambi, cette race exécrée des Touareg, il a obligé le Kel Ahnet à tirer l'eau du puits pour sa petite caravane. Et tremblant de rage sous son litham, Akou, devant les femmes de ses tentes qui tournaient la tête en crachant de dégoût, a dû tirer les délous* ! Il avait perdu la face... seul un acte héroïque pouvait désormais le réhabiliter et lui permettre de revenir tête haute en pays hoggar. Rusé et fourbe, Akou attendit la nuit suivante pour réaliser son plan : Moreau avait baraqué dans un champ de coloquintes au confluent de l'oued Tamanrasset et de l'oued Adjmiet, en lisière du mont Tibeahouine ; Akou l'avait suivi docilement, monté sur son méhari pie — une fameuse bête que j'achèterais bien... » Le lieutenant eut un soupir d'envie. Il dominait toute la scène, concentrait sur lui toute l'attention.

Marlier écoutait — Beaufort s'en souvenait — en tapotant la table d'un crayon, nerveux. Luimême suivait avec intensité le récit. Julien clignait si fort des yeux qu'on ne pouvait plus distinguer son regard de fouine... Blanchette, le petit boy, bien que ne comprenant pas le français, mais devinant la gravité de l'heure, s'était arrêté de tirer le panka... On entendit le bourdon majeur d'une grosse mouche d'éthel qui bruissait contre la vitre...

Verdier reprit son récit d'une voix légèrement plus faible : mais cela suffit pour ramener le boy au sens des réalités : aussitôt le grincement des poulies du panka reprit sur un mode familier.

« Bivouac classique, continua-t-il, temps magnifique, mais pas de lune ! Les Chaamba font cuire la chorba* et rôtissent pour Moreau un filet de gazelle tuée le matin. Akou refuse toute nourriture, se cantonne dans un mutisme hautain ; ses yeux étaient « kif-kif la foudre », dira plus tard le Chaambi Ben Naceur.

« Un peu à l'écart, Moreau s'étend sur un tapis de sol, se roule dans ses burnous et s'endort. Il n'a pris qu'une précaution : il a fait entraver des quatre pieds le méhari du Targui et l'a forcé à se baraquer à quelques mètres des Chaamba. La nuit vient, les goumiers s'endorment. Akou en fait autant, semble-t-il... Où pourrait-il aller sans monture et sans eau ?... Au matin, Ben Naceur épouvanté découvre le drame. Moreau a été poignardé pendant son sommeil, très proprement, d'un seul coup au cœur ; il n'a pas eu le temps de râler... Ensuite, Akou a rampé vers son méhari entravé ; la bête dressée au silence n'a pas blatéré* à l'approche de son maître ; il a tranché les entraves, et, bondissant sur sa monture, pris la piste du Tanezrouft... »

Verdier s'épongea le front.

« Les goumiers, quatre jours plus tard, ramenaient ici le corps de Moreau, ficelé sur sa monture... Depuis, nous n'avons plus de nouvelles d'Akou ben Ouhet...

— Il faut pourtant le retrouver, fit sourdement le colonel.

— Faites parler les femmes, dit sentencieusement Julien.

— Hum, hum ! » fit le colonel.

Verdier reprit :

« Où qu'il soit, ne comptons pas sur ses frères de race pour le livrer.

— Pas même les Iforas ? demanda Beaufort.

— Surtout pas ! Akou s'est battu contre eux en combat loyal, selon la loi du désert, et le plus fort a triomphé. Il est proscrit à cause de cela ; mais il trouvera toujours chez eux la dahabiah * de mil et, s'il le faut, la monture qui lui sera nécessaire pour échapper à toute poursuite !

— Julien, ordonna Marlier, vous allez immédiatement envoyer un message aux commandants des cercles de Gao et d'Agadès pour leur signaler la fuite de l'assassin. Je présume qu'après le drame il a piqué vers le sud pour mettre un peu de Tanezrouft entre lui et ses poursuivants. D'ailleurs, il savait très bien que les Chaamba ne le poursuivraient pas et qu'il avait un répit d'au moins dix jours. C'était plus que suffisant pour retrouver ses campements, sans doute encore à Tin Missao, pour y prendre ses armes, de la nourriture, de l'eau, peut-être une monture de rechange, et disparaître. Si vous voulez mon avis, Akou a pris la piste de l'Est, ajouta-t-il pensivement.

— Le Ténéré, mon colonel... très juste, fit Verdier. Ni les coloniaux ni nous n'y mettons les pieds ; c'est le no man's land dans toute son horreur. Sans aller jusqu'à se perdre dans ce désert des déserts, Akou peut très bien tenir le Sahara en bordure de l'Aïr, où il trouvera à se ravitailler chez les Taïtoq, quitte à prendre le large lorsqu'on l'avertira d'une présence inquiétante. Car je pense comme vous : dans cette affaire, nous ne devons compter que sur nous pour le retrouver. Il ne sera jamais vendu ! Heureusement pour l'honneur des nomades !

— Voyons, Verdier ! J'aurais tout fait pour sauver Akou s'il n'y avait pas, entre lui et nous, le sang de Moreau. L'affaire de Tin Rerho est une explication selon le mode ancestral. Elle ne déshonore pas son homme, et je serais allé moi-même à Constantine plaider la cause de ce malheureux... Mais il y a le lâche assassinat dans le dos d'un gradé français, et cela, Verdier, nous ne pouvons l'admettre. Il faut retrouver Akou, venger Moreau ! Si ce crime restait impuni, vous le savez, Verdier, les Touareg à leur tour n'auraient que mépris pour ces Roumis qui ne vengent même pas le sang des leurs...

— Excusez-moi, mon colonel, vous avez raison. Que voulez-vous, je l'aimais bien, cet Akou ! Nous allons donc lever un goum* supplétif et partir, fit Verdier.

— Taisez-vous ! je ne plaisante pas... » hurla Marlier. Puis il se calma d'un coup : « Bien sûr, fit-il en s'épongeant le front ; la chose est irréalisable ; partout où notre colonne sera annoncée, le vide se fera ; le silence aussi... Poursuivre un rezzou, oui, mais pourchasser un insoumis, protégé par les siens, impossible !

— Classons l'affaire, mon colonel ! fit Julien d'un ton blasé ; pour les bureaux nous annoncerons que les recherches commencent. Croyez-vous qu'ils y attachent tant d'importance là-haut à la mort de ce malheureux Moreau ? Enfin, mon colonel, je réitère mon offre, voulez-vous que je fasse parler les femmes ?

— Je sais, Julien, je sais... Tidiouit, par exemple...

— Elle en sait plus long que nous tous, mon colonel...

— Eh bien, non ! rugit Marlier après un instant de réflexion, et surtout je vous interdis de dire un seul mot de notre entrevue à cette poétesse de malheur. Un seul mot, entendez-vous, un seul et je vous fais casser !...

— Comme vous l'entendrez, mon colonel », fit Julien. Nul ne pouvait deviner quel sens il attachait à cette réponse.

« Verdier, nous ne rechercherons pas Akou, reprit le colonel ; mais nous le retrouverons... Faites-moi appeler Lignac.

— Compris, mon colonel ; Lignac et moi, sous couvert de...

— Qui vous a désigné, Verdier ? interrompit Marlier. Non, vous n'y êtes pas, mon vieux !... Beaufort, faites chercher Lignac par le khodja. Il doit palabrer sous l'éthel du père de Foucauld selon son habitude. »

Beaufort avait ouvert la porte ; aveuglé par le flot de lumière, il avait buté presque contre l'interprète — un Arabe, Ouled Sidi Cheik, qui, impassible, fumait sa courte et minuscule pipe, assis à l'orientale sur la banquette de terre de l'antichambre. Verdier eût tout de suite deviné que le khodja savait, qu'à travers la porte il avait recueilli, sans interrompre sa méditation, tous les détails de l'entretien... Mais Beaufort était trop novice, et c'est avec timidité qu'il avait commandé à l'interprète...

« Fais-moi chercher d'urgence M. Lignac pour le colonel...

— Bien, mon lieutenant !

— Fissa ! avait encore dit Beaufort, soucieux de paraître au courant des usages.

— M'hamed ! » avait hurlé le khodja, puis il

avait transmis l'ordre en arabe au planton et avait repris sa méditation.

Beaufort était rentré dans le bureau.

En attendant Lignac, le colonel signait quelques papiers urgents, prenait connaissance de radios en provenance d'Ouargla ou d'Alger. Il lançait d'énergiques jurons tout en griffonnant ses annotations rageuses au crayon et à l'encre rouge.

« Tous les mêmes... des paperasses, des paperasses ! Je suis certain, Julien que vos secrétaires passent leur temps à copier en six exemplaires les ordres et les notes de service...

— Que vous nous adressez, mon colonel, avait rétorqué calmement Julien.

— Bien sûr ! que je vous adresse ! Mais croyez-vous que c'est moi qui ai inventé tout ce fatras d'administration ? Déjà on a bien simplifié : chaque engagé s'amène avec ses deux montures et les paie de ses deniers. Comme ça, au moins, on est certain qu'il les soigne bien. Mais quand on aura tout motorisé, on ne pourra plus obliger les engagés aux Compagnies sahariennes à venir avec leur propre véhicule !... Faudra veiller sur le matériel. Demandez plutôt à Beaufort, qui vient de me constituer une section complète, tout le fil à retordre que lui a donné la sélection de son personnel ! »

Beaufort avait acquiescé poliment. Le colonel transpirait comme une gargoulette. On le sentait prêt à repiquer une crise de paludisme.

De la cour, parvenaient jusqu'au bureau des éclats de voix. On reconnaissait le verbe perçant de Lignac qui interpellait joyeusement les mokhaznis* chaamba ou touareg : c'étaient des « Ma-t-toulid* », « Labès* » jetés et répétés dix fois de suite... Enfin il ouvrit la porte et pénétra en coup de vent :

« Salam Alekhoum*, fit-il en riant, le bien seulement ! Salut, mon colonel, tout le monde ! Que se passe-t-il ? conseil de guerre ? Dites-moi, Julien, faudra me renvoyer cette vieille crapule sympathique d'Ouksem, il m'a collé deux chameaux baghis, maigres et sans bosses... Oui ! s'il se figure que je vais les lui rembourser quand ils auront crevé d'ici un mois... ouallou !*... tant pis pour le vieux renard... A part ça, ça s'organise, mon colonel ; encore quelques questions... mais je bavarde... comme cette vieille pie de Dassine, que j'ai vue tout à l'heure dans ses campements de l'Adriane... Elle n'a pas arrêté de parler, et en tamachek... Je n'arrivais pas à placer une parole !...

— Non ? firent les assistants, rieurs.

— Je complimenterai Dassine, fit Verdier ; vous avoir tenu en échec sur ce point, c'est très fort...

— Lignac », fit Marlier, tout à coup sérieux. Dès qu'il eut parlé, le silence se fit, souligné en mineur par le bourdonnement des mouches et le crissement du panka... « Lignac je vous ai fait appeler parce que j'ai besoin de vous... »

Le jeune savant avait regardé le colonel avec un intérêt amusé.

« Vous avez besoin de moi ? Mais c'est le monde renversé... Je vous ai demandé une escorte, des chameaux, des vivres d'intendance, bref de quoi croiser pendant près d'une année dans l'est du Hoggar.

— C'est justement à cause de ça, Lignac. Voici en deux mots la situation. Vous avez appris l'assassinat de Moreau, peu après le puits de Tin Missao... Bon, inutile de revenir là-dessus. Il faut que je capture et punisse le meurtrier du brigadier, afin que la loi française soit respectée. En le faisant, on respecte aussi la loi touarègue. Où est Akou ? Mystère... Pourtant, j'ai de grandes raisons de croire qu'il s'est réfugié en lisière du Ténéré...

— Où je me rends, mon colonel.

— Précisément.

— Et vous attendez de moi... fit froidement Lignac.

— De vous rien, mais beaucoup de votre mission, Lignac ! Rassurez-vous, je ne vous chargerai pas de représailles, ni d'opérations de police, indignes du savant que vous êtes... si, si, Lignac, nous vous plaisantons, mais nous vous aimons bien ; demandez à Verdier qui n'est pas prodigue en amitié. »

Le lieutenant s'inclina.

« Lignac, voici : je ne dispose pas d'effectifs suffisants pour, à la fois, vous donner une escorte et rechercher Akou. Nous avons examiné la question, Julien, Verdier et moi (il omit de citer Beaufort) ; la seule annonce d'une opération de police ferait fuir le meurtrier en Tripolitaine et alors, adieu ! ce ne sont pas les Italiens qui iront le rechercher s'il se réfugie chez les Kel Messak !

« Votre mission vous entraînera, si j'en crois les conversations que nous avons eues en cours de route, jusqu'au Ténéré ; pouvez-vous me donner quelques précisions pour mes camarades et moi-même... Verdier, prenez note... »

Lignac s'était dirigé vers l'assemblage des croquis au millionième.

« Voici, mon colonel. Premier mois : je me rends de Tamanrasset à la lisière du Ténéré, en visitant Tazerouk, Tahifet, Tin Tarabine, et en précisant au passage les contours de l'enceinte tassilienne découverte par mon collègue Conrad Kilian. Ensuite, j'organise au puits d'Issalane un convoi léger définitif pour piquer S.-E. 140, vers l'inconnu. Je compte marcher trente jours, puis revenir sur mes pas, peut-être en coupant franchement à l'ouest pour regagner les premiers puits de l'Aïr. Buts de la mission ? relevé de l'itinéraire, carte géologique, recherches de gravures rupestres, et principalement tout ce qui aurait trait aux anciens parcours des Garamantes*... recherche également de l'oasis mystérieuse que toutes les légendes touareg, fezzanaises, haoussa* ou teda* situent dans ce secteur du Ténéré, compris entre le 20e et le 22e parallèle nord et les huitième et onzième méridiens est de Greenwich...

— Vous y croyez, interrompit Julien, à toutes ces sornettes ?

— Rappelez-vous Hassanein Bey, en 1922. Imaginait-on à l'époque que des oasis inconnues pussent encore être découvertes au Sahara ? Et pourtant ! après avoir mis cap au sud depuis Koufra, à travers l'immensité inexplorée du désert libyque, l'explorateur égyptien atteignait Arkenu et El Aouenat, deux étranges massifs rocheux, dont l'altitude dépasse 2 000 mètres et dont l'un compte 160 kilomètres de pourtour. Eh bien ! El Aouenat aussi faisait partie de la légende des trois oasis perdues... Celles dont on a oublié la piste à mesure que le Sahara se desséchait. Rappelez-vous : El Aouenat, El Menzeha, dans le triangle inviolé des dunes de l'Erg* oriental : entre Fort-Lallemand, Radamès et Fort-Flatters, au sud du medjbed* el Ouargla... enfin la troisième qu'on situe dans cette région du Ténéré que je me propose d'explorer.

— D'accord, convint en bougonnant Julien ; dans ces conditions, peut-être retrouverez-vous aussi le mystérieux homme bleu du Ténéré qui parcourt, paraît-il, ces solitudes, que personne n'a jamais rencontré, dont on recoupe parfois les traces aux lisières de l'Aïr ou du Serkout.

— Je ne néglige aucune superstition, aucune légende, car sur une terre aussi vieille et aussi lourde de passé qu'est le Sahara, et dans cette région où nous sommes qui constitue, sans doute, le berceau des races égyptiennes, tout peut arriver, tout est probable... il faut simplement aller voir... mais ça, c'est autre chose, fit le savant en regardant fixement Julien.

— D'où tenez-vous cette légende, Julien ? interrogea le colonel ; j'avoue n'en avoir jamais entendu parler... Les femmes ?

— Tout juste, mon colonel ; les femmes au Sahara savent tout, entendent tout, et je ne serais nullement étonné qu'avant même que vous ayez décidé quoi que ce soit elles n'aient deviné vos intentions secrètes... Tidiouit m'a rapporté la légende de l'homme bleu, mais aussi Dassine, et toutes les poétesses du Hoggar, et les petits esclaves harratin, et le soir, dans les campements, à l'ahal, la nouvelle se propage des Ajjer au Borkou, de la Hofra aux mares de Tahouat.

— Ce que vous dites est sensé, Julien, concéda Marlier. Le Sahara est une petite province. Le télégraphe arabe ! J'en sais quelque chose ; on ne peut pas faire un pet de travers à Tindouf que ça ne se sache à Djanet... c'est vrai pour les Européens, c'est encore plus vrai pour les indigènes. Pour nous, avant la radio, ça mettait plus de temps : mais avec cette sacrée invention... »

Lignac restait debout devant la carte, muet, le regard attaché sur l'immense blanc qu'il allait chercher à noircir...

« Revenons à nos moutons, Lignac. Voici ! j'ai décidé de vous adjoindre pour escorte un officier et un sous-officier de mon Territoire. Bien sûr, des gens dignes de vous accompagner. Avec eux, l'escorte nécessaire de Chaamba et le guide et les sokhrars touareg ; en plus un noir de l'Est, qui parle le dialecte haoussa et le teda. Je vous apporte tout mon appui. Vous n'aurez qu'à me signaler les points de ravitaillement extrêmes envisagés, et des convois en eau, en vivres et en munitions vous y précéderont, s'il le faut... En revanche, Lignac, l'officier que je vous adjoins aura deux missions : l'une, officielle, sera de vous protéger, de vous escorter et de travailler avec vous au relevé de la carte ; la seconde, officieuse, sera de recueillir le plus de renseignements possible et le plus adroitement qu'il soit sur Akou, de repérer sa retraite et de le capturer mort ou vif... Je préférerais mort, après un combat loyal, fit avec une moue des lèvres le colonel ; ça simplifierait bien les choses... Les campements se méfieront d'une patrouille policée ; ils trouveront normal qu'on escorte un savant français... Vous êtes officier de réserve, Lignac ?

— Lieutenant.

— Avant d'arriver dans les campements, vous vous mettrez en tenue, car vous savez qu'au Hoggar un civil, aussi prestigieuse que soit sa renommée pour nous autres Français, ne compte pas... Même moi, voyez-vous, avec mes cinq galons, je n'intéresse pas les indigènes du lieu... trois galons, capitaine ! leur maître après Dieu... pour eux, il n'existe rien au-dessus... à moins d'être un saint, comme le père de Foucauld... Mais ça n'est pas votre cas, Lignac... »

Le Gascon éclata de rire.

« Qui donc viendra avec moi ? interrogea Lignac. Sans doute... » fit-il en désignant du menton Verdier, mais celui-ci, maussade et silencieux, s'intéressait particulièrement aux ébats d'une mouche...

« Le lieutenant Bernard Beaufort vous accompagnera et prendra la tête et la responsabilité de la caravane », fit tout à coup Marlier.

A l'exception de Verdier, qui avait lu à livre ouvert dans le regard de son colonel, Julien et Beaufort ne purent retenir une exclamation de surprise.

« Mon colonel... balbutia Beaufort.

— J'ai dit, et vous aurez le temps de rêver, là où vous entraînera Lignac ; cependant, sachez que je compte sur vous pour mes relevés topographiques, vous êtes calé aussi en ethnographie et en botanique, et surtout, m'a-t-on dit, fin chasseur... Vous trouverez du mouflon en abondance là-bas... peut-être aussi du plus gros gibier... »

Enfin, Beaufort s'était ressaisi, levé ; il avait salué militairement.

« A vos ordres, mon colonel. Quand dois-je partir ?... avait-il demandé dans un rêve.

— Quand vous serez prêt, et quand Lignac le décidera. Ça vous va, Lignac ?...

— Pour dire la vérité, mon colonel, je suis un peu interloqué ; je n'aurais jamais pensé... (Il s'embourbait.) Pardonnez-moi, Beaufort, fit-il avec franchise ; non que je n'aie entière confiance en vous, au contraire ! vos qualités de topographe me seront précieuses... mais, pour cette histoire très saharienne, je ne le cacherai pas, j'avais l'intention, mon colonel, de vous demander...

— ... Verdier, interrompit Marlier. Eh bien, non. J'ai besoin de Verdier ici. Julien prend sa retraite dans deux mois... »

Julien opina du chef.

« ... et Verdier aura la lourde charge d'administrer le Hoggar. Il est fait pour ça... mais oui, mon vieux, c'est la rançon de la gloire et de l'ancienneté. Croyez-vous que je ne regrette pas mon temps de sous-lieutenant... le plus beau commandement de l'armée française ?... On va vous donner vos trois ficelles, va falloir changer de méthode, courir un peu moins, paperasser ! C'est le revers de la médaille. Encore estimez-vous heureux... il y en a qui sont capitaines à Tulle ou à Saint-Dizier... Vous serez le maître, le chef d'un territoire plus grand que la France, avouez que ça vaut bien quelques sacrifices... »

Marlier se dirigea vers le lieutenant Verdier, lui frappa affectueusement sur l'épaule... puis se retourna vers l'Alpin.

« J'oubliais, Beaufort. Il faut choisir soigneusement votre sous-officier ; cette fois, il ne s'agit plus de mécanique, fit-il, faisant allusion au choix de Lapeyre. Votre sous-officier sera la cheville ouvrière de la caravane, votre second en tout pour régler la marche, pour installer ou lever le camp, pour mettre en place le dispositif de sécurité, pour diriger l'abreuvoir et contrôler le choix du pâturage... Je crois, Beaufort, que vous feriez bien de vous tuyauter à ce sujet auprès de Verdier.

— Je suis à votre disposition, Beaufort, fit celui-ci en lui tendant la main. Soyez sans crainte. Le colonel a ses raisons ; il ne m'appartient pas de les discuter. Je sais que vous êtes novice... que vous n'êtes jamais monté à chameau... ne rougissez pas, moi non plus, avant la première fois !... Allons, Beaufort, sincères félicitations. On vous aidera à fond. Venez !

— Et vous, Julien, avait conclu le colonel, faites prendre dans ma cantine deux bouteilles de champagne, que vous nous servirez bien au frais, ce soir sous les éthels... Une décision pareille, ça s'arrose... J'oubliais ! je repars par la piste normale, In Ekker, Tesnou, Arak, In Salah. Vous donnerez toutes instructions à Dubois qui aura la responsabilité mécanique des deux voitures ; votre Lapeyre est un type sérieux, à ce qu'il me semble, alors tout ira bien... Tenez, Beaufort, je vous laisse Chaambi Ahmed ben Metlili, prenez-le, c'est le plus fidèle de mes goumiers... Un chercheur de pistes sensationnel, qui n'a pas son pareil pour retrouver un puits et qui est de longue date habitué au Hoggar. »

Ils étaient sortis.

L'atmosphère était suffocante ; de longues traînées livides s'effilaient dans un ciel laiteux.

« Vent de sable pour cet après-midi », avait conclu Verdier.

Ensemble, ils s'étaient dirigés vers l'oued, où devaient être rassemblés les méhara et les chameaux de bât de l'expédition. Ils avaient longuement débattu le choix du sous-officier.

Entre l'adjudant du poste, Walter, un Lorrain blond, à l'accent rauque, qui comptait quinze années de Sud, et le jeune maréchal des logis Bérenguer, racé, lettré même, qui jamais n'avait raté une occasion de se faire envoyer au pâturage, Beaufort n'avait pu se décider. Au contraire de Walter, qui se plaisait à faire un raid de longue haleine puis à se reposer pendant des mois dans la béatitude d'un poste, à giberner avec les camarades et à regarder danser les courtisanes, Bérenguer, plus paisiblement épris de la vie pastorale des pâturages, n'était, somme toute, comme le définissait Verdier, qu'un nomade sédentaire, bon méhariste, mais paresseux, exceptionnellement doué pour la langue tamachek, bien au courant des questions indigènes, irremplaçable en cela...

« J'ai peur qu'il n'ait pas le moral nécessaire. Votre mission doit durer plus d'une année, Beaufort, ne l'oubliez pas. Dommage ! quel charmant compagnon vous auriez eu en lui !

— Alors, vous me conseillez Walter ?...

— Walter ? avait hésité Verdier. Oui et non ! Il faut dire qu'avec sa tête de cochon nous ne nous entendons pas bien tous les deux, nos caractères ne concordent pas... Peut-être qu'avec vous... Il y a encore Bourgeois, le vaguemestre... deux saisons au pâturage, un raid jusqu'à Anesberakka, un autre à In Zize... c'est tout... Enfin, il reste le maréchal des logis chef Franchi... le plus blédard de tous... mais... il y a Tamara, et en plus l'alcool, ce qui n'arrange rien.

— Qui est Tamara, Verdier ? avait-il demandé.

— Cette Targuia de sang mêlé est une jeune courtisane, très belle d'ailleurs, quoique le sang nègre ait réellement trop bronzé ses traits.

— Et c'est pour une femme de ce genre que des hommes comme Franchi...

— Ne vous y trompez pas ! Les femmes sont toutes-puissantes au Hoggar. Elles commandent. Les Touareg vivent sous le régime du matriarcat, la filiation se transmet par les femmes ; elles seules manifestent une certaine culture intellectuelle, elles chantent, jouent de l'imzad*, ce monocorde violon grinçant, composent des poèmes ; pour des filles comme Tamara les nobles s'entretuent, se ruinent. Tenez ! Akou, ce chef d'une section de Kel Ahnet que nous recherchons en ce moment : il y a deux ans, il est venu du Soudan apportant en hommage quatre chamelles pure race. Il aspirait à la main de Tamara : mais il eût malgré tout donné ses quatre méhara pour être admis, ne fût-ce qu'un soir, sous la tente après l'ahal. Tamara l'a laissé se pavaner et soupirer jusqu'aux premières lueurs de l'aube ; elle a accepté ses présents, puis elle l'a renvoyé... Une autre nuit, peut-être ! car il faut toujours laisser un peu d'espoir aux hommes... Akou parti, Tamara a épousé Franchi...

— Par exemple ! Mais voyons, entre un simple sous-officier comme Franchi et un chef de sa race, pourquoi a-t-elle choisi le plus instable, le plus... ?

— Vous ne pouvez pas comprendre ! Tamara sera toujours à temps, plus tard, d'épouser un grand chef targui. Mais oui ! Et Franchi, avec sa solde, lui apporte plus d'argent liquide que même l'Aménokal pourrait lui en offrir. Elle a sa maison, ses serviteurs, ses quémandeurs. Un sous-officier, au Sahara, est un personnage considérable ! Tout est relatif ici-bas. Ambitieuse et cupide, elle cherche, pour l'instant, à asseoir son influence...

— Alors, pourquoi n'avoir pas jeté son dévolu plus haut ? » Beaufort hésita. « Sur vous, par exemple... »

Verdier éclata de rire.

« Croyez bien qu'elle ne s'est pas fait faute d'essayer ! Si elle a renvoyé Akou, c'était qu'à l'époque elle avait encore le secret espoir de se faire épouser... Mais voyez-vous, elle est trop fine pour s'entêter longtemps dans une erreur ; Julien casé avec Tidiouit, moi-même insensible à ses charmes, il restait Franchi, dans l'ordre matériel des spéculations. Et Franchi a fait la bêtise : un jour, il a apporté sous sa tente un chameau, trois chèvres, dix mètres de cotonnade, et top ! depuis cette date, le sous-officier modèle descend la pente avec une rapidité effrayante. Ne lui jetons pas la première pierre ; beaucoup d'officiers s'y sont laissés prendre... Maintenant, j'ai bien peur qu'il ne soit trop tard... Franchi est très certainement borborisé à longueur de journée. »

L'officier se tut, songeur. Beaufort interrogea :

« Borborisé ?

— Tamara le drogue journellement à petite dose de borbor*... Vous le verrez, l'œil éteint, sans réaction ; à moins qu'il ne soit soûl, l'alcool prenant sans doute le dessus sur le poison, il se montre alors plus lucide ; il se rend compte de sa déchéance ; il pleure ; il veut réagir. Il rentre au logis... et retombe sous l'envoûtement de sa Targuia... Non, voyez-vous ! je ne crois pas que Franchi puisse partir... même s'il en avait l'idée, je crains qu'il n'en ait plus la volonté... C'est un homme à charger de force dans un camion et à diriger vers le Nord pour une cure de désintoxication... »

Ce soir-là, ils n'avaient pas discuté plus avant de la mission.

Maintenant, il fallait choisir ; tout étant prêt, Lignac avait manifesté le désir de partir sans tarder. La période des vents de sable s'était légèrement atténuée, et les nuits en Koudia s'annonçaient supportables.

⁂

Perdu dans ses souvenirs, Beaufort n'a pas vu venir le crépuscule... Déjà le soleil plonge derrière les garas, disparaît subitement. En quelques minutes, tout passe du rouge au violet et de l'indigo au noir absolu. Il entend soudain le teuf-teuf du moteur à deux temps qui fournit le bordj en électricité. Les chiens hurlent, un chameau blatère lamentablement ; des formes humaines surprises par la nuit regagnent rapidement le poste, un fardeau de bois mort sur la tête...

Au même instant, un tam-tam retentit quelque part dans le quartier de l'Est ; aux coups sourds du tobeul* répond la note aigrelette des raïtas*... Beaufort est oppressé, il regrette son acceptation trop rapide. Le colonel n'aurait pas pu l'obliger à partir. Pour ces sortes de missions, il faut des volontaires... Il ignore tout de la vie méhariste. Il la craint en secret. Mais il se souvient tout à coup de la sérénité des bivouacs sous la lune pendant le long trajet jusqu'au cœur du Hoggar, et il espère inconsciemment d'autres nuits semblables où il pourra rejoindre en pensée celle avec qui, chaque soir, il échange de muets dialogues...

Des pages de Psichari lui reviennent en mémoire :

« Tristesses du voyageur. Ainsi s'en va le voyageur à travers le monde des apparences. Jadis il se plaisait à suivre des yeux la lente descente des vapeurs sous le soleil ou la fuite des cirrus roses dans le ciel. Mais maintenant ce plaisir même l'accable. Que lui sont ces beaux prestiges du monde, alors que son cœur malade appelle avec ferveur ce qui ne peut se voir ? »

A travers le cimetière, il descend la colline de deuil et par la longue plage de sable, toute pâle dans la nuit, il regagne le poste. C'est l'heure où les palabres commencent un peu partout sous les éthels. Son cœur bat au rythme obsédant du tam-tam. Quelques ombres se lèvent et saluent.

Une lumière troue la nuit, là-bas derrière le tombeau de Laperrine. La flamme vacillante des lampes à carbure fait danser les ombres dans le jardin ; un phono nasillard égrène une complainte idiote. Il entend des éclats de voix françaises, entremêlées d'interjections arabes...

« La cantine Hermelin ! » se souvient Beaufort.

Et il va fuir le tapage et la beuverie qu'il pressent, lorsqu'une voix avinée couvre le brouhaha :

« Et j'irai le trouver, moi, le boujadi ! Si ça ne vous dit rien de partir avec lui, j'irai, moi... aussi vrai que je m'appelle Franchi et que je suis de Castagniccia, Cristo !... »

Alors, brusquement, il revient sur ses pas, et, sans hésiter, se dirige vers la tache de lumière qui l'attire. Comme une phalène irait se brûler les ailes aux flammes d'un bivouac...

Il a poussé la barrière en bois d'éthel... les hommes ont reconnu sa silhouette longue et racée... ils se sont levés d'un bloc, tous, et Bérenguer, le lettré, a dit simplement :

« Asseyez-vous, mon lieutenant. Madame Hermelin, apportez l'anisette... »

Il n'a pas refusé.

CHAPITRE IV

Le maréchal des logis chef Franchi rentra chez lui une heure avant le jour.

Les étoiles avaient déserté l'horizon de l'Est et une ligne plus claire accompagnait comme un halo la fine et sombre dentelle de l'Atakor. Il allait, titubant, mains enfoncées dans les poches de son large sarrouel, le chèche enroulé autour du cou, le boubou de toile blanche débraillé, le képi bleu ourlé de crasse et de sueur rejeté en arrière du front. Parfois, il butait des naïls sur une touffe épineuse, jetait un juron dans la nuit... puis il se mit à chanter...

Tamara l'entendit venir ; elle ne s'étonna pas. Elle savait déjà ! Elle savait tout ce qui se passe à Tamanrasset et ailleurs, dans le Hoggar, dans l'Aïr, chez les Iforas et les Ajjer, dans l'Ahnet, et aussi au Tidikelt, au Touat et dans le lointain Gourara. Les hommes ne savent pas tenir leur langue devant une femme. Ils veulent toujours parader, et Tamara, comme Tidiouit et Dassine, ses illustres compagnes, recueillait de bouche à oreille les confidences des caravaniers, celles des boys aussi — les plus précieuses ! Tamara savait déjà tout ce qui s'était passé en beuveries à la cantine Hermelin ; énigmatique, comme toutes les filles de sa race, elle attendait, impassible en apparence, mais la rage au cœur, fermement décidée à ne pas laisser partir pour un raid qui le lui enlèverait celui qui lui assurait aisance et considération dans tout le Hoggar.

Tamara savait, car Baba, le petit boy de Mme Hermelin était venu gratter à sa porte, au milieu de la nuit. Il s'était assis sur le seuil et le dialogue s'était engagé avec Tamara qui reposait sur une natte dans un angle obscur de la pièce. Baba ne voyait de la courtisane qu'une masse sombre, un amoncellement de tissu, d'où s'échappaient des phrases courtes, lentement prononcées d'une voix geignarde :

« Ma-t-toulid ?

— Le bien seulement, Baba. Que veux-tu à cette heure ?

— Ceux qui ne paraissent pas écouter écoutent et ceux qui ne paraissent pas comprendre comprennent, Tamara ! »

Tamara avait senti venir le danger, mais, dédaigneuse en apparence, elle avait jeté avec insolence :

« Va, chitane* ! quel crédit veux-tu que j'accorde à un sale nègre de ton espèce ? En vérité, je suis trop bonne de t'écouter, laisse-moi dormir !

— Comme tu voudras, ô maîtresse ! mais souviens-toi, Baba sait écouter et Baba sait beaucoup de choses...

— Tamara aussi sait les choses, Baba, elle n'a que faire des conseils d'un anoubi* impubère... Va tresser tes nattes !...

— Comme tu voudras, Tamara... J'en sais d'autres qui paieront un bon prix ce que je sais... Inch'Allah ! tu as négligé le conseil de Dieu qui m'envoyait ici... Va au diable aussi, fille de chitane, espèce maudite... »

Le négrillon avait fait mine de partir.

Se dégageant de l'amas de chiffons, Tamara avait dressé son buste souple, elle s'était étirée comme un jeune fauve, seins pointés en avant, sans souci de la présence du jeune garçon — peuh, un fils d'esclave.

« Attends, maudite graine, avait-elle dit un peu hâtivement, vide ton sac... tiens ! » Comme le boy silencieux tendait la main, paume ouverte, elle y avait jeté négligemment un douro d'argent... puis, comme le jeune garçon restait le bras tendu, une deuxième pièce... Alors Baba, souriant de toutes ses dents, avait daigné parler...

« Le chef part, Tamara... Il a décidé ça hier soir ; il accompagne le nouveau lieutenant, celui qui vient du Nord, et aussi M'siou Lignac, et ils partent pour le Ténéré... et il a décidé de te répudier, Tamara... Prends garde, s'il part, tu ne le reverras plus... »

Tamara avait longuement médité les paroles du boy.

« Il avait la tête tournée par l'alcool, sans doute, avait-elle conclu pensive et douloureuse, sans ça il ne m'aurait pas quittée, d'ailleurs il ne me quittera pas... Franchi, il fait ce que je veux, tout ce que je veux.

— Oui, Tamara, je sais ; tu l'as envoûté le chef... mais, si le lieutenant a décidé qu'il partira, ton charme ne pourra rien, rien, ajouta le gamin sur un ton sérieux qui n'était pas de son âge.

— Pourquoi a-t-il choisi Franchi, le lieutenant ? raconte Baba.

— Les autres, ils ne tenaient pas à partir... mais lui, il était soûl... Il tapait sur la table, il avait déjà cassé deux verres, quand le lieutenant est venu, sortant de la nuit... Alors ils se sont calmés, et le lieutenant a bu avec eux... Il n'a presque pas parlé... Au bout d'une heure, il s'est levé et il a dit au chef : « Puisque vous ne craignez pas de « partir avec un boujadi, Franchi, c'est décidé, « vous serez mon second... Dès demain nous « verrons pour les préparatifs... » Puis il est sorti dans les jardins.

— Et après ? avait questionné Tamara.

— Alors les autres, ils ont continué à boire... ils ont arrosé le départ du chef. Franchi, il était soûl ; il pleurait, puis il chantait ; ils sont encore là-bas, mais moi je suis venu t'avertir, Tamara... Prends garde au lieutenant ! il n'est pas comme les autres, celui-là, kif-kif un aigle ! Ils ont eu tort de dire qu'il était un boujadi... tu verras Tamara ! Cet homme, il porte sur lui le malheur...

— Tais-toi, Baba, hurla Tamara, superstitieuse à l'extrême. Tu attires le malheur en parlant ainsi ; va-t'en, va-t'en vite, vite ! » Et elle l'avait chassé, et puis s'était recouvert la tête du voile indigo...

Maintenant, Tamara entend le chef qui chante sous les éthels dans l'oued.

Elle se lève, ravive les braises, met l'eau à chauffer dans la bouilloire, prépare les verres, les théières, sort le pain de sucre d'un sac crasseux, le casse à petits coups secs avec le martelet de cuivre.

La lueur du foyer jette des reflets fauves sur son corps de bronze ; elle a laissé tomber ses voiles et les a roulés à la ceinture ; de ses nattes tressées et huilées au beurre rance pendent des osselets, les pierres de lune, les cauris* blancs savamment mêlés à la chevelure de jais. Les amulettes de cuir rouge tressautent sur sa gorge gracile... elle est belle ainsi dans la nuit, Tamara la courtisane. Elle verse le premier verre de thé bouillant, le hume en faisant claquer ses lèvres charnues ; elle ferme à demi ses yeux de gazelle passés au kohl ; son regard d'idole, jaune doré, attisé par le dépit, luit dangereusement sous les cils mi-clos.

Le chant se rapproche ; elle remplit de thé un second verre, retire de sous ses voiles un sachet de cuir, verse rapidement une pincée de la poudre noirâtre qu'il contient et qui se dissout complètement dans le thé sans en altérer la couleur. Elle reste un instant immobile, ferme les yeux et, mains à plat devant la poitrine, murmure une incantation, puis, à nouveau calmée et souriante, elle attend l'ivrogne.

Franchi a poussé en tâtonnant la porte rudimentaire — faite de planches disparates — du jardin protégé par une enceinte de toub* quadrangulaire ; l'eau coule dans la seguia* et sa fraîcheur bienfaisante atténue la touffeur de la nuit. Le sous-officier s'est tu, puis il a cessé d'avancer ; il aperçoit maintenant, à travers la porte ouverte de la case éclairée par le brasillement du foyer, Tamara, le buste nu, qui souffle pour aviver les charbons ; il a un recul de tout son être : il contemple « sa maison » ; son regard s'arrête sur les moindres détails du mobilier. Le cerveau surexcité par l'ivresse, il prend congé de ses biens maudits car il va partir, tout quitter.

Voici son lit, monté sur pilotis à la mode targuie et fait de nattes et de tapis de sol achetés au hasard des oasis ; la nudité des murs est masquée par les tentures aux teintes vives de dokkali* ou de fatis*, il a accroché çà et là quelques trophées du Soudan : œufs d'autruche, éventails, splendides dahabiahs en cuir d'Agadès rehaussées de filali verts et jaunes. Plus rien ici, il l'a voulu, ne rappelle l'Europe. Mais pourquoi, au-dessus de son lit, ce chromo représentant les calanches de Piana ? Pourquoi aussi, constamment sous la vue, posée avec soin dans un angle de la pièce sur le tapis, sa rahla* de méhariste, large et belle selle achetée chez les Iforas, et dans la fabrication de laquelle n'entre ni clou, ni renfort métallique, dont chaque élément, jusqu'à la magnifique croix du pommeau, a été soigneusement assemblé par des ligatures en boyaux de mouflon, chevillées de bois d'olivier sauvage ? Tout est prêt pour le départ : il a jeté en travers sur la rahla l'arzema* double en cuir tressé, prolongée par la têtière et le nasal de cuivre, garnis d'un croissant d'argent ; la sangle en poil de chèvre noir tressée de la largeur d'une main avec ses énormes glands-chasse-mouches, et les cordes rêches qui servent à brêler le gesh* ; et enfin la solide cravache en cuir d'addax*, longue de plus d'un mètre, arme redoutable pour qui sait la manier.

Franchi, d'un regard circulaire, inventorie tout son avoir ; puis il passe le seuil ; Tamara, impassible, avive toujours la flamme. Le chef se sent une volonté nouvelle !

Oui, tout est prêt pour le départ. Le lieutenant Beaufort peut être rassuré ; il s'accroupit silencieusement à même le sol, adossé à la muraille et songe. Il l'attend inconsciemment cette minute, depuis si longtemps déjà ! Les vapeurs de l'alcool se dissolvent dans son cerveau malade. Il entrevoit déjà la lente et perpétuelle méharée par-delà les plages infinies de l'Est. Il ferme les yeux, perdu dans son rêve, les ouvre et aperçoit, toute proche, Tamara qui sourit, résignée et soumise, semble-t-il. Et la vue de la femme-enfant, recroquevillée et peureuse devant la flamme, lui remet soudain en mémoire sa servitude consentante : il n'est plus qu'une loque, une chiffe molle sans volonté. Aura-t-il le cran de tenir sa parole ?... Dans les brumes de l'ivresse, il a décidé de partir, et voici que, tout à coup, il se sent à nouveau devant cette femme, envoûté, incapable de réagir !.. Envoûté ! oui, il le sait ; — Tamara le borborise ; comment jusqu'à présent ne s'était-il pas rendu compte qu'elle se jouait de lui, le tenait dans sa dépendance ? Il la regarde maintenant avec une lueur mauvaise dans les yeux, il n'est plus prostré comme de coutume ; il est, au contraire, surexcité par cette nuit de beuverie, par sa résolution, par les sarcasmes et les faux encouragements de ses camarades. « Tu ne partiras pas, avait prophétisé Walter, ou alors, si tu veux partir, il ne faut pas rentrer chez toi ; fais chercher ton gesh et pars, pars devant, échappe à ta Targuia. »

Walter aurait-il raison ? Tamara lui sourit et gorge tendue, fine statue d'ébène au pur profil, lui tend le verre de thé bouillant ; Franchi sent se dissoudre en lui toute velléité d'évasion ; Walter a raison, il ne peut pas quitter Tamara ; il a besoin d'elle, de ses caresses ; il ne peut plus s'en passer ; qu'importe qu'elle dissipe toute sa solde, toutes ses économies ! qu'importe encore qu'elle le trompe avec tous les boys, avec tous les chameliers, et même, il le sait, avec certains de ses collègues ; qu'importe qu'elle accentue de jour en jour sa déchéance, au point qu'il n'assure plus son service, lui, le sous-officier modèle de jadis, qu'il soit la risée des autres ; oui, qu'importe tout ça, pourvu qu'il la garde ! Il va se jeter sur elle, l'enlacer ; elle l'attend triomphante, ayant lu à visage ouvert ses angoisses et ses atermoiements. Mais une ultime vision s'interpose entre Tamara et lui : le visage triste et sévère, le regard droit et loyal du lieutenant qui, tout à l'heure, en se levant de table, lui a déclaré : « C'est entendu, Franchi, vous serez mon second... »

Va-t-il flancher ?... Vite, vite ! pendant qu'il en est temps, pendant que l'alcool neutralise encore son aveulissement, vite ! il faut chasser cette femme.

Il est pris d'une rage folle, il bondit vers sa rahla, décroche sa cravache de méhariste, fait cingler la lame de cuir dans l'air, et l'abat dans un long sifflement sur Tamara qui hurle comme une bête ; le verre de thé qu'elle lui tendait vole en éclats ; mais elle a les réflexes de la panthère : elle se jette de côté et bondit par la porte ouverte, pour s'arrêter à distance respectueuse, hors de portée de l'arme redoutable qui fait rugir de douleur les chameaux de bât.

Lui, surpris par la rapidité de l'esquive, s'appuie lourdement au chambranle, criant des injures.

« F... le camp, garce ! Va-t'en ! » Il la répudie selon les rites, crache trois fois dans sa direction. « Va-t'en, chienne de malheur, pars pendant qu'il en est temps !... »

Les lèvres retroussées de dépit et de haine, le regard flamboyant, Tamara, accroupie dans la nuit, rend injure pour injure, menace pour menace, mais déjà Franchi sent ses forces le trahir ; terrassé par l'alcool, il glisse au sol, cache son visage dans ses mains, éclate en sanglots. Alors, insensiblement, Tamara se rapproche, féline, prudente encore malgré tout.

Franchi renversé sur le dos, à même le seuil, dort bras écartés, bouche ouverte, et son épaisse stature semble combler tout le vide de la case... Quelques braises rougeoient encore !

Tamara franchit d'un bond le corps étendu, qui masque l'entrée, saisit un dokkali qui traîne et le rejette sur le dormeur, puis, s'enrobant dans ses voiles, rabattant un pan de cotonnade sur son front, elle part dans l'aube qui naît, droite, hiératique, mince Tanagra bleuté sur la blancheur des sables.

Accroupi face à l'Orient lointain, Chaambi Ahmed ben Metlili récite la première prière du jour. Il a fait ses ablutions dans le sable ; il s'est longuement prosterné, relevé, tantôt le front baissé, tantôt le visage levé vers le ciel, paumes en offrande.

Puis il a rassemblé les pans de ses burnous, a longuement suivi du regard la silhouette foncée qui disparaissait dans l'oasis. Il a marché, a retrouvé la trace presque invisible laissée par les pieds nus sur le sable frais de la nuit. Brusquement, comme un sloughi poursuivant une gazelle, il a pris la piste, regard figé au sol. Le soleil jaillissait des lointains obscurs. Les chiens, obéissant au signe mystérieux de la nature, se turent subitement.

Le désert flamba.

CHAPITRE V

LES chameaux arrivèrent ce même jour au début de l'après-midi.

Le troupeau compact des méhara et des chameaux de bât, pressés bosse contre bosse, déferla, têtes en équilibre au bout des longs cols ployés en arrière, emmêlés comme un nœud de serpents. La grande esplanade brûlée disparut dans un poudroiement de poussière dorée ; le blatèrement lamentable des bêtes couvrit les cris rauques, brefs, sortis du fond de la gorge, que lançaient des sokhrars à moitié nus. Les chameaux étaient superbes : il y en avait de toutes tailles, de tous âges, de toutes races. En tête venaient les énormes bêtes du Soudan, au pelage ras et soyeux : gris-perle, alezan, pie — bien en bosses, rebondies comme des outres, allongeant avec dignité leurs foulées ; il y avait aussi tout un lot de chameaux touareg de la Koudia, plus bas sur pattes, à robe épaisse et laineuse, à l'encolure courte, aux têtes hargneuses, découvrant des dents longues et jaunes, des bêtes toujours prêtes à mordre, mais habituées à franchir les passages rocheux les plus escarpés, krebs* de l'Ahnet, akbas* du pays Ajjer, bouleversements volcaniques de l'Atakor : de vrais mulets camelins robustes et endurants comparés aux fins lévriers soudanais aux jambes d'échassiers, au col de cygne.

Dans le tumulte de l'arrivée, parmi la poussière, les cris des bergers, les yous-yous des femmes, les rires des négrillons, Aramoukh et son vassal Ouksem, dignes et impassibles attendaient, debout, les officiers de la mission. L'Aménokal avait rassemblé dans les lointains pâturages ce choix de bêtes triées parmi les meilleures, des animaux capables de soutenir le terrible effort auquel ils allaient être soumis ; après quoi ils ne seraient plus bons qu'à se refaire au pâturage pendant toute une année.

Gros, grands et gras, drapés dans leurs cotonnades indigo et violettes, le litham outremer rehaussé d'un chèche blanc, le baudrier de tissu violine en croix sur la poitrine, les chefs touareg ne laissaient voir de leur visage que des yeux malins et rieurs ; lance en main, bouclier au poignet, ils surveillaient le rassemblement des bêtes sur la grande plaine de sables blancs qui, entre les deux collines de rochers noirs, touchent au Nord les premiers contreforts de la Koudia.

Verdier, Lignac, Beaufort et Franchi les rejoignirent bientôt. Il y eut les salamalecs d'usage, les longs frôlements de main.

« Aramoukh, fit Verdier, voici mon ami le lieutenant Beaufort. C'est lui qui part pour le Ténéré. Je te demande pour lui aide et protection. Il aura mon propre harnachement et je veux que la bête que tu lui choisiras soit la plus belle de tout le troupeau : un méhari de chef, doux à monter, sociable, silencieux, obéissant à la voix, rapide et endurant...

— Tu choisiras toi-même, Verdier, répondit l'Aménokal, tu connais aussi bien que nous les chameaux ; je vais faire passer devant toi, à tour de rôle, les meilleurs parmi les meilleurs des nôtres. »

Aramoukh, pour avoir plus de liberté dans ses mouvements, rejeta en arrière ses gandouras et ses voiles ; malgré son obésité, il conservait encore la noblesse d'allure du grand nomade qu'il avait été ; ses bras étaient longs et les muscles étirés révélaient souplesse et endurance. Plus obèse encore, Ouksem, chef des Dag Rali, présentait les chameaux de montagne. Des riens trahissaient en lui sa caste inférieure ; des riens que seuls discernaient les yeux avertis de Verdier, de Lignac ou de Franchi. Parfois, ô sacrilège, son litham glissait sur sa figure et découvrait le nez ; on voyait alors les traits plus empâtés, le sang nègre prédominait.

L'Aménokal lança tout à coup un appel guttural. Un sokhrar sépara du troupeau un splendide méhari d'un noir de jais aux balzanes bleutées et le poussa devant son chef. Verdier émit un sifflement d'admiration.

Bien que novice en la matière, Beaufort lui-même fut sensible au galbe aristocratique de ce pur sang, comme il l'eût été devant un cheval anglo-normand sélectionné.

« Ouân-Tehelât : c'est un mâle de huit ans !, fit Aramoukh, il te conduira partout sans défaillance.

— Belle bête, concéda Verdier ; c'est bien, Aramoukh ! Celui-ci est une monture de chef ! mais il en faut deux au lieutenant.

— Choûf*, cet alezan Egg-ekkoz (six ans), mon fils l'a dressé et l'a nourri pendant quatre ans au lait de chamelle. Il est doux comme un agneau et capable de marcher, sans diminuer l'allure, un jour, une nuit et encore un jour et encore une autre nuit.

— Trop délicat ! mon lieutenant », fit Franchi, qui jusqu'ici avait gardé le silence et, à quelques pas derrière les officiers, semblait complètement abruti... « Trop délicat, reprit le sous-officier, fines attaches, mais soles sensibles, il ne tiendra pas sur les terrains volcaniques ! C'est une bête de luxe pour les grands regs de l'Ahnet ou du Tanezrouft... Prenez l'autre... les bêtes de ce pelage sont en général plus robustes. Comparez ! jambes légèrement plus courtes, mais ossature plus épaisse ; cou moins fragile, deux ans de plus ; bien en bosses ; il n'y a pas à hésiter.

— Vous « étiez », je crois, le plus fin connaisseur en chameaux de toute la compagnie, Franchi ! fit Verdier. Je vois que vous n'avez rien perdu. Prenez le noir, Beaufort, le chef a raison. Là où vous allez, il ne faut pas de monture de parade. Jusqu'à Issalane, utilisez les méhara du Sud ; présentez-vous en grand seigneur ! Vous allez rencontrer des tentes, on vous jugera à votre monture... Mais au départ d'Issalane allégez votre caravane, vos bêtes seront comme sacrifiées d'avance. Faites votre choix parmi les petits chameaux de montagne d'Ouksem, ceux-là vous mèneront partout.

« Bon ! d'accord pour le noir ! continua le lieutenant Verdier ; alors laissez Franchi trier les chameaux de bât et régler ça directement avec Ouksem et Aramoukh. Ah ! j'oubliais ! où est Lignac ? »

Celui-ci, actif et remuant, s'était glissé au sein du troupeau et sans souci des « coups de chausson » allait d'une bête à l'autre, palpait les bosses, écartait des mâchoires, vérifiait une sole, parlant haut et ferme en tamachek avec les sokhrars... Enfin il revint vers le petit groupe formé par les Français et les deux Touareg, donna une bourrade affectueuse, mais dépourvue de protocole, au vieil Ouksem, qui gloussa comme une poule, en faisant des « Hou ! Lignac ! Hou ! Lignac ! » découvrant ses dents de carnassier dans un large sourire, puis se revoila subitement sous le regard désapprobateur d'Aramoukh, toujours digne et réservé.

« Ça ira, Verdier, jubila Lignac, en se frottant les mains, l'ensemble est bon. Ouksem a enfin compris...

— Avez-vous choisi vos bêtes de selle ? interrompit Verdier sentant venir le flot de paroles inutiles.

— La chamelle pie, à l'œil vairon, là-bas, isolée près de cette touffe de drinn, pour la première partie du voyage ; après, peu me chaut ; n'importe quelle bête de montagne, pas trop rétive, fera mon affaire.

— Vous agissez comme je l'aurais fait, Lignac, fit avec admiration Verdier ; décidément vous êtes un parfait blédard. »

L'officier se tourna vers le chef.

« Bon ! alors, Franchi, terminez le choix des bêtes et faites-les pâturer pas trop loin du poste. Je crois que pour une trentaine de chameaux il y a encore assez de pâturage du côté de la guelta d'Outoul, n'est-ce pas, Ouksem ? » Le Dag Rali acquiesça.

Franchi émit un grognement qu'on pouvait prendre pour une acceptation. Il semblait complètement étranger à la scène. La lueur d'intelligence qu'il avait manifestée, quelques instants plus tôt, pour le choix du méhari s'était évanouie. Il contemplait, l'œil terne, indifférent, le troupeau antédiluvien qui piétinait dans un nuage de sable et les chameliers qui s'affairaient, séparant déjà les bêtes choisies par les deux Touareg.

« Complètement azimuté » fit Verdier entre ses dents. Puis, se tournant vers Beaufort : « Venez, j'ai à vous parler. »

Ils firent quelques pas côte à côte en direction de Tamanrasset ; la chaleur avait beaucoup baissé : Beaufort déroula son chèche et mit son visage à découvert ; quand ils furent suffisamment éloignés du lieu de rassemblement, Verdier se tourna brusquement vers son compagnon.

« Vraiment, Beaufort, vous avez choisi Franchi ?

— Je devine vos pensées ; sans doute avez-vous raison ! mais comment vous expliquer ça ? Ne m'avez-vous pas dit que Franchi était définitivement perdu, borborisé — encore que je n'y croie guère à votre borbore — mais peut-on laisser un homme sombrer sans essayer de le repêcher ?

— Quand on commande une mission comme la vôtre, tout doit être subordonné à l'intérêt général. En définitive, Walter eût été préférable.

— Oui, Verdier ; bien sûr, mais hier soir...

— Inutile, Beaufort ; tout se sait au désert, et l'on m'a déjà rapporté dans ses moindres détails ce qui s'est passé chez la mère Hermelin. »

Beaufort rougit imperceptiblement.

« Oh ! croyez bien que vous avez eu raison de vous mêler à nos sous-officiers. Trop de chefs, dans le Sud, les tiennent maladroitement à l'écart, alors qu'ils sont nos collaborateurs les plus utiles... Il faut se serrer les coudes ici. Mais pour Franchi j'ai peur que votre cœur et la noblesse de vos sentiments soient bien mal récompensés... D'ailleurs, êtes-vous sûr que Franchi partira ? »

Beaufort ne répondit pas, mais fit voltiger au loin un caillou d'un coup de cravache... Les deux hommes continuèrent ainsi quelques pas sans parler.

« Franchi m'a donné sa parole, et il était au rassemblement des chameaux, fit Beaufort ; mais quelle différence entre l'être que j'ai connu hier soir et la loque apathique, au regard absent que j'ai retrouvé aujourd'hui !...

— Tamara ! fit laconiquement Verdier. Chaambi Ahmed doit en savoir beaucoup plus long là-dessus qu'il ne m'en a dit... Enfin, votre choix est fait !

Prenez vos responsabilités, car Lignac est un fin Saharien, mais une fois lancé dans ses travaux et ses recherches, plus rien ne compte pour lui et s'il n'y a pas à ce moment une tête solide pour s'inquiéter de l'eau, de la nourriture et des hommes, il frise la catastrophe. Ce sera votre rôle, Beaufort ; mais je vous aurais aimé un second véritable, un Franchi d'il y a dix ans, par exemple.

— Verdier, demanda un peu timidement l'Alpin, Franchi, dans sa beuverie d'hier soir, m'a convié à un couscous chez lui ; dois-je m'y rendre ? J'ai promis imprudemment, mais je ne voudrais pas le froisser : il importe que nos rapports soient cordiaux, dès avant le départ.

— A votre place, j'aurais trouvé un prétexte ; enfin... puisque vous avez promis, allez-y ; vous verrez sa tigresse ; ne vous laissez pas envoûter. »

Beaufort éclata de rire, mais Verdier hocha la tête gravement :

« On ne sait jamais ! »

Il y eut un silence gêné.

Chaambi Ahmed, attiré par la rumeur du troupeau, arrivait de sa démarche rapide et sautillante, à tout petits pas, le corps penché en avant, très différente de l'allure guindée et droite des Touareg nobles, engoncés dans leurs vêtements de parade.

« Où vas-tu ? » fit Verdier.

Le Chaambi montra du doigt les chameaux.

« Au fait, tu as raison ! va te mettre à la disposition du maréchal des logis chef et aide-le à choisir les baveux... Mais, hein ! pas d'histoire avec les Touareg, sacrée mauvaise graine de l'erg ! »

Le goumier salua et poursuivit son chemin.

« Il y a heureusement celui-là, Beaufort, celui-là qui nous vaut tous au désert. Tenez, il a deviné qu'il pourrait être utile ; il sait que Franchi est malade, mais il a fait avec lui des contre-rezzou jadis ; je suis certain que déjà il se prépare à l'aider... Pourvu qu'il ne m'attire pas trop d'ennuis avec Aramoukh, car il aura vite fait de déceler la blessure cachée, l'épine de tahla brisée dans la sole, l'épaule foulée, les reins fragiles, chez des bêtes saines en apparence ; les Kel Rela n'aiment pas qu'on discute la valeur de leurs troupeaux et surtout qu'un Chaambi exécré s'en mêle ! »

Ils revinrent au poste à la nuit tombée. Il y eut le silence qui précède le crépuscule, puis tout à coup le halètement du moteur mêlé aux grincements des poulies de puits dans l'arrem ; un chien aboya et, de tous côtés, ses congénères lui répondirent. Le grand concert nocturne commença...

⁂

Le lendemain, à la même heure, le lieutenant Beaufort harassé de fatigue, épuisé par une journée accablante où il a fallu tout surveiller, se dirige à pas lents vers le lieu du méchoui*. Demain, c'est décidé, demain sera le grand jour ! Il aspire sans réserve aux solitudes promises, à cette liberté qu'il entrevoit ; il récapitule toutes les servitudes qui se sont imposées à lui ces derniers jours et qui l'ont à ce point distrait de sa continuelle rêverie que ce soir, tout étant prêt, il est comme désemparé par le vide soudain qui se fait en lui et autour de lui.

Depuis le matin, il surveille la composition des chargements, dont les ballots s'alignent par paires sur la grande esplanade brûlante, derrière le bordj. Il a dressé l'inventaire minutieux des vivres, des médicaments, des caisses à instruments ; il a vérifié une dernière fois son compas, son altimètre, pendant que le Corse, secondé par Chaambi ben Metlili, effectuait le dernier tri des chameaux, sous le regard dédaigneux de Mohammed Ag Adjoulé, le Fils du Loup, immense Targui Kel Rela, chargé par Verdier de les guider à travers le Hoggar, jusqu'aux confins du Ténéré.

Mohammed Ag Adjoulé, digne et superstitieux, paresseux comme un loir, ne cache pas son mépris pour ceux qui, possédant les galons de commandement, s'astreignent à de vils travaux manuels indignes des grands chefs. Il n'a pas daigné non plus se joindre au Chaambi pour discuter des chargements. Cela est affaire de sokhrars, d'esclaves ! Son rôle à lui sera d'aller devant, par les pistes connues de lui seul, de découvrir à temps pâturages et points d'eau. Là s'arrête la tâche d'un noble.

Chaambi Ahmed a été d'une activité débordante ; il a fallu évaluer le poids des charges et leur contenu ; tenir compte de ces indications pour les affecter aux chameaux selon l'âge des bêtes, leur forme physique, et même leur caractère, — rétif, craintif, coléreux, docile. Travail méticuleux, fastidieux, qu'il faudra sans doute recommencer après l'expérience de la première étape.

Beaufort avait dû agir par lui-même ; Verdier était venu faire un tour rapide puis, voyant que Franchi et le Chaambi faisaient l'affaire, avait regagné la fraîcheur de sa chambre où grinçait le panka.

Lignac ne s'était pas montré ; trop de détails précis le retenaient au bordj : préparation des feuilles quadrillées au millimètre qui serviront aux relevés topographiques, compensation des instruments, vérification du sextant, tri des tables astronomiques, nettoyage des appareils photographiques, des armes, etc., et surtout mise à l'heure exacte des chronomètres.

Tout en marchant à pas lents sous les éthels, Beaufort récapitule cette journée qui, du fait de l'absence de Lignac, s'est déroulée dans un silence relatif.

Franchi s'était réveillé le premier comme naissait le jour, selon une vieille habitude saharienne et, encore sous les fumées de l'alcool, il s'était dirigé d'instinct vers le lieu de rassemblement de la caravane.

Il pouvait à peine parler ; il bredouillait des phrases incompréhensibles, bégayait... mais il avait cependant salué le lieutenant Beaufort avec la rigidité du vieux sous-officier de carrière... trop même ! Beaufort avait eu sur les lèvres des paroles cinglantes, mais s'était contenu... A quoi bon ! ne l'avait-il pas choisi ? Il était trop tard pour revenir sur sa décision.

Il avait paru ne rien remarquer et avait donné ses ordres :

« Franchi, surveillez les guerbas ! En avons-nous suffisamment pour nous ? pour les Chaamba, pour les Touareg, et les sokhrars ? Calculez huit litres par jour et par homme ; Lignac trouve la quantité suffisante jusqu'à Issalane, ensuite nous verrons...

— Mon-ieut... » avait essayé de dire Franchi ; mais déjà Chaambi Ahmed, que nul n'avait vu venir, s'était interposé entre le chef et le lieute nant et répondait :

« Tout paré, mon lieutenant ! Les guerbas, je les ai fait remplir hier soir et ce matin j'ai vérifié : il y en a trois grosses et deux petites qui perdent... Ouksem a promis de les changer pour ce soir, et aussi, il y a quatre betillas* qui fuient, faudra les ressouder, c'est le soleil qui les a fait gonfler.

— ... les feras porter à la forge, Ahmed », avait déclaré Franchi en essayant de ne pas tituber... Puis, pour se donner une contenance, il s'était dirigé vers un chargement déjà composé, faisant mine de tendre les cordes d'assemblage en poil de chameau.

« Le chef a raison, fit Beaufort ; Ahmed, tu feras ressouder les betillas, deux bons fûts valent cinq grandes guerbas... »

Puis il avait flâné à travers le campement, où sous l'impulsion de Chaambi Ahmed régnait une fiévreuse activité ; chacun s'affairait. Beaufort eut une pensée reconnaissante pour son colonel, reparti depuis quelques jours vers le Nord. Marlier savait ce qu'il faisait en lui donnant le Chaambi.

Conscient de son inutilité, l'Alpin s'était cependant astreint, par discipline, à rester présent sous le soleil de feu, tant que le travail avait duré. A dix heures du matin, il l'avait fait cesser. Les hommes s'étaient réfugiés sous les éthels, pour y faire la sieste ; certains, plus paresseux, s'étaient allongés à même l'ombre courte des chargements.

En regagnant sa chambre, Beaufort avait salué, au passage, le capitaine Julien.

« Alors, avait dit ce dernier, sarcastique ; ça marche votre petit voyage ? Et Franchi ? toujours satisfait de ses services ? Vous dînez chez lui, ce soir, Beaufort ? Très bien... très bien ! » Le capitaine baissa légèrement le ton, puis répéta comme se parlant à lui-même : « Très bien ! » Ensuite, il réfléchit assez longuement et Beaufort respecta son silence ; puis, tout à coup, il s'était levé, avait tendu la main : « Bon appétit, lieutenant, je ne déjeune pas avec vous à midi, mais demain, vous serez mon hôte ; Lignac et Verdier aussi, bien entendu. »

Il s'était éloigné. Soudain, se retournant comme pris d'un scrupule :

« A votre place, je n'irais pas chez Franchi ce soir », avait-il dit.

Puis sans ajouter un mot, il était parti.

CHAPITRE VI

TOUTE menue dans ses voiles bleus, Tamara trottine dans l'aube naissante, le long de la seguia principale qui dessert les jardins de l'Annexe. Elle dépasse le village indigène, qui s'éveille dans le chant des coqs et le bêlement des chèvres ; elle va d'un pas si léger qu'elle semble à peine effleurer le sable de ses pieds nus, mordillant une pointe de son voile rabattu sur son visage de femme-enfant... elle traverse les carrés d'orge et de bechna * ; elle se faufile sous les figuiers aux troncs noueux et argentés, atteint la lisière des cultures. Il n'y a plus maintenant que le désert. Un medjbed serpente à travers les blocs érodés, troués, aux mille formes de cauchemar et, après s'être assurée que personne ne la suit, Tamara le prend, ralentit l'allure, rabat encore plus bas le voile sur son visage.

Voici une case basse et croulante, dans laquelle picorent quelques poules naines ; à côté, une zeriba * de roseaux...

« Ma-t-toulid ? » fait timidement Tamara, tout à coup oppressée et peureuse ; un court instant le cœur lui manque ; elle croit renoncer, mais elle revoit la scène de la nuit et puise dans sa haine d'épouse bafouée un nouveau courage.

« Entre ! » répond une voix basse et rauque.

Taouit la Chouette est accroupie dans ses haillons, effrayante avec sa bouche édentée de sorcière, son visage de mégère, ridé, plissé, tavelé de taches plus claires par le jeu des lumières qui trouent le clair-obscur de la zeriba.

Sans mot dire, Tamara est entrée.

A bonne distance, elle s'est accroupie, elle aussi ; puis d'un sac de cuir pendu à son cou a retiré quelques pièces d'argent qu'elle a jetées dédaigneusement à la vieille. Son émotion passée, elle reprend tout son sang-froid ; ce n'est plus la femme-enfant, mais la femme redoutable, la courtisane calculatrice. Impassible, Taouit a fait disparaître les douros dans ses haillons :

« Parle...

— Pourquoi m'interroger, sorcière, puisque tu sais...

— Parle, fait plus durement la vieille.

— Parle, toi ! répond haineusement Tamara.

— Le chef aux trois galons se lasse-t-il de tes charmes, belle et dédaigneuse Tamara ? dit tout à coup Taouit.

— Oui ! et c'est ta faute, chouette maudite, car le philtre que tu m'as procuré ne vaut plus rien.

— S'il ne vaut plus rien, c'est que le nouveau chef roumi possède un philtre encore plus puissant, avec lequel il contrecarre mon pouvoir.

Inch'Allah, je n'y peux rien. Mets-tu toujours la poudre ?

— Toujours !

— Franchi boit trop d'alcool, allouf ! * les vapeurs tuent l'esprit du philtre... Prends garde, Tamara, le danger ne vient pas du chef, oh ! ma gazelle ! mais du nouveau lieutenant... Oui, oui, Taouit sait tout, écoute... »

La vieille, sans se lever, penche en avant son buste aux longs seins flasques et de ses doigts osseux trace des signes mystérieux sur le sable. Irrésistiblement attirée, Tamara rampe vers la Chouette ; bientôt les deux femmes sont l'une près de l'autre, immobiles, l'une concentrant sa pensée, l'autre attendant le verdict.

Il se passe un très long moment, qui paraît un siècle à Tamara ; la vieille redresse la tête, elle semble effrayée :

« Tamara, Tamara, un grand danger te menace... Tu seras étranglée un soir par le chef aux trois galons d'argent... Oui, comme ça, kouik. » Et elle fait mine de tordre le cou d'un poulet imaginaire. « Car il ne partira pas, mais un jour la folie meurtrière s'emparera de lui ; prends garde, Tamara !

— Est-ce pour cela que je t'ai payée, chienne ! rugit Tamara. Déjà j'ai dû vendre mon méhari blanc qui pâturait dans l'Oued Adjmiet pour payer tes services... Tu m'avais promis la fidélité de Franchi, et maintenant... Ne serais-tu qu'une amuseuse, et ton pouvoir aurait-il disparu ?...

— Si la femme est forte, reprend sentencieusement la Chouette, l'homme ne peut rien contre sa volonté... Il ne faut pas laisser boire Franchi ; regarde Tidiouit, le capitaine ne la quittera jamais, jamais ; elle veille sur lui, jalousement et l'empêche de boire, et empêche tout le monde de l'approcher ; grâce à elle, Julien a répudié les siens, a trahi sa religion, et aussi longtemps qu'elle vivra, Tidiouit sera l'épouse du chef blanc aux trois galons d'or, et jouira de sa fortune et de tout son prestige. Ah ! Aouah * ! Tidiouit est une forte femme, mais toi... tu n'es bonne qu'à danser devant les nègres et à desserrer la ceinture de ton sarrouel le soir quand passent les chameliers faméliques qui marchent à pied derrière les caravanes.

— Arrête, Taouit, ou je te... »

Et Tamara, gorge haletante, se jette sur la vieille qui vient de la bafouer, mais celle-ci, avec une rapidité insoupçonnable, a détourné le coup de stylet et maintenant elle tord inexorablement le frêle poignet, courbe jusqu'à terre Tamara hurlante.

« Enfant, tu n'es qu'une fillette incapable, reprend la vieille femme, et sa figure paraît encore plus grise et plus terreuse ; enfant ! je peux encore t'aider.

— Fais, Taouit, et je serai ta servante, dit humblement Tamara domptée.

— Je peux t'aider, mais le danger est gros.

— Je paierai, Taouit, je paierai ! tu prendras ces sept chevreaux qui bondissent joyeusement dans les lauriers-roses de la grande guelta...

— Le danger est aussi gros pour toi que pour moi...

— Prends aussi ma chamelle pie qui mettra bas au printemps !

— Dans ces conditions, viens, Tamara, et échangeons le serment du sang. »

Rapidement, la vieille découvre la gorge de la jeune femme, y enfonce une épine de tahla : Tamara pousse un cri de douleur, mais déjà la goulue applique ses lèvres de vampire, suce la gouttelette vermeille qui perle sur la peau satinée...

La Chouette maintenant ordonne :

« Ecoute ! le danger, Tamara, vient du lieutenant roumi qui arrive du Nord. Lui seul peut t'enlever Franchi, lui seul possède le regard qui séduit... car il a déjà sur le front le signe de la mort. Demain soir, le lieutenant viendra manger chez toi... » Tamara eut un signe d'étonnement. « Je sais, Taouit sait tout... Demain soir, tu agiras... »

La sorcière efface d'un revers de la main les signes cabalistiques inscrits sur le sable et en trace d'autres. Elle relève le buste, inquiète :

« Prends garde, Tamara, quelqu'un déjà se met en travers de nos projets ! Les signes viennent de me l'apprendre ; il faut faire vite, vite.

« Viens ce soir au champ des morts, à l'heure où Amanar[1] scintillera dans le ciel... Arme ton cœur de courage, rejette l'effroi indigne d'une femme qui veut régner... Maintenant, va, et qu'on ne te voie pas chez moi. »

1. Orion.

Tamara rabat son voile, sort en rampant par la basse ouverture de la zeriba, puis, tout à coup effrayée, se met à courir à perdre haleine, naïls en mains, jusqu'à ce qu'elle ait atteint les jardins. Alors seulement, elle reprend son allure normale, relève son voile et de son pas nonchalant, traînant les pieds, roulant des hanches, se dirige à travers les venelles bourdonnantes de mouches vers la maison de Franchi.

CHAPITRE VII

La nuit est atrocement chaude. A travers la brume de sable, les constellations apparaissent entourées d'un halo d'argent.

La nuit saharienne, la nuit biblique, la nuit immémoriale couvre le désert.

Taouit, la sorcière, pousse devant elle l'âne gris-perle au pelage de soie à la croix noire au chanfrein de velours, qui marche l'amble, oreilles remuantes, résigné et silencieux. Taouit harcèle l'âne de la pointe d'un épineux, un petit coup, un seul, de temps à autre, dans la région du foie, et qui fait se creuser davantage les reins de la pauvre bête. Pendu à sa queue, Salem, l'esclave aveugle d'Ouksem, suit clopin-clopant : un grand corps squelettique, vêtu d'un pagne crasseux, pieds immenses, aux orteils détachés, poitrine creuse, côtes saillantes, clavicules tendues comme des haubans, et sur le cou veineux une tête d'oiseau, sans menton, un nez camus, rongé par la syphilis, des yeux minuscules enchâssés dans des arcades simiesques, et le crâne tondu à ras, parsemé d'argent : blanc gris, gris blanc ; terreux, comme le corps. Salem l'Innocent, qu'on dit un peu marabout et que chacun craint.

L'étrange cortège contourne au loin le poste, se glisse dans les défilés rocheux, fait un long détour. La nuit est chaude ; dans la brume de sable, on peut voir des masses bleutées menaçant le ciel : l'Iharen ceinturé comme un temple grec par sa fine couronne de colonnes phonolithiques et plus loin les falaises croulantes, les brèches où filtrent les rayons d'étoiles.

Taouit la Chouette, marche, marche et tout à coup s'arrête ; l'âne n'avance plus ni Salem derrière lui qui, dressant sa tête aveugle dans la nuit, le maintient fermement...

« Aouah, la Chouette ! voici le champ des morts... »

Car il a senti sous ses pieds la fraîcheur du sable et les roches encore brûlantes ; du sable, du rocher, des cailloux ! et parmi ces cailloux les pierres levées, les pierres dressées : une, deux pour les hommes ; une, deux, trois pour les femmes ! Le champ des morts sur la colline de roches noires..

« Où est-ce ? demanda la Chouette.

— Ak !* suis-moi », fait l'aveugle.

Détectant les obstacles à l'aide d'un bâton, le voici qui se faufile avec une merveilleuse précision parmi les tombes aussi serrées que les épis de blé le long d'une seguia. Taouit suit, poussant l'âne ; ils se dirigent vers l'extrémité du cimetière, là où les roches noires sont si nombreuses que, même en plein jour, on confond aisément les pierres levées des tombes et les masses rocheuses fissurées de la colline. Salem hésite : debout dans la nuit, il sonde du pied le sable des sépultures, il va de l'une à l'autre, revient sur ses pas, se penche, ramasse du sable, le file entre ses doigts osseux ; enfin, frappant du bâton un tumulus, il dit : « Creuse ! »

Il dit : « Creuse », et alors la Chouette siffle ; une longue modulation, puis un grand silence, et encore une modulation prolongée qui sort de son horrible bouche aux gencives fendues... Ils attendent quelques minutes, puis l'aveugle le premier dit encore :

« La voici. »

Une forme bleue très mince a descendu la colline, invisible dans la nuit et Taouit ne l'a pas encore vue que Salem déjà la devine, perçoit la légère vibration que font ses pieds sur le sol, l'odeur poivrée qui s'échappe de ses voiles. Tamara, silencieuse, vient s'accroupir près de Taouit. Elle montre une constellation au ciel :

« Orion vient de paraître, je suis là, Taouit. »

Mais l'aveugle s'irrite et frappe la tombe de son bâton.

« Creuse ! »

Alors Tamara, la première, viole la tombe, bientôt aidée de la Chouette. Les deux femmes creusent rapidement de leurs mains nues le sable chaud en surface ; chaud d'abord, puis tiède, puis froid, froid comme le mort qu'il recouvre... et Tamara, les yeux révulsés, la bouche haletante, la gorge gonflée de terreur sent, sous ses longs doigts finement trempés de henné, l'enveloppe parcheminée d'un corps humain, toute trouée à l'endroit des côtes. Elle a un geste de recul, mais implacable et comme s'il voyait son hésitation Salem dit plus rudement :

« Creuse ! »

Taouit fouille avec acharnement, avec passion, murmurant des paroles qui écartent les djenoun, les kellesoufs * ; elle découvre avec frénésie le cadavre, hume la fade odeur qui, malgré la sécheresse de l'air, commence à monter dans la nuit... Tamara détourne la tête, et s'il ne faisait pas aussi noir on pourrait voir sur son beau visage aux traits réguliers, tout contracté par l'angoisse, ses yeux exorbités et sa peau mate et bronzée devenir grise, terreuse, presque blanche. Tamara consomme le sacrilège suprême... elle est maintenant vouée aux démons... Taouit l'a forcée à venir ; il fallait qu'elle fût consentante, qu'elle participât à la profanation... mais maintenant Tamara va mourir, elle le croit, elle sent la vie se retirer de son corps, elle grelotte et elle claque des dents, malgré l'atroce chaleur.

« Va-t'en, ordonne Taouit ; va-t'en ! Tu auras la poudre quand le soleil aura tourné sur l'horizon et que les montagnes d'Outoul se vêtiront du linceul de la nuit. Va-t'en ! tu es maudite maintenant... » Et l'affreuse vieille ricane, et Salem ricane. Alors Tamara pousse un grand cri, se lève, rassemble ses voiles, part en courant à travers les tombes, folle de terreur, heurtant du pied les pierres levées ; disparaît derrière la colline, parmi les blocs de basalte, dont les formes tourmentées, creusées par le vent et le sable, prennent l'aspect fantastique de chimères, de djenoun maudits.

Et voici que, tout à coup, devant elle, se dresse une forme humaine, un kellesouf vêtu de blanc qui ricane, qu'elle frôle presque en criant... Elle court, elle court, perdant ses voiles, retenant des deux mains son sarrouel retroussé, cependant que des larmes coulent, que sa figure se convulse... Un grand concert d'aboiements furieux l'accueille au village. Sans prendre aucune précaution, elle ouvre la porte du jardin, se jette sur les nattes, se recouvre des dokkalis et des fatis et prononce les paroles qui écartent le mal...

Franchi n'est pas rentré et Tamara attend, plus calme déjà ; seule sa respiration oppressée trahit sa grande frayeur.

Tamara attend que son seigneur revienne et que le jour apporte un peu de paix...

⁂

Là-haut, Salem a fini de déterrer le corps. C'est le cadavre d'un pauvre esclave qui s'est noyé, il y a trois semaines, en curant un puits. Personne ne viendra sur sa tombe, personne ne le réclamera. Salem a saisi le cadavre squelettique et l'a couché en travers sur la croupe de l'âne ; ils vont, lui d'un côté, la Chouette de l'autre, et tous deux tiennent en équilibre le corps qui se désagrège. On voit saillir les os des épaules, et les côtes ont percé la peau ; il n'y a presque plus de chair sur le crâne.

Taouit active l'âne gris-perle qui trottine en

remuant les oreilles et parfois pousse un petit braiement vite calmé d'un coup de trique... Ils refont le long détour pour éviter le poste. Le vent de sable se lève doucement et commence à faire chanter les éthels et les roseaux de l'oued. On ne voit guère les étoiles ; le ciel, lointain, s'estompe comme si ses mille feux voulaient s'éteindre. Il règne une chaleur de four ; dans les chambres du bordj, les Européens se tournent et se retournent sans trouver le sommeil, bondissent sous la douche... Salem et Taouit marchent, poussant le cadavre ficelé sur l'âne au chanfrein de velours. Les voici arrivés à la zeriba de la sorcière. Derrière un bloc de rocher, ils basculent leur funèbre chargement... L'âne s'ébroue et s'en va clopin-clopant, jambes entravées, vers de maigres pâturages connus de lui seul.

Alors Salem saisit la masse des sacrifices. C'est une hache de pierre taillée du temps des hommes magdaléniens... mais cela, il l'ignore, Salem ! De tout temps, le désert a ainsi procuré aux Touareg des outils façonnés, sans doute, par les djenoun... ainsi les pierres à broyer le mil, les pilons, les mortiers et toutes ces haches, ces pointes de flèches, ces grattoirs qu'ils utilisent encore dans les campements.

D'un seul geste, l'aveugle a tranché le col du cadavre, puis retournant le crâne d'un seul jet de la lourde masse il l'a fait éclater ; alors Taouit s'est penchée et à l'aide d'une spatule de bois a recueilli la matière cervicale, l'a soigneusement rassemblée dans un mortier. Puis elle a renvoyé son complice, car elle seule doit connaître le secret de la poudre qui tue ; l'aveugle est reparti dans la nuit, cette nuit qui est son univers et à travers laquelle il se dirige miraculeusement. Taouit s'est affairée jusqu'à l'aube, pilant le datura et les graines du faleslez * qui rendent fou, et sortant des petites sacoches de cuir rouge les poudres mystérieuses, les queues de scorpion noir broyées avec leur glande à venin ; les vipères cérastes, étouffées vivantes, séchées et réduites en poussière, les crapauds écrasés... La voici qui mélange, qui dose, en prononçant les paroles maléfiques, accroupie devant son pilon et son mortier, effrayante, éclairée à contre-jour par la braise... Dans le mortier, la cervelle, les herbes, les reptiles mélangés, réduits en pâte, cuits, rebrisés, tamisés, finissent par ne plus former qu'une poudre noirâtre, qu'on prendrait pour du tabac à priser et que la sorcière enfouit avec précaution dans un petit sachet de cuir.

Alors, elle s'arrête et ricane... Tamara peut venir ce soir, le borbor est prêt... Dans quatre jours, alors qu'ils auront déjà pris la piste, le lieutenant roumi mourra miné par un mal inconnu, et Franchi pourra retourner vers Tamara, vers Tamara qui l'envoûte avec son philtre d'amour et le tient à sa merci.

Taouit se frotte les mains. Tout ça vaut bien les troupeaux de Tamara !..,

CHAPITRE VIII

CHAAMBI AHMED a porté son gesh dans les jardins de Franchi. Personne ne s'en est étonné, pas même Tamara, car Chaambi Ahmed a servi comme goumier sous les ordres du maréchal des logis. Il a vite constaté que son ancien chef n'était plus le même, et comme le Chaambi sait lire dans les visages et reconnaître les signes il n'a pas posé de questions. Mais depuis leur rencontre, surtout depuis que Franchi doit être le second du lieutenant Beaufort pour la mission du Ténéré, Chaambi Ahmed ne quitte plus son ancien compagnon.

L'âcre et aromatique odeur de chair rôtie et de graisse brûlée stagne sous les éthels et les abricotiers. Deux Noirs tournent lentement sur sa broche d'acacia le mouton dahman *, de l'espèce aux longues jambes, dépourvue de laine. Accroupi auprès du brasier, Chaambi Ahmed graisse, selon les rites, la peau laquée du méchoui avec un tampon fait de chiffons, emmanché au bout d'un bâton, qu'il trempe régulièrement dans un bol de beurre fondu.

La chaleur tombe, la nuit sera propice. On entend descendre des collines le troupeau cascadant des chèvres du village.

Tout en surveillant son méchoui, il épie Tamara, qui sort furtivement du jardin, prend la direction de l'arrem. Pas un muscle de son visage n'a bougé ; il semble uniquement préoccupé de sa tâche. Peu après il s'est relevé, a suspendu par ses deux extrémités aux branches du gros éthel une outre gonflée, toute suintante d'eau fraîche.

Ahmed explore maintenant la cantine du chef qui dort sous un figuier. Il en tire les éléments d'un couvert rustique, les dispose sur les tapis aux places d'honneur.

Les sous-officiers du bordj ont fait porter une caisse de boissons. En vérité ! pense Chaambi Ahmed, ce sera un beau méchoui : le chef fait bien les choses.

L'ombre descend rapidement. Déjà on devine à faible distance la masse remuante des gosses du village, des gosses tout nus qu'attire l'odeur alléchante et qui frottent d'envie les ventres ballonnés de leurs corps squelettiques... Un peu plus loin, résignés et patients, voici les meskines de l'arrem attendant la curée, prêts à disputer aux chiens faméliques qui croisent à respectueuse distance les os qu'auront dédaignés les soupeurs...

Tout étant prêt, Ahmed le Chaambi, satisfait de lui-même, bourre sa minuscule pipe de kif et immobile dans la nuit venue attend le retour de Tamara.

⁂

Brusquement, le jour a basculé par-delà les montagnes et quand Tamara arrive à la zeriba de la Chouette, il fait nuit noire. Taouit n'a pas allumé son feu. Elle dort sans doute dans un coin sous les cotonnades pouilleuses. Une fade odeur flotte encore aux abords de la case et Tamara sent remonter en elle les frayeurs de la nuit ; le silence semble s'être fait sur le désert. Soudain un ricanement éclate dans l'ombre proche : Tamara frissonne, puis se rassure, car elle a reconnu le rire de la hyène. Elle appelle, rien ne répond ; elle se penche sur l'ouverture basse de la zeriba, accoutume ses yeux à l'obscurité et tout à coup pousse un cri. Encore une vengeance de la Chouette, pense-t-elle en refoulant sa terreur ; c'est pour l'éprouver jusqu'au bout que l'infâme sorcière a disposé ainsi, bien en évidence sur le mortier renversé, la tête au crâne ouvert et vide.

« Taouit ! » appelle faiblement Tamara.

Rien !... sans doute la mégère dort-elle ou feint-elle de dormir ?...

La jeune femme distingue maintenant quelques détails de la zeriba. Voici, posé devant la tête hideuse, le sachet de cuir fauve qu'elle a remis la nuit passée à la Chouette ; ce sachet pour le contenu duquel elle a damné son âme et payé une fortune...

Elle tend rapidement la main, palpe l'enveloppe de filali, l'entrouvre, tâte dedans la poudre. Alors, d'un seul bond, elle recule hors de la case maudite, enfouit le sachet sous sa robe, l'accroche aux lacets de cuir qui pendent de son cou, le mêle aux amulettes, aux cauris, aux lourdes clefs forgées des cadenas touareg.

Encore un bond en arrière, la voici libre ; elle se redresse, heurte — tant sa retraite est rapide — l'échine bossue de la hyène puante, qui rôde autour de la case.

Vite, vite ! Il faut rentrer, car elle entend au loin, déjà, les premières rumeurs du tam-tam. Elle ne s'arrête qu'une fois rendue devant l'enclos. Alors, elle souffle un bon moment, arrange et drape ses cotonnades, puis, mains serrées sur sa poitrine, elle remonte l'allée sablée, digne et lente, comme il sied lorsqu'on est la femme du maréchal des logis chef Franchi.

La voici à nouveau accroupie, attisant la braise sous la grande berma * de cuivre qui contient la chorba.

Comme s'il ne s'était rien passé, Chaambi Ahmed, qui est le seul à deviner les palpitations désordonnées du cœur de la jeune femme, l'interpelle négligemment :

« Aya *, Tamara, ça y est la chorba... Paresseuse ! »

Au lieu de répondre vertement à ce sale Arabe qui montre si peu de respect aux femmes, Tamara est tout miel...

« Aouah, Ahmed ! tout est prêt ; en vérité le chef, il a bien fait les choses, un grand chef... » Et elle se pavane devant le Chaambi exécré, fait du charme.

Elle est belle, Tamara ; Chaambi Ahmed soupire et crache de mépris sur le sable. Elle est belle, Tamara, et provocante, car ce soir elle ne craint personne, elle possède le philtre qui tue... Inch ! Allah !... les desseins de Dieu sont impénétrables.

Les invités vont venir. On entend, encore lointain, le rythme sourd et syncopé des tobeuls.

Le méchoui des hommes dore lentement sur la braise, sous les éthels au feuillage transparent.

Là-bas, derrière les rocs maudits, la hyène, accroupie dans la zeriba, fait son repas du soir dans un fracas d'os rompus, accompagnés de petits rires brefs.

⁂

Contrairement aux usages, Tamara servit personnellement la chorba à chacun des invités du chef. Elle allait et venait de sa démarche hiératique du cercle des soupeurs à la grande berma de cuivre. Elle apparaissait, sortant de l'ombre, déposait une assiette devant l'un d'eux, puis s'évanouissait dans l'obscurité.

Quand chacun eut sa part et que Franchi, en sa qualité d'hôte, eut goûté le premier à la soupe et prononcé les mots rituels : « Bismillah *, mon lieutenant ! » auxquels répondirent les « Am' dullah * » des autres, Tamara revint au milieu des convives.

Elle attendit qu'ils eussent — et particulièrement Beaufort — terminé de manger leur chorba ; puis, découvrant des dents éclatantes de blancheur, elle murmura, en véritable courtisane, un compliment à l'adresse du lieutenant.

Beaufort la contemplait avec intérêt : il ne pouvait s'empêcher de la trouver belle dans sa longue tunique indigo descendant jusqu'aux pieds par-dessus le sarrouel noué à la taille, fendue de chaque côté des aisselles jusqu'à l'aine et laissant voir presque en son entier la courbe parfaite du dos, le ventre plat, le buste provocant.

« Elle vous souhaite bonne piste, bons pâturages, nombreux points d'eau, et tout et tout, traduisit pittoresquement Lignac, devant le regard interrogateur de Beaufort.

— Baraka Allah oufik [1], firent en chœur les autres.

— Baraka Allah oufik, répéta plus lentement et gravement Chaambi Ahmed en s'inclinant devant l'officier, une main sur le cœur. Que la piste nous soit propice, mon lieutenant, et qu'Allah punisse les fourbes ! »

On apporta le méchoui que chacun dépouilla à pleines mains ; les doigts avides plongeaient dans la carcasse brûlante, à la recherche des morceaux de choix. Walter fit circuler les bouteilles qui rafraîchissaient dans l'eau courante de la seguia.

Le ton de la conversation s'éleva, mais Beaufort paraissait préoccupé et lointain ; il eût souhaité s'étendre et dormir ; il fallut l'arrivée des chanteuses pour l'arracher à la torpeur qui s'emparait de lui.

Les femmes prirent place autour du grand tobeul, puis, ayant mouillé la peau et resserré

1. Que la bénédiction du Seigneur soit sur toi.

les cordes pour régler la tension, elles préludèrent par un murmure indistinct sortant de leurs lèvres à peine remuées ; une incantation monta crescendo pendant que les mains agiles martelaient le tambour d'un rythme sourd et syncopé.

La scène était éclairée à distance par un feu de branches sèches qui pétillait et crachait des flammèches emportées par le vent, projetait sur les arbres du jardin des ombres mouvantes et laissait les convives et les chanteuses dans l'obscurité.

Bientôt, un chant bizarre, guttural, fait de brèves syllabes graves suivies de cris aigus et prolongés, domina le roulement nerveux du tambour. Tamara vint prendre place au milieu de ses compagnes et improvisa en l'honneur des partants un poème sauvage, heurté, coupé de silences plus profonds que la nuit ; puis, reprenait le chœur des chanteuses à la peau d'ébène, aux chevelures tressées luisantes de graisse.

Franchi somnolait à son habitude ; les autres, cédant à l'envoûtement, participaient activement aux chants primitifs. Mais Beaufort, envahi par une inexplicable langueur, sentait son cerveau s'embrumer.

Derrière les Français, Chaambi Ahmed, debout, un peu dédaigneux, observait le déroulement de la soirée.

Les chants maintenant grossissaient, s'évadaient des limites du jardin pour atteindre, portés par les ailes du vent, les chaudes plaines de l'oued.

Comme le feu de branches se mourait et que

nul ne songeait à le raviver, Chaambi Ahmed, sur l'ordre de Bérenguer, alluma un quinquet à carbure. Sous le court abat-jour de tôle, le rond clair du tambour, frappé par dix paires de mains, retentissait de coups sourds ; on eût dit des mains de lumière, roses et violettes, comme détachées des corps invisibles dans l'ombre. Etrange spectacle, auquel tentait de s'intéresser Beaufort. Vainement ! Il se sentait sombrer. « Je suis drogué », pensa-t-il ; c'était comme si sa langue eût été de plomb. Bientôt, ne réagissant plus contre le sommeil pesant qui s'emparait de lui, il se renversa sur le dos et s'endormit.

A l'exception de Chaambi Ahmed, personne n'y prêta attention, tant la chose est commune après une diffa * d'importance et par les chaudes nuits d'été au Hoggar.

Les autres Français, d'ailleurs, ne valaient guère mieux à présent : Bérenguer et Lignac, seuls restés lucides, notaient et traduisaient les paroles du poème improvisé par Tamara.

Le rythme s'affolait, de plus en plus rapide, de plus en plus bruyant. Les serviteurs noirs, groupés en cercle, tournaient, viraient, bondissaient en hurlant, visages extasiés, soulevant un nuage de poussière qui tamisait l'éclairage cru de la lampe. Les femmes entraient en transe et parfois l'une d'elles poussant un grand cri s'abattait face contre terre. Alors, au comble de l'énervement, les mains de lumière sur la peau tendue du tobeul redoublaient d'ardeur.

« Rentrons, Bérenguer ! fit Lignac. Laissons ces excités. Tâchons de ramener Beaufort. »

Lignac secoua le dormeur qui n'avait pas bougé et qui semblait dans un état léthargique.

Chaambi Ahmed l'arrêta.

« Le lieutenant ne se réveillera pas », dit-il. Sans plus attendre, il souleva comme une plume le grand corps athlétique et le chargea en travers de ses épaules, tête pendant d'un côté, jambes de l'autre.

Tamara observait la scène. Tout à coup, elle cessa de chanter : Chaambi Ahmed la regardait fixement dans les yeux, crachant de mépris ostensiblement. Elle frissonna car, cette fois, elle était sûre: Chaambi Ahmed le maudit savait !

Peu après, le goumier, son précieux fardeau sur les reins, gagnait le bordj, déposait le lieutenant sur son lit et, assisté de Bérenguer et de Lignac, dégrafait le col du dormeur, enlevait ses naïls.

Quand les autres furent partis, le nomade sortit, ferma la porte derrière lui, s'assit sur le seuil de la chambre, alluma son pipeau de roseau et commença sa veille.

Chaambi Ahmed était en paix.

Il rit silencieusement, découvrant sous la fine moustache noire ses dents éblouissantes.

« Aouah, Tamara ! tu n'es pas la plus forte, songea-t-il. Les Chaamba lisent dans l'âme noire des Touareg. »

Il tira de sous son burnous un sachet de cuir fauve, rempli d'une poudre noire, qu'il fit couler lentement dans la paume de ses mains. Il la palpa un moment avec dégoût, puis se dressant, dispersa dans le vent de l'aube le borbor mortel.

On entendait encore faibles et irréguliers les chants des négresses et le rythme sourd du tam-tam. Les sons arrivaient d'un peu partout, au hasard, dans l'air embaumé du matin qui coulait sur l'arrem, les collines, sur le bordj endormi.

DEUXIÈME PARTIE

« LA MAIN QUE TU NE PEUX COUPER, BAISE-LA. »

CHAPITRE IX

L'EXPÉDITION avait quitté Tamanrasset quand l'ombre commençait à s'allonger vers l'est. A midi, ce 6 juillet 1928, la température était montée à 43° à l'ombre, mais l'absence de vent de sable la rendait supportable. Le ciel était laiteux, avec de longues bandes de brume ; un voile ténu estompait les formes des montagnes, grossissait ou diminuait les objets ou les gens. Ils étaient montés à chameau dès le départ, afin d'éviter la marche par grande chaleur. Cette étape, d'ailleurs, serait courte, un simple pas en avant pour couper les ponts ! Ainsi font parfois les capitaines des navires, quittant le port avant la nuit tombante pour mettre en panne à quelques encablures du rivage. Confiant en l'expérience de Verdier, qui, en ce jour capital, avait manifestement tout dirigé, Beaufort avait suivi ses conseils.

Les neuf chameaux déployés en triangle, dont le grand méhari noir aux balzanes bleutées du lieutenant Beaufort, l' « Oudane », formait la pointe, tanguaient au gré de leur amble allongé sur le fleuve de sable gris bordé d'écueils volcaniques noirâtres. Déjà distancé, du fait de son allure plus lente, le convoi des vingt-cinq chameaux de bât s'égrenait à quelques centaines de mètres derrière le peloton monté, harcelé par les sokhrars nègres et touareg, qui s'affairaient, vérifiaient les charges mal arrimées, poussant de rauques et brefs appels.

Cap au nord-est, pareille à une nef faite de chair et d'os, oscillant sur sa carène de jambes articulées, chameaux et cavaliers collés corps à corps, la mission Beaufort-Lignac au Ténéré du Tafassasset cherchait le rythme éternel des grandes méharées.

Parfois, faisant effort de volonté pour triompher de son engourdissement, Beaufort se retournait sur sa rahla, avide d'apercevoir une dernière fois Tamanrasset — ultime bastion de la civilisation européenne — qui n'était déjà plus qu'un simple cube rouge perdu dans l'amoncellement des blocs, à peine souligné sur l'horizon par un rideau de verdure. Il nota que la distance entre le convoi et les méharistes augmentait à chaque foulée de l'Oudane. On distinguait à peine les chameaux de bât, attachés en file indienne à la mode touarègue, faisant brinquebaler leurs charges hétéroclites. Par moments une saute de vent apportait jusqu'à Beaufort le bruit sourd de la troupe en marche, rythmée par les coups de gongs de l'eau dans les betillas métalliques, pas assez remplies. On eût dit un lointain tobeul de guerre, et cette rumeur sauvage étreignait les âmes des partants face aux mystères de l'Est.

« Le convoi prend du retard, Franchi », dit-il à voix haute ; il lui sembla que ce premier souci l'allégeait enfin de sa torpeur, débrumait son cerveau !

Le « chef » dormait sur sa rahla, comme un bourgeois en son fauteuil, bien assis sur la selle large, les pieds nus croisés sur l'encolure et actionnant d'instinct sa bête.

Le visage enfoui dans le chèche, le buste incliné vers l'avant, il tanguait au rythme de sa monture, mais son corps retrouvant ses réflexes de jadis accompagnait le balancement du chameau sans qu'il eût à faire aucun effort. Les couvertures soigneusement roulées sur l'arrière-train de l'alezan, les deux grandes dahabiahs en peau de gazelle mohor * accrochées de chaque côté de la selle, le mousqueton glissé sous la jambe gauche, la manassa * de cuivre pendant au bout du chasse-mouches, la petite guerba personnelle (une dizaine de litres), révélaient en leur sobre simplicité le harnachement étudié d'un parfait coureur de pistes.

« Laissez-le roupiller, Beaufort, conseilla Lignac en éclatant de rire. Il n'aura de longtemps pareille occasion de boire, et nous non plus d'ailleurs ! »

Beaufort rougit sous le hâle à cette allusion. Il était incapable de préciser ce qui lui était arrivé durant la soirée du méchoui. Repris par ses craintes, il appela Chaambi Ahmed, qui chevauchait un peu en retrait, à la tête des méharistes de l'escorte.

« Le convoi traîne, Chaambi !

— Manarf * ! mon lieutenant, il marche la route moins vite que nous ; ça fi rien, tojors il arrive, avec El Touati. »

On pouvait voir, en effet, le méhariste de première classe El Touati, en tête du convoi, monté sur une puissante bête de l'Erg, qui dépassait de toute la hauteur de son corps les silhouettes trapues des chameaux de bât. Le voile ténu de la brume l'enveloppait parfois ; alors il s'estompait jusqu'à ne plus être qu'un fantôme chevauchant sans les effleurer les plages mortes du Hoggar.

Le Chaambi, satisfait, reprit sa place à l'arrière, non sans avoir jeté au passage un regard dénué de bienveillance à Mohammed Ag Adjoulé, le Fils du Loup, qui s'autorisait de sa noblesse pour marcher immédiatement derrière le lieutenant.

Puis, comme Lignac, agité et enthousiaste, semblait vouloir entamer quelque controverse, Beaufort talonna plus énergiquement sa bête qui fit un bond en avant et décolla du gros de la troupe.

Le jeune savant, dans son excitation, houspillait à tort et à travers sa monture, tirant sur l'arzema, ne lui laissant nul répit, rompant son allure ; n'ayant pu amorcer un semblant de conversation, il parlait tout seul, à haute voix, pour tout le monde :

« Mauvais, ces brumes ! demain le vent de sable. Vas-tu marcher, chameau ! » Et il cravachait son méhari qui renâclait, faisait un écart au risque de le désarçonner. « Peux pas suivre le train comme les autres ? Pourtant tu me semblais bien docile. » Puis il réfléchissait : « Pas moyen de le vexer en le traitant de chameau ; faut le baptiser, tiens, je t'appellerai « Dob », mon vieux : lézard, ça te va bien avec ta robe pie et ton œil vairon ; allez le Dob, rejoins les autres. » Mais soit qu'il contrecarrât ses aises ou que la chamelle eût senti la distraction de son cavalier, le Dob se refusait à prendre le trot. Il faut dire qu'à chaque effort qu'elle faisait, l'incroyable chargement dont elle était affublée, en plus du savant, déclenchait un ahurissant charivari, provenant du heurt d'innombrables petites caisses métalliques renfermant compas, marteau de géologue, appareils photographiques, jumelles, planchette à dessin, mêlées au quart et à la manassa personnelle, enchevêtrées dans un fouillis de couvertures et de petits sacs, dont le contenu mystérieux était connu de Lignac seul.

Il eût été amusant pour Beaufort, s'il avait conservé, à ce moment, son habituel esprit d'observation, de comparer la sobre ordonnance du chameau de Franchi avec le bric-à-brac du Chargé de mission. Mais le lieutenant poursuivait sa marche, hypnotisé, semblait-il, par la ligne sinuante du medjbed qui, délaissant les sables de l'oued, s'enfonçait dans la Koudia.

Ils arrivaient au pied de l'Iharen, gigantesque cône de phonolithe aux colonnes dressées comme des tuyaux d'orgue sur un amoncellement de roches et d'éboulis. Dominant de quatre cents mètres la plaine, la montagne étendait son ombre sur le cours supérieur de l'oued Tamanrasset, où çà et là parmi des souches et des branches brisées, végétaient quelques maigres épineux, ayant résisté aux crues du grand fleuve quaternaire. Avec l'ombre, vint un peu de fraîcheur, la brume s'atténua et Beaufort put distinguer les crêtes dentelées de l'Atakor n'Ahaggar dans lequel il allait s'enfoncer. Une étrange mélopée descendait de la montagne ; on eût dit le bruit du ressac sur une plage rocheuse, puis un long gémissement s'élevait, prenait de l'amplitude, et des notes graves s'en détachaient, planaient sur la mer de rochers, volaient au-dessus des brumes et disparaissaient dans les plages du ciel.

Ayant poussé son méhari au trot — un chameau blanc comme neige —, Mohammed vint à la hauteur du lieutenant et lui fit comprendre qu'il désirait prendre la tête de la caravane. Il était désormais impossible de chevaucher côte à côte ; le medjbed serpentait entre de gros blocs, et le terrain devenait difficile. On avait dépassé largement l'Iharen et les falaises de l'Haggerene se dressaient, hostiles, à un jet de pierre.

Le Targui pointa sa monture vers une faille de rocher dans laquelle il s'engagea sans hésiter par une mauvaise akba escaladant la falaise. Déjà sa silhouette bleue s'effaçait dans les couloirs de la montagne. A quelques mètres suivaient Beaufort, puis Franchi, tiré de sa somnolence et qui, la rêne souple et les pieds actifs, guidait son alezan à travers les blocs ; enfin venait Lignac, toujours parlant et gesticulant. Derrière en file indienne, le brigadier Chaambi Ahmed et les goumiers d'escorte, cartouchières rouges en croix, baïonnette sur la poitrine, mousqueton à portée de la main sous le plateau de la rahla, surveillaient avec attention la montée risquée des chameaux.

La mission avait laissé au nord la profonde entaille où gisaient, dans leurs vasques de basalte bleues, les eaux dormantes des trois gueltas. En temps normal, Beaufort eût considéré comme une déchéance d'escalader la montagne sur l'Oudane, alors qu'une magnifique ascension de rochers s'offrait à lui sans détourner sa route. Il était déjà venu reconnaître l'endroit quelques jours auparavant. Il avait pénétré dans la gorge où les falaises rouges et ocre plongeaient sur une étroite faille de basalte, coupée de trois ressauts verticaux. Le lieu était émouvant, comme un paysage sacré. Des pigeons de roche bleu acier voltigeaient en silence d'une rive à l'autre ; parfois le frémissement d'un insecte ridait les eaux des gueltas où se miraient rapidement les nuages. Des touffes de lauriers-roses, des roseaux se groupaient sur de minuscules banquettes de sable où l'on pouvait lire la trace des mouflons et des gazelles de rocher, venus s'abreuver au petit matin, après une nuit passée à brouter dans les ravins secrets de la montagne.

Beaufort avait gravi les trois marches aquatiques, les étranges bassins aux margelles frangées de l'écume blanche du natron ; parvenu au rebord supérieur, il était redescendu sans avoir voulu sonder les espaces au-delà de la montagne. Il s'était promis de le faire à l'occasion de son départ, car la piste que suivrait la mission contournait simplement les falaises à pic des gueltas. Et voilà qu'aujourd'hui il renonçait à réaliser son rêve et qu'il n'en sentait plus le désir. Il eût voulu dormir, oublier ; ses artères martelaient douloureusement ses tempes ; il y avait, semblait-il, un vide sous son crâne comme si son cerveau ballottait dans une cage trop grande. C'était une souffrance intermittente et aiguë, qui le laissait pantelant. Le seul effort de volonté dont il se sentît capable, allait à la conduite de sa caravane, à la marche de sa bête qui montait lentement, de gradin en gradin, hésitant, flairant la roche, s'agenouillant parfois sur une dalle, puis se rétablissant. Il admirait en montagnard la sûreté de pied étonnante du chameau dans les passages rocheux. Toute son attention se portait à ne pas glisser sur l'encolure, à ne pas faire basculer la rahla par un mouvement trop brusque du corps. Les pierres s'éboulaient, les chameaux trébuchaient, — deux goumiers soucieux de préserver leurs montures personnelles avaient sauté à terre ; trop jeune méhariste encore pour descendre en voltige, Beaufort n'avait pu en faire autant et se sentait mal à l'aise lorsque l'Oudane, contournant un bloc, s'avançait avec précaution sur une étroite corniche. Ses craintes au sujet du convoi le reprenaient. « Comment les sokhrars feraient-ils passer la montagne aux chameaux lourdement chargés ? »

Ils arrivèrent au faîte de la falaise. Mohammed accorda un peu de répit aux bêtes, qui se groupèrent autour de son étalon blanc. Une à une, elles sortirent du gouffre et prirent pied sur le plateau. Le soleil, maintenant déclinait rapidement et le grand cône d'ombre de l'Iharen traversait la vallée jusqu'au djebel Haggerene. Ils pouvaient encore contempler un paysage familier, les cimes déchiquetées de l'Atakor, avec très loin, vers l'ouest, le doigt basaltique de l'Ilamane, tout flamboyant de soleil sur la Koudia mauve et violette. Déjà la plaine vers Tamanrasset retournait aux ombres vespérales. Ils se sentirent, tout à coup, baignés dans une lumière bleue, tragique ; le soleil venait de les quitter, mais il éclairait encore, vers l'est, un sommet effilé comme une lame, bizarrement planté au fond d'un vallon désert où coulait un mince oued. Au pied de l'aiguille, une maigre végétation, un semblant de pâturage, quelques tahlas mutilés par les bergers pouvaient à la rigueur suffire pour la nuit. Mohammed commença un long palabre que traduisit Lignac.

« Ce vieux sacripant nous signale que nous allons camper au pied de ce rocher : la Daouda ; il se fait tard et il faut que le convoi nous rejoigne avant la nuit ; c'est aussi mon avis ! »

Beaufort s'aperçut que le Corse manquait à l'appel.

« Où est Franchi ?

— Il est resté derrière pour surveiller la montée, mon lieutenant, répondit Chaambi Ahmed. Nous autres irons baraquer là-bas, au bas de ce kef el chitane [1] ! » Et Chaambi Ahmed ben Mitlili, l'homme des grands ergs de l'Ouest et des étendues plates du Tanezrouft, marmotta les phrases

1. La montagne du diable.

qui éloignent les esprits, palpa sa gandoura pour s'assurer que son talisman était toujours en place. Il n'aimait guère la montagne, ce Chaambi ! Et surtout le Hoggar, où vivait l'ennemi héréditaire, le Targui maudit. Il avait heureusement à portée de sa main le mousqueton, dont il tirait en maître... et la présence des Roumis tout-puissants calmait ses angoisses.

Rassuré quant au sort de la caravane, Beaufort rouvrit la marche. Vingt minutes plus tard, ayant chevauché ferme, la mission s'arrêtait auprès de la Daouda. La prestigieuse flamme de pierre, haute de deux cents mètres, jaillissait du fond du ravin, dans une surrection incompréhensible pour un œil habitué aux perspectives alpines. Mais ce soir Beaufort était trop las pour évoquer les Alpes !

Ils choisirent un emplacement bien sablonneux pour faire baraquer leurs montures. Déjà l'étalon blanc, son col de cygne allongé sur le sable, ruminait paisiblement, pendant que le Fils du Loup ôtait son harnachement. Beaufort n'eut aucune peine à faire coucher l'Oudane ; un simple sifflement, un susurrement très, très lent, entre les dents, suffirent pour le faire baraquer. Jetant l'arzema à terre, Beaufort s'arracha péniblement à la rahla. Cinq heures de méharée l'avaient, sans qu'il s'en doutât, courbatu outre mesure. Il fut un long moment avant de pouvoir faire un pas. Lignac, après un orageux débat avec le Dob qui renâclait et blatérait sous les injustes coups de cravache, arpentait déjà le camp, l'appareil photographique en batterie, maudissant le champ trop court de son objectif, qui ne lui permettait pas de photographier en entier la formidable architecture pétrée.

Chaambi Ahmed distribuait le travail en Saharien accompli.

Si Hamza, Arabe de Geryville venu des spahis aux Compagnies sahariennes, était déjà parti en corvée de bois ; Cherif Ould Yahia et Kader el Tidjani, les mokhaznis, déharnachaient les méhara des Roumis, préparaient dans un coin de sable leur couche de la nuit. Ils allaient avec nonchalance d'une bête à l'autre, cependant que Chaambi Ahmed s'occupait d'installer à l'écart le tapis de sol et les couvertures du lieutenant.

Mohammed Ag Adjoulé, ayant désigné l'emplacement du bivouac, avait jugé sa tâche terminée ; il avait porté à bonne distance, dans un creux de roche son dokkali multicolore et son petit gesh personnel ; l'étalon blanc entravé et chassé ensuite d'un coup de cravache vers le maigre pâturage, le Targui s'était assis sur les talons ; perché comme un oiseau de proie sur une roche polie par les vents millénaires, il contemplait d'un air dédaigneux les Chaamba au travail — cette race d'esclaves —, toute cette activité fébrile, tous ces mouvements inutiles qui ne sont pas le fait d'un guerrier Kel Rela.

La nuit était venue brutalement, précédée d'un grand coup de vent qui avait plaqué ses accords contre les gros blocs aux formes étranges, transformés peu à peu par le sortilège des ombres en animaux fantastiques, en chimères, en djenoun effrayants.

Si Hamza revenait, traînant au milieu du campement une grosse branche de tahla arrachée par une ancienne crue, et battait le briquet. La flamme jaillit à plusieurs mètres de hauteur, oscillant sous le vent. Cela faisait un grand cercle de lumière bordé par un mur de ténèbres. Comme la température avait rapidement baissé — 33°, devait noter Lignac —, Beaufort, qui grelottait, revêtit son double burnous blanc et rouge.

Dans le silence de la montagne, on entendait parfois le bruit d'une branche brisée, d'une plante sèche écrasée, des éructations, des bruits de mâchoires. Des masses sombres se mouvaient dans la nuit, parmi lesquelles tranchait la silhouette claire de l'étalon blanc.

« Le convoi ! » fit tout d'un coup le Chaambi, qui préparait à l'intention du lieutenant le thé vert rituel. Un murmure confus arrivait de l'ouest. Bientôt, on put reconnaître le bruit sourd des chargements se heurtant l'un l'autre, le son métallique des betillas, les rauques appels des sokhrars, les interjections énergiques du Touati et parfois, en arabe, un ordre bref de Franchi.

Les vingt-cinq bêtes de somme s'immobilisèrent à quelque distance du foyer. Des chameaux se baraquèrent d'eux-mêmes en poussant des cris lamentables ; les sokhrars tiraient d'un geste brusque les chevilles de bois qui maintenaient les fardeaux accouplés sur les bâts et commençaient le déchargement dans la pagaïe habituelle.

Le « chef » entra dans le cercle lumineux, jeta la rêne de son méhari au Chaambi :

« Tiens ! Ahmed, occupe-toi ; j'en ai plein mes

bottes ! » Il s'épongea le front, délia le cordon de sa guerba personnelle, remplit d'eau sa manassa de cuivre et but longuement. Ensuite, lorsque le Chaambi, tirant le méhari alezan, eut disparu dans la nuit, Franchi se tourna vers Beaufort et donna les explications :

« Deux heures plus tôt, mon lieutenant ! Il aurait fallu partir deux heures plus tôt ! Notez, c'est normal ; le premier jour il faut que tout se tasse. On a beau surveiller ! Les charges ne vont pas ou vont mal. Trois de mes chameaux se sont abattus dans la montée de l'akba ! il a fallu décharger, recharger, bref ! tout le tintouin habituel ; bon, nous voici tranquilles, mon lieutenant ! » Et le Corse sourit. Toute trace d'apathie avait disparu de son visage ; il était dans son élément.

« A partir de demain, ça marchera ; je vous en fiche mon billet ! »

Avant de s'asseoir, Franchi jeta un coup d'œil circulaire : Chaambi Ahmed avait bien fait les choses ; tout y était : le feu, la guerba d'eau fraîche pendue aux branches d'un épineux. Si Hamza, qui cuisait la chorba dans une grande berma de cuivre, avait rangé à côté de lui, sur le sable, les petites boîtes rondes en fer-blanc qui contiennent les piments, la tomate sèche, le poivre rouge, le safran et ces mille ingrédients colorés indispensables à la cuisine arabe.

Rassuré, Franchi fit apporter sa couverture près du foyer, revêtit son burnous et comme Chaambi Ahmed, accroupi devant les deux Sahariens, achevait de préparer le thé — deux petites théières, trois petits verres, un grand verre —, il s'enquit :

« Et notre savant, mon lieutenant, perdu en route ?

— Ecoutez ! » fit Beaufort. On entendait à distance la voix aiguë du Gascon qui discutait en tamachek avec le Fils du Loup.

« Allons, monsieur Lignac ! appela Franchi, assez parlé pour aujourd'hui. Venez boire un verre de thé, ça vous ranimera ! »

Peu après, le silence se fit. Déjà, roulé dans son burnous, les pieds nus creusant le sable pour y trouver un peu de fraîcheur, chacun somnolait, le visage tourné vers le firmament. Enfin Si Hamza parut et déposa la berma fumante au milieu des trois dormeurs. Chaambi Ahmed prit sur lui de réveiller le chef.

« La chorba, mon lieutenant ! »

Ils mangèrent à même le chaudron, sans protocole, firent circuler la manassa remplie d'eau, à laquelle ils burent tour à tour, puis regagnèrent leur trou de sable et s'endormirent d'un sommeil pesant.

Chaambi Ahmed, à faible distance du lieutenant, passa une troisième nuit blanche à protéger son chef. Car il lui semblait, à ce petit-fils de Touameur*, que ces montagnes bleues pleines de djenoun — qu'Allah nous garde ! — dissimulaient pour son maître un impalpable danger ; l'angoisse serrait son cœur fidèle et il tressaillait au moindre bruit de la nuit.

Dans le lointain, un chacal piaula. Il y eut encore un long frémissement de la nature caressée par la brise de l'est.

Puis, à nouveau, le calme nocturne sous le ciel sans étoiles.

Une ombre rampa toute proche, le Chaambi serra nerveusement la crosse de sa carabine ; c'était le Touati qui venait s'étendre aux côtés du brigadier.

Ils alternèrent la garde.

CHAPITRE X

BEAUFORT sentit tout à coup basculer sous ses mains le surplomb rocheux.

« Dominique, attention ! » cria-t-il, évitant de justesse la pesante masse de granit qui glissait sur son plan de clivage, et tombait dans le vide. Il eut la sensation très nette que son cœur s'arrêtait de battre ; il n'avait déjà plus le temps ni la possibilité d'avoir peur, tout au plus un étonnement sans fin : « Ainsi tout était fini ! Il allait mourir. » Ses réflexes avaient joué malgré lui ; d'un saut de côté, il avait échappé à l'atteinte, les doigts agrippés à une mince corniche ; sous lui, le bloc bondissait dans le couloir, ricochant d'une rive à l'autre, dans un fracas épouvantable ; il sentit nettement l'odeur de poudre mêlée aux poussières de l'avalanche qui flottaient sur les flancs de l'aiguille. Il resta accroché ainsi quelque temps, combien de minutes ou d'heures ? il n'aurait pu le préciser ; une stupeur sans nom se lisait sur ses traits. Il vivait ! Puis il songea à sa compagne ; quand le bloc était tombé, elle n'avait pas crié ; d'ailleurs, il la voyait toujours sous lui, immobile sur la vire, assurée par un tour mort de la corde passée dans une aspérité du roc, ainsi qu'il l'avait laissée avant d'attaquer la cheminée. Son anorak rouge faisait une tache vive sur la grisaille des pierres.

Suspendu par les bras, pieds ballants dans le vide, il sentit que ses doigts commençaient de s'engourdir. Allait-il lâcher ? L'instinct de conservation fut le plus fort. Il retrouva son sang-froid, réussit à descendre quelques mètres, puis à se reposer sur une mince plate-forme, juste suffisante pour y poser les pieds.

Il était temps ! Il regarda à l'entour, se pencha, examina les à-pic vertigineux du Grépon, comme s'ils lui étaient tout à coup devenus étrangers ; les parois de la cheminée qui occupait le fond d'un angle dièdre étaient écaillées çà et là par la chute du bloc ; cela faisait comme des blessures exsangues, des plaques blanches qui tranchaient sur le rouge brun de la protogine patinée par les autans. Six cents mètres plus bas, le glacier des Nantillons ouvrait ses crevasses et c'est à peine si pour l'œil averti, une longue traînée noirâtre finissant dans la rimaye marquait le passage de l'éboulement rocheux. La montagne avait repris sa sérénité. Des Jorasses au mont Blanc, de l'Aiguille Verte à l'Aiguille du Plan, tout était calme et félicité. Un beau jour ! Puis soudain, comme un léger nuage masque tout à coup le soleil, un effroyable pressentiment le glaça : pourquoi Dominique ne répondait-elle pas ? Le sang reflua dans ses artères et son cœur battit d'une façon désordonnée. Il appela :

« Dominique ! » d'abord faiblement ; puis d'une voix qu'il voulait plus forte et qui ne sortait pas de ses lèvres, il répéta : « Dominique ! »

« Dominique ! » renvoya l'écho de Blaitière, celui de Charmoz, et à nouveau et plus faiblement cette fois, celui de Blaitière.

Sous lui, à vingt mètres à la verticale, la forme brune attachée au rocher ne bougeait ni ne répondait. Un fol espoir l'envahit, auquel il s'accrocha de toutes ses pensées : « Elle n'a rien, se dit-il pour se rassurer, l'émotion l'a sans doute terrassée, elle a dû me croire perdu ! » Il rit nerveusement. Il faut descendre la rejoindre. La cheminée est difficile, qu'importe ! Il songea qu'ils en avaient fini, au moment de l'accident, avec les mauvais passages de l'Aiguille du Grépon par la voie de Ryan. Le surplomb franchi, l'ascension eût été terminée.

Il se coinça dans la fissure. Il pouvait entendre le halètement de forge de sa respiration qui se mêlait au crissement des clous des souliers râclant le granit. Il descendit lentement, lentement, prit pied sur la plate-forme.

Elle était là qui le regardait ; elle n'avait pas bougé ; recroquevillée dans l'angle de la vire, elle le regardait fixement de ses yeux grands ouverts où se lisait encore une folle terreur ; il ne voulut pas croire, il s'agenouilla près d'elle, il se fit suppliant.

« Dominique chérie ! »

Il hurlait son nom maintenant ; ce nom adoré que lui renvoyaient narquoisement les trois échos des Nantillons. En vain il cherchait à la ranimer.

Protégée par l'angle mort de la cheminée, elle avait été tuée net, à peine effleurée par l'énorme bloc, alors qu'elle se faisait toute petite contre la paroi.

Agenouillé sur la vire, il sanglota comme un gosse, la prit dans ses bras, lui parla :

« Dominique, ma chérie, mon amour ! réponds-moi, ce n'est pas possible ! réveille-toi. »

Il perdait la raison. Tout à coup, il entrevit l'effroyable vérité et elle le déchira, déchiqueta son âme : il était responsable de sa mort, il l'avait tuée. Il frémit d'horreur, cria comme un dément : « Tuée, je l'ai tuée... tuée... » Comme pour l'accabler, l'écho lui répétait : « Tuée, tuée, tuée... »

Sur sa tête, la cime de l'aiguille chancelait, comme si elle voulait s'abattre et s'écraser, puis elle s'allongeait, s'allongeait, devenait une épée de feu monstrueuse qui défiait le ciel, tandis que, baigné de sueur, il tombait dans un vide sans fin attiré par les gueules vertes des crevasses...

Il se sentit agrippé par des mains invisibles, tout disparut ; il fit très noir, puis tout à coup plus clair... Il se réveilla péniblement, portant encore sur sa figure les stigmates de son rêve.

Franchi, penché sur lui, le secouait par l'épaule :

« Debout ! mon lieutenant ! »

⁂

Sur sa tête, très haut, la Daouda pointait sa

menaçante flèche de basalte, déjà caressée par le soleil levant. Elle semblait, vue ainsi en raccourci par Beaufort, atteindre aux plus hautes altitudes ; on l'eût dite animée d'un mouvement giratoire, car les ombres se retiraient déjà de sa cime effilée, se repliaient devant l'offensive du jour. Il se rappela son rêve... Serait-il jusqu'à sa mort poursuivi par le souvenir ? Il frissonna.

« Mauvaise nuit, mon lieutenant ? s'inquiéta Franchi. Il en est souvent ainsi au premier bivouac ; on est trop nerveux, puis ça passe... Un peu de thé ? »

Le margis tendait à l'officier le breuvage bouillant. Beaufort écarta ses burnous, déroula le chèche couvrant son visage ; déjà les mouches s'abattaient sur lui, tyranniques, obsédantes. Il les chassa d'un revers de main et ce geste naturel lui fit du bien. Il redressa le buste, bâilla ; il lui fallut quelque temps pour retrouver ses esprits. Enfin, il put fixer sa pensée, détendre ses nerfs et s'absorber dans le spectacle animé qu'offrait le vallon. Tout était comme la veille. Mais les roches avaient perdu leur hostilité, le jour venu effaçait tous les cauchemars.

Si Hamza n'avait pas quitté sa position. Il était accroupi à la même place, auprès des trois pierres du foyer et il chauffait le caoua* dans la bouilloire bosselée.

Chaambi Ahmed, El Touati et les autres goumiers parcouraient le camp, resserraient les ligatures des chargements que les secousses de la rude montée avaient relâchées. Franchi allait et venait, vérifiant les moindres détails. Il était transformé, le Corse, par sa nuit en Koudia ! Déjà son visage semblait avoir perdu les boursouflures dues à l'ivresse et aux drogues ! Chaambi Ahmed, qui l'observait à la dérobée, ne put s'empêcher de dire au Touati :

« Aouah, le chef, Am'dullah ! Il a pris sa figure du baroud*. »

Lignac, lui, se débattait auprès du chameau de bât qui portait ses effets personnels. Il fallut, pour le contenter, déclouer une caisse et la vider jusqu'au fond pour y trouver l'objectif qui manquait. Franchi marqua son impatience.

« Ça va pour cette fois, monsieur Lignac ! mais il faudra prévoir ce qu'il vous faut avant le départ de l'étape ; on perd vingt minutes avec ce truc-là !...

— Vingt minutes ou pas, j'ai besoin de mon grand angle, répondit sèchement Lignac. On voit bien que vous ne travaillez pas, vous autres ! C'est comme pendant ma virée dans l'Ahnet... »

Mais déjà le Corse s'éloignait, frondeur.

« Ça va être gai... Bast ! on le dressera ! »

Beaufort, qui avait assisté à la discussion, se dit qu'il eût dû intervenir ; Franchi avait raison, sans doute, mais il n'appartenait qu'au chef de mission de faire des observations. Il sentit qu'il fallait agir, marquer dès maintenant sa volonté de commander ; il appela :

« Lignac, Franchi ! Voyons la carte ensemble ; je propose d'aller camper dans l'oued Tahifet, ou encore au pied de l'Akarakar ? Lignac, avez-vous beaucoup de travail par là ?

— Jusqu'à Issalane, rien ! de la documentation

photographique, le levé succinct de notre itinéraire pour compléter les notes existantes.

— Bon ! Eh bien, notre étape sera courte ! Nous pouvons être en cinq heures de marche au pied de l'Akarakar. Vous aurez donc l'après-midi pour travailler. Moi-même, j'en profiterai pour vérifier une dernière fois mes notes et les instructions de l'Annexe. Franchi, je compte sur vous pour que toutes les charges soient numérotées, classées, pour contrôler l'eau et établir la moyenne de consommation ; nous avons six litres ?

— Huit, mon lieutenant.

— Bon, quand pouvons-nous partir ?

— Les quatre sokhrars sont à la recherche des chameaux. »

Avec le soleil levant la Koudia perdit une partie de son mystère. Elle dévoila la monotonie de ses ravins pierreux, de ses collines effondrées où pointaient de-ci, de-là, d'étranges cimes serties de colonnettes basaltiques, piquetées du vert pâle des oliviers sauvages, zébrées par les rares vires herbeuses où pâturaient les mouflons à manchettes.

Gigantesque aiguille de cadran solaire, la Daouda allongea son ombre sur le campement ; on vit sortir d'un ravineau tout proche la silhouette élancée de l'étalon blanc qui conduisait le troupeau des chameaux et des méhara. Djana, le petit esclave noir, originaire des lisières du Ténéré, poussait la monture du noble, cependant que derrière suivaient, dans le tohu-bohu habituel — cous mêlés, lèvres pendantes — le Chergui à la robe alezan, l'Oudane, le Dob et les rageurs chameaux touareg, baveux, velus, harcelés par Sidi-Bouya le chasseur noir d'Idelès, et par deux grandes gigues aux longs bras maigres et musclés vêtus de haillons bleus décolorés par le soleil : Ag Oudaden et Ikhenouken, les deux Dag Rali désignés par l'Aménokal pour veiller sur ses bêtes.

Le chargement se fit plus rapidement que la veille. Chaambi Ahmed amena l'Oudane proche le gesh du lieutenant, fit baraquer l'animal et le sella. « Demain, songea Beaufort, demain je sellerai moi-même ma monture, comme le fait Franchi, comme doit le faire un Saharien ! » Et il observa attentivement le Chaambi qui disposait avec soin, devant la bosse, les tapis molletonnés, y posait la rahla, l'équilibrait puis sanglait la bête à petits coups secs ponctués par les gémissements sourds du méhari qui protestait.

Quand tous les chameaux de bât furent attachés l'un à l'autre, en file indienne, quand tous les cavaliers furent prêts, Mohammed, l'arzema passée autour du coude, tirant sa monture, prit le medjbed de l'Akarakar.

Il faisait déjà très chaud, mais l'altitude — près de deux mille mètres — tempérait agréablement la touffeur du jour.

A marcher ainsi, dans le matin calme, les pieds jouant librement dans les naïls taillés à même un vieux pneu, Beaufort se sentit renaître.

Ils allèrent pendant deux heures à travers un paysage chaotique, d'où semblait exclue toute vie végétale. C'est à peine si dans certains interstices de rochers croissaient quelques herbes jaunes et cassantes. La chaleur augmenta rapidement ; la marche devint pénible, mais Beaufort, qui suivait immédiatement le Fils du Loup, soutenait aisément l'allure sautillante du Targui. La marche était pour lui chose normale. Bien qu'elle fût fort différente de la lente et régulière foulée des montagnards — Touareg et Arabes font couramment du huit à l'heure de moyenne —, il s'y habitua fort vite. Il avait encore à se familiariser avec l'usage des naïls, qui le faisaient souvent buter et s'écorcher les pieds.

Ils avaient une fois pour toutes adopté l'ordre suivant : le Targui, Beaufort, Franchi, puis le Chaambi et les goumiers, enfin Lignac. Franchi avait suggéré perfidement cette disposition : « De la sorte, monsieur Lignac, vous aurez toujours un premier plan devant vous pour vos photos. » Car le Corse, pas plus que le lieutenant, n'aimait les bavardages intarissables du savant. Ils avaient été formés à la grande école du silence, qui est aussi bien celle de la montagne que celle du désert, et l'un et l'autre goûtaient le mouvement machinal qui laisse toute liberté pour penser.

Lignac avait consenti, mais l'imprudent n'en tirait guère bénéfice. Chaque fois qu'une phase intéressante du voyage méritait d'être fixée sur la pellicule, il sommait vainement ses compagnons de s'arrêter ; tant qu'ils étaient à pied, ils acceptaient en rechignant — ça rompt l'allure — mais une fois en selle il avait beau crier et s'époumoner, ils continuaient leur lente et inexorable avance à l'allure cadencée de leurs méhara. En désespoir de cause, Lignac devait, par la suite, se rabattre sur le convoi de chameaux de bât, plus lents, plus lourds, qu'il était possible de filmer à son aise, puis il remontait la colonne au trot saccadé du Dob.

Dès ce deuxième jour, ils eurent à franchir de nombreux ravins encaissés, descendant et remontant d'une rive à l'autre par des passages à peine frayés entre les gros blocs.

Il faisait dans ces bas-fonds une chaleur atroce, que réverbéraient les roches, et c'est avec joie que Beaufort se retrouvait sur le plateau supérieur où parfois soufflait un air moins brûlant.

Vers dix heures, la montagnc devint sinistre ; la brume de sable déforma toute vision. Malgré la difficulté du medjbed, Mohammed Ag Adjoulé donna l'exemple et monta en selle. Ils s'enveloppèrent dans les chèches et laissèrent leurs montures les mener à leur amble allongé. La piste était tellement étroite qu'il semblait impossible qu'elle pût accorder passage aux emplantures des chameaux ; à intervalles réguliers, on avait enlevé les cailloux coupants qui recouvraient le sol sur un mince espace à droite et à gauche du medjbed, afin de ménager des emplacements pour baraquer. Partout ailleurs, il eût été vain de vouloir faire coucher des bêtes sans risquer de les blesser, et encore plus imprudent de sauter pieds nus de la rahla sur les gravats tranchants.

Beaufort nota le cap suivi : N. E. 40, l'horaire, les détails de marche sur son calepin à couverture de toile cirée qui ne le quittait jamais. Il cherchait vainement à préciser un relief de ce paysage démoniaque. Un immense plateau rocailleux s'élevait insensiblement du sud au nord. Il ne voyait des sommets de la Koudia que quelques clochers sans importance, des cônes volcaniques ; tout était embrumé par cette poussière de sable qui égalisait les choses. Tout à coup, apparut devant lui un immense château fort rectangulaire, flanqué de tours de guet, pareil au Krak des Chevaliers en Terre sainte. Il fut longtemps avant de définir s'il s'agissait d'une forteresse ou d'une montagne, mais à l'arrière Lignac signalait déjà : « L'Akarakar, le type même du beau cratère volcanique. »

Comme la veille, Mohammed repéra un emplacement propice à l'installation du camp : une large plate-forme couverte de sable fin, mystérieuse arène en ce chaos rocheux ; point d'arbres, point de pâturages visibles !

Beaufort baraqua avec soulagement ; marche et méharée alternées lui avaient procuré une saine fatigue ; du moins se sentait-il l'esprit clair et le corps léger. Ses tourments avaient disparu. Peu à peu, il prenait conscience de son rôle de chef. Il se félicita d'avoir à parcourir près de cinq cents kilomètres en terrain connu avant que d'aborder les terres vierges de l'Est. Il serait de la sorte complètement acclimaté.

Ce deuxième jour, il ne laissa plus au Chaambi le soin de desseller l'Oudane ; de lui-même, il défit la boucle et dégagea la sangle ; ayant fait relever le méhari noir, il entrava ses antérieurs avec une corde rêche faite de fibres de doum*, enleva la têtière et dénoua l'arzema de l'anneau de nez ; il suivit ensuite avec tout l'intérêt que porte un méhariste à sa monture la marche digne et compassée du chameau. Celui-ci dressa le cou, flaira et sans hésiter, s'éloigna vers la montagne toute proche.

Le convoi arriva peu après. Franchi fit installer à l'aide de piquets et de toiles de tente un abri contre le soleil dont les rayons tombaient maintenant à la verticale ; il était impossible de travailler dans cette fournaise. Ayant bu le thé, mangé très légèrement, ils s'allongèrent sur les tapis de sol. Les mouches bourdonnaient toujours, insinuantes, odieuses, et leur rumeur était le chant même de la chaleur triomphante qui desséchait les corps et calcinait les rocs.

Peu habitué à la sieste, Beaufort ne pouvait s'endormir. Il était dans une sorte de demi-inconscience, et il fallut l'appel discret du Chaambi pour le tirer de son engourdissement :

« Le courrier de Tamanrasset, mon lieutenant. »

Beaufort s'en empara avec regret. Quoi ! il croyait avoir coupé les ponts et voici que, le deuxième jour déjà, on le retrouvait aussi facilement que s'il eût été dans un petit village de France. Que lui réservaient ces nouvelles qu'il ne désirait point ?

Pour les lui apporter, le goumier avait accompli à marche forcée, en quelques heures, la valeur de deux longues étapes. Il avait quitté Tamanrasset dans la nuit, et maintenant, sans donner signe d'aucune lassitude, il se retirait un peu à l'écart en attendant les ordres.

CHAPITRE XI

LES premières lignes de Verdier étaient banales :

« Soucieux de ne pas vous laisser sur la mauvaise impression du départ et de ce déjeuner manqué chez le capitaine Julien, je charge El Madani, mon fidèle porte-fusil, de vous remettre cette bouteille de whisky, cadeau d'un colonial passé chez nous l'autre hiver et que j'avais oubliée quelque part dans ma cambuse ; buvez-la sans remords, lorsque vous aurez à fêter quelque savante découverte de notre cher Lignac. J'ignore où vous serez, mais certainement quelque part entre les Gueltas, l'Akarakar et Tahifet ; El Madani prendra le pied — il adore ça — et vous rejoindra à la trace.

« Ici, bien des changements depuis votre départ. D'abord le vide, une mission comme la vôtre mettait beaucoup d'animation dans le bled ; ensuite des événements suffisamment graves se sont passés pour que je vous en avertisse sur-le-champ. L'autre soir, quelques heures après votre départ, El Madani qui voit tout — peut-être aussi sait-il bien des choses — est venu me prévenir que des charognards tournaient sans arrêt au-dessus de la zeriba de Taouit, la vieille sorcière du pays. Il insista pour que je m'y rende. Baba, le boy de Mme Hermelin — encore un qui doit en savoir long —, était venu l'avertir.

« Sans en rien dire à personne et accompagné simplement du Madani, j'ai donc pris le chemin de la zeriba. C'est un peu à l'écart, dans les rochers. J'ai été frappé, tout d'abord, par le nombre de traces fraîches marquées sur le medjbed. J'insistai pour que le Madani et moi marchions en dehors afin de laisser les empreintes nettes. Autour de la hutte, j'ai repéré des allées et venues d'une forte hyène, en même temps que me saisissait à la gorge l'odeur de cadavre. Qu'avait encore bien pu manigancer la vieille Chouette ? Je la soupçonnais depuis fort longtemps d'être l'auteur de tous les « borborisages » qui se sont succédé dans l'Annexe, étant donné sa réputation et la crainte qu'elle inspire. El Madani, gris de terreur, n'a pas voulu aller plus loin. J'ai pénétré sous la zeriba, il faisait déjà presque nuit. J'ai pu distinguer un fichu désordre, calebasse renversée, haillons éparpillés et deux cadavres à moitié dévorés, l'un décapité, presque momifié ; l'autre, celui de la sorcière, égorgé proprement, d'un énergique coup de boussaadi*, blessure caractéristique, signée, dénonçant l'origine arabe de l'assassin, car un Targui ou un Hartani aurait utilisé de préférence soit le poignard de bras, large et droit terminé en poinçon effilé, soit la takouba*, leur sabre plat.

« La chose devenait intéressante.

« J'ai d'abord recommandé le silence le plus absolu au Madani. Précaution superflue, mon goumier est superstitieux comme tous les Chaamba de l'Erg ; il a vu la blessure ; rien qu'à sa mine effrayée, je suis certain qu'il l'a identifiée, je pourrais même affirmer qu'il en connaît l'auteur. Notez, en passant, que je bénis celui qui a envoyé « ad patres » cette sale négresse, plus dangereuse qu'un rezzou de Bérabiches* ; j'irais même jusqu'à lui donner une prime personnelle, prélevée sur ma modeste solde d'A. I., tant il me simplifie désormais le travail.

« Seulement, il y a un mais.

« A peine revenu, j'ai fait marcher mes antennes. Elles sont suffisamment nombreuses pour que j'apprenne rapidement beaucoup de choses, et des choses qui, je le crains fort, refréneront quelque peu la joie que j'ai eue de savoir la Chouette hors d'état de nuire. Entre-temps j'ai interrogé les traces qui convergeaient à la zeriba de la Chouette. Un vrai travail de Mohican. Au désert, vous le savez, pour qui sait lire le sable parle. Il y avait d'abord plusieurs allées et venues d'un petit pied. Un petit pied de femme bien gentil, bien mignon, marchant en canard, appuyant plus fortement sur le talon nu ; les traces allaient de la zeriba à l'oued et aux jardins où elles se perdaient. Mais le Madani — un sacré rusé, ce gaillard — après une étude silencieuse poursuivie quelques minutes, m'a conduit directement jusqu'à... tenez-vous bien, jusqu'à la maison du chef Franchi. Nous avons pu constater là deux choses :

1° que l'empreinte du pied correspondait à celui de Tamara, et 2° que cette même Tamara était partie à la hâte pour une direction inconnue, mais que je connaîtrai rapidement.

« Tamara était donc mêlée directement ou indirectement à l'assassinat de la Chouette.

« Fiers de ce succès, nous avons suivi les autres empreintes. Il y avait notamment une piste sérieuse : un pied d'homme, large et raclant le sol, traînant ; un pied de femme, petit lui aussi, mais ne correspondant pas du tout à l'empreinte de Tamara, et une trace de bourricot. Le Madani et moi l'avons suivie pendant près d'une heure : elle contournait Tamanrasset par le nord, traversait le reg qui se trouve derrière le poste, et gagnait la colline des morts. Elle nous a menés en plein milieu du cimetière. El Madani n'a pas eu besoin de beaucoup de réflexion : « Choûf !... mon lieutenant, ils ont emporté le mort. » En effet, on avait fouillé une tombe ; il n'y avait plus de cadavre. Alentour, le sable était piétiné et il y avait même une quatrième empreinte bien moulée, ce qui veut dire clairement : l'affaire s'est produite de nuit, quand le sol est frais et compact.

« Cette quatrième empreinte était celle de Tamara, le Madani était formel. Un peu plus loin, à l'écart, un homme s'était assis, comme s'il avait surveillé ou fait le guet ; ses traces rejoignaient directement le poste.

« Pour le moment, c'est tout ce que j'ai pu trouver ; mais je ne désespère pas d'éclaircir le mystère. Inutile de vous dire que Julien a été furieux lorsque je lui ai rendu compte. « Encore un coup de vos Chaamba », a-t-il dit. Décidément, il est « hoggarisé » jusqu'à la nuque.

« Tout ceci — le meurtre d'une sorcière, la violation de la sépulture d'un pauvre bougre inconnu — ne tirerait pas à conséquence, s'il n'y avait pas un aveu signé : la fuite de Tamara. Tamara coupable ? Je ne le pense pas, ce genre de femme use d'autres armes pour tuer et notamment le borbor pour lequel, sans aucun doute, la Chouette et son complice ont déterré le cadavre. Seulement, si Tamara voulait tuer, elle avait besoin de la Chouette, seule détentrice des secrets du poison. Il y a donc un tiers qui s'est interposé comme un bon Samaritain entre la future victime et l'assassin.

« Qui Tamara voulait-elle tuer ? Franchi ? Non, elle le tenait suffisamment sous sa domination. Sans vous il y serait encore, et c'est justement cette pensée qui me fait dire : « Mon vieux Beaufort, félicitations ! A peine arrivé au Hoggar, vous suscitez tellement d'intérêt qu'on veut vous supprimer. » Sans blague, mon cher, ceci est très sérieux ; je suis certain qu'on a voulu vous tuer et qu'on a failli y réussir. Vous ne me direz pas que vous étiez normal le jour de votre départ ; un chef de votre trempe, un officier de votre valeur, même terrassé momentanément par l'abus d'alcool ou le climat, reprend son sang-froid et dirige le départ de sa mission. Surtout une mission aussi importante pour son avenir, votre premier contact avec le bled ! Rappelez-vous ! Quant à Franchi, qui avait bu plus encore que de coutume, il était le premier sur le terrain avant-hier matin ; il a tout fait, tout préparé... Vous avez visé juste, Beaufort, Franchi redeviendra celui que j'appréciais tant autrefois.

« Allons, ne vous en faites pas trop ; je veux d'abord savoir deux choses : pourquoi Tamara est partie, et qui a tué. Je soupçonne un peu qui a fait le coup — bigre, un bon coup de couteau ; en tout cas, c'est quelqu'un qui vous veut du bien à vous ou à Franchi, car personne d'autre n'était visé.

« Comment trouvez-vous le bled ? Vous recevrez, sans doute, un nouveau courrier à Tazerouk, sinon à Issalane, où j'achemine par Motylinski et le Sud le ravitaillement nécessaire et les bêtes de rechange. Profitez de votre séjour en pays encore « civilisé » pour vous initier au bled. Veinard ! Moi, je jaunis sur mes paperasses, car on n'a pas tous les jours l'occasion d'éclaircir une énigme policière qui eût ravi Sherlock Holmes.

« Mes amitiés à Lignac ; signalez-lui qu'en contournant l'Aheleheg, il trouvera, proche les aguelmams* de Tahifet, quelques inscriptions en tifinar*, rien de rare, sans doute, des graffiti, mais il pourra s'amuser un moment. L'eau de Tahifet est légèrement magnésienne ; celle de Tazerouk, excellente ; je fais curer le puits d'Issalane pour que vous puissiez abreuver votre nombreux cheptel.

« Tibi,

« VERDIER.

« N. B. — J'ai su aujourd'hui la raison de la mine renfrognée de Julien ; il a reçu le jour même de votre départ, en radio chiffrée, l'annonce de sa mutation pour... le 1er Spahis à Médéa ! Motif : faire son temps de commandement et prendre sa quatrième ficelle. Par le même câble, il était chargé de m'annoncer ma nomination comme chef d'Annexe à Tamanrasset. C'est un coup du vieux, qui doit bien rigoler dans sa moustache : faire remonter Julien dans le Tell ! Julien ne l'entend pas de cette oreille ; il a envoyé sa démission. « Tant mieux, m'a-t-il dit furieux, ça « devance de quelques mois ma décision ; « ils » « ne m'auront pas. » Aux dernières nouvelles, il prépare son gesh et sa caravane ; il se retire à Tin Zaouaten, sur la frontière soudanaise, où il possède déjà un troupeau de chamelles ; au fond, c'est un sage, et je me demande même si Marlier n'a pas manigancé le coup pour provoquer cette décision, car il lui répugnait de déplacer ce vieux blédard qui, en son temps, a donné beaucoup de preuves de sa valeur et de son dévouement. Tidiouit l'accompagne. Par elle, je compte bien retrouver la trace de Tamara. Car il faut que je la retrouve. A propos !... au-delà de Tin Tarabine, formez chaque soir un carré régulier et postez une sentinelle *chaambi* (ce dernier mot était souligné), because Akou ben Ouhet, dont je suis toujours sans nouvelles. »

Sa lecture terminée, Beaufort médita longtemps. Il ne sentait plus la chaleur ni les mouches ! C'est à peine s'il voyait le mur de lumière aveuglant qui lui masquait le bled, au-delà du carré d'ombre de la tente... Il se souvenait bien maintenant de ce départ manqué, de ce jour qu'il avait attendu impatiemment, dont il s'était fait une telle joie ; il en revoyait tous les détails avec minutie. Certes, Verdier avait raison, il fallait qu'il eût été drogué pour avoir négligé à ce point ses devoirs d'officier.

Il s'était réveillé la bouche pâteuse, un cercle de fer autour du crâne, vers neuf heures du matin ; il faisait déjà très chaud. Etait-il possible qu'en ce jour de départ il n'eût pas été debout à l'aube, qu'il n'eût pas tout vérifié une dernière fois ! Du méchoui de la veille, il ne gardait qu'un souvenir confus ; parfois une réminiscence de tam-tam venait frapper douloureusement ses tempes ; c'était presque à le faire crier. Il avait réussi à se dresser sur son lit. Puis il avait jeté un coup d'œil sur sa chambre. Ses cantines métalliques, la veille encore à peine terminées, étaient rangées, fermées et cadenassées ; la belle rahla de Verdier et le harnachement de parade étaient prêts ; le mousqueton appuyé en travers de la selle, les jumelles, l'alidade, la planchette, gainées de toile... Quelqu'un cette nuit avait tout préparé pendant son sommeil... Qui ? il y avait du Verdier là-dessous, s'était-il dit : du Verdier ou du Chaambi, car ces deux-là s'entendaient comme larrons en foire, à moins que Franchi... Mais il se rappelait quelques détails : Franchi avait bien avant lui cédé à l'ivresse. A l'ivresse ! Ainsi, il s'était grisé lui aussi ! Cette découverte faite, il n'avait pu réprimer un sursaut de dégoût ; s'être donné ainsi en spectacle devant ses subordonnés l'humiliait.

Mais non, la mémoire lui revenait maintenant. Il n'avait pas bu, ou très peu ; il avait refusé l'anisette, suivant les conseils de Verdier. Alors, d'où provenait cette subite perte de conscience, comment était-il rentré chez lui ?... A ce point de ses réflexions, il avait appelé : « Chaambi ! » Mais à la place d'Ahmed il avait vu venir Si Hamza, un méhariste de la Compagnie, qui faisait partie de l'escorte du détachement.

« Le chef, il a dit que tu t'inquiètes pas, lui avait assuré le soldat ; les chameaux sont à proximité des charges, tout sera prêt ; il a dit aussi que je fasse porter tes cantines à l'emplacement du gesh, et aussi ta rahla et ton tapis de selle... » Il avait interrogé :

« Où est le Chaambi, Si Hamza ?

— Le brigadier, il surveille le gesh et il vérifie les guerbas.

— Le maréchal des logis chef Franchi est aussi là-bas ?

— Yaha ! mon lieutenant, il y est depuis le lever du soleil...

— Et, avait-il encore demandé, c'est toi qui as rangé mes affaires, bouclé les cantines ?

— C'est le « chef », et aussi le Chaambi ; la rahla, le lieutenant Verdier, il l'a fait porter par son boy. »

Ainsi, avait-il songé brusquement, tous étaient au travail, tous étaient à leur poste ; même cet ivrogne de Franchi... Il n'y avait que lui, le chef, pour dormir encore à neuf heures du matin !

Il avait bondi sous la douche, et peu après s'était dirigé à grands pas vers l'esplanade, sans souci du soleil qui tapait déjà durement.

Ils y étaient tous, en effet, sur la grande plaine

de sable blanc. Les quarante charges s'alignaient deux par deux, laissant entre elles la place où baraquerait le chameau. Les bêtes étaient rassemblées à quelques centaines de mètres plus loin, le genou de l'antérieur gauche replié et entravé, les unes broutant à cloche-pied quelques brindilles sèches, les autres immobiles, ruminant, ou allongées cou sur le sol, yeux fermés.

Dès qu'il l'avait aperçu, Franchi s'était avancé vers lui. Il l'avait salué militairement :

« Tout est paré, mon lieutenant. »

Ils n'avaient fait entre eux aucune allusion à la soirée écoulée.

« Nous serons rationnés à huit litres par homme et par jour, cuisine comprise, avait expliqué Franchi ; c'est suffisant jusqu'à Issalane car on pourra faire de l'eau à Tahifet, Tazerouk, Tin Tarabine. Ensuite, je présume que nous changerons complètement nos dispositions de route.

— Certainement, Franchi, avait-il répondu ; nous aurons le temps de faire notre plan au cours des étapes. En tout cas, félicitations pour l'organisation du camp. »

Il allait partir : il s'était retourné vers le Corse, un peu gêné :

« Merci. »

Afin que chacun puisse profiter de ces ultimes heures, il avait demandé au lieutenant Verdier de faire garder le camp par un piquet sédentaire. Il n'avait pas eu d'autre occasion de manifester sa présence de chef. Encore Verdier avait-il tout prévu...

« Je laisserai en plus ici El Touati, le premier

jus qui suppléera Chaambi Ahmed ; on ne se méfie jamais assez avec tous ces chapardeurs », avait déclaré l'A. I.

Ils s'étaient séparés. Franchi s'était rendu chez Madame Hermelin. Chaambi Ahmed, profitant de la permission octroyée, avait gagné le quartier réservé. Beaufort l'imaginait sans peine : assis au centre d'un cercle de femmes riantes et jacassantes, offrant le thé à ses goumiers, tenant ostensiblement à l'écart Touareg et sokhrars. Chaambi Ahmed ben Metlili savait faire parler les femmes et, à son habitude, écoutait, recueillant maints détails qui l'intéressaient au plus haut point.

Beaufort avait déjeuné chez Julien ; repas froid et guindé. Le capitaine faisait visiblement une politesse à ses hôtes, mais regrettait sa solitude habituelle. Verdier paraissait soucieux et préoccupé. A diverses reprises, il avait répondu évasivement aux questions de Beaufort. Sans doute, avait conclu celui-ci, regrette-t-il de ne point participer à cette exploration. Il en était résulté une sorte de malaise, malgré l'intarissable bavardage de Lignac, plus en forme que jamais, qui mangeait, buvait comme quatre, tout en débitant ses histoires, que personne n'écoutait.

C'est avec soulagement que Beaufort avait vu arriver l'heure du départ.

***

Beaufort, à présent, se sentait très calme. Le danger qui le menaçait n'était pas pour l'effrayer. Il lui semblait, au contraire, comme le lui avait écrit Verdier, qu'il avait beaucoup de chance d'entrer de plain-pied dans le mystère saharien. Il tint à remercier son aîné de sa lettre et de ses conseils et rédigea immédiatement une courte réponse.

Il la porta lui-même au Madani, qui palabrait près de la perpétuelle théière en compagnie du Chaambi et des autres goumiers. Il lui parut que le Madani l'observait avec intérêt. Mais il n'en fit pas état. Il renvoya séance tenante le messager qui disparut dans un repli de terrain, comme avalé par une trappe.

« Terminée, la sieste, Chaambi ? s'inquiéta-t-il. Alors, viens avec moi. J'ai relevé une trace de mouflon dans la gorge ; appelle également Sidi-Bouya, c'est le spécialiste, je crois ! »

Peu après, ils partirent tous les trois, Sidi-Bouya, l'esclave noir, portant fièrement le mousqueton que lui avait confié le lieutenant — une rare faveur —, Chaambi Ahmed flairant la piste.

Ils se trouvèrent tout à coup devant un ravin invisible du plateau. Beaufort restait chaque fois surpris devant la configuration topographique du Hoggar ; le massif volcanique semblait ne présenter aucun relief ; en fait celui-ci était intérieur, fait de mille gorges profondes, bordées de parois où roucoulaient des pigeons gris acier. A une centaine de mètres au-dessous, les chameaux de la mission pâturaient. Ils avaient découvert, sortant du creux des rochers, une vingtaine de tahlas poudreux à moitié desséchés, dont toutes les branches basses avaient été coupées et laissées sur place par des bergers touareg. Les chameaux se régalent de ces arbustes aux longues épines qu'ils arrachent et mâchent avec volupté. D'eux-mêmes les méhara s'étaient dirigés vers ce pâturage invisible.

Comme Beaufort se préparait à descendre dans la gorge, Sidi-Bouya, au grand étonnement de tous, prit une direction opposée. Ils firent quelques pas ; rien qui pût désormais révéler une faille dans ce champ de lave. Cet étrange pays s'offrait et se refusait avec plus de mystères encore que ses sombres habitants.

« Il dit qu'il sait où gîte le mouflon, mon lieutenant, fit le brigadier ; inutile de suivre la piste, il vous mènera droit au poste. C'est là-haut dans la montagne ! Pour la chasse, tu peux lui faire confiance, conclut le Chaambi, c'est notre maître à tous. »

Et Beaufort, oubliant la fatigue, la mission, le campement, la Chouette et Tamara, tout à sa passion de la chasse, suivit de près Sidi-Bouya qui coupait vers l'Akarakar, sans varier son angle de marche, corps en avant, buste nu, vêtu d'un court sarrouel bleu et d'un chèche en lambeaux.

CHAPITRE XII

Dès l'aube, il y avait eu prémices d'orage. Le ciel était couvert ; des nuages bas moutonnaient sur les plateaux désolés de l'Atakor s'accrochant aux aiguilles, cependant qu'à travers le haut plafond de cirrus s'égouttait une lumière diffuse. C'était comme une clarté lunaire, sinistre. Et sous ce linceul la chaleur matelassait la terre, une chaleur de four, parcourue dans sa masse par des décharges électriques, invisibles, et qui tout à coup tiraient les étincelles des burnous laineux des méharistes. Il n'y avait pas d'ombre ; pas de soleil non plus. On devinait ce dernier roulant son orange de feu d'est en ouest pardessus la fine toile des nuages supérieurs, mais il n'éclairait pas : il n'envoyait que sa chaleur, l'atroce touffeur de cinquante degrés qui faisait haleter même les mouflons dans leurs gîtes rocheux.

La mission Beaufort-Lignac, ayant levé le camp de l'Akarakar, avait pointé vers le sud-est, afin de gagner le point d'eau de Tahifet dans l'oued du même nom. Elle avait traversé la Koudia et ses gorges, monté et descendu des falaises croulantes d'éboulis, parcouru le haut et noir plateau volcanique, qui fuyait jusqu'aux horizons ensablés du Sud.

Sur la fin de la matinée, la masse de l'Adrar Aheleheg s'était précisée, barrant la route. Ils l'avaient contournée en s'enfonçant dans un cañon de basaltes bleus, bordé de parois polies comme le marbre ; les lauriers-roses y étaient en fleur et ils avaient pris garde que les chameaux ne mangent point de cette plante qui leur est mortelle. Un oued à sec coulait ses sables dans le thalweg ; il sautait par endroits de véritables murs de roches, tranchées si nettement qu'on eût dit des écluses de pierre.

Dans ce passage rocheux, les chameaux avaient fait preuve une fois de plus de leur aptitude à l'escalade ; ils avançaient avec précaution, se laissaient tomber brutalement sur les antérieurs, puis ramassaient leurs quatre membres sur de minces terrasses glissantes où leurs soles feutrées adhéraient à merveille.

Beaufort, après leur première tentative de la veille, avait essayé de chasser. Il était reparti avec Sidi-Bouya, mais bien vite il s'était épuisé à l'approche de quatre gazelles de rocher, qui, méfiantes, fuyaient de crête en crête, toujours hors de portée. Finalement, il avait abandonné et rejoint péniblement la caravane qui avait pris de l'avance.

Sa gorge était rêche, son palais desséché ; après avoir dénoué le cordon d'une guerba, bu le contenu d'une manassa d'eau, il était remonté sur l'Oudane.

Il ne devait plus quitter son perchoir jusqu'à l'étape. Sidi-Bouya, plus endurant, avait suivi les gazelles.

Lignac, malgré la chaleur et la fatigue de la marche, travaillait sans relâche ; ce drôle d'homme, sous des apparences malingres, était décidément de fer ! Outre la découverte de maintes figurations libyco-berbères, sans grand intérêt scientifique d'ailleurs, il avait pris le temps de repasser à la craie et de photographier plusieurs inscriptions rupestres ; pourtant, ce jour-là, il n'avait pu s'empêcher de manifester violemment son mécontentement. Travailler, pendant la marche de la caravane, était pour lui un supplice. Son chameau, voyant les autres continuer leur route, refusait de baraquer, puis menaçait de s'enfuir. Il lui fallait, en dépit de la chaleur, du sable et des rochers surchauffés qui brûlaient ses pieds nus, accomplir son métier avec le plus de conscience possible. Lorsqu'il en avait terminé, il se retrouvait généralement seul, n'ayant plus pour se guider que la trace de la caravane disparue dans l'étroit medjbed. Une rude épreuve pour les nerfs.

« J'en ai marre, marre, marre... Si nous continuons à avancer à cette allure, Beaufort, avait-il dit, je renonce à ma mission ; nous n'effectuons pas un raid, mais un voyage scientifique ; j'en ai plein le dos de passer mon temps à essayer vainement de vous rattraper, à me battre avec mon chameau ; je suis crevé, et vous ne faites rien pour m'aider ; c'est à se demander si vous ne voulez pas m'empêcher de travailler !

— Voyons, Lignac, fit Beaufort conciliant, vous savez bien que vous n'avez qu'à me demander une halte. Mais je ne peux pas faire arrêter le convoi. Voulez-vous que je désigne un gars pour vous accompagner ? Ikhenouken, par exemple, qui pourrait vous aider à traduire les inscriptions rencontrées ? »

Mais Lignac était excédé. A peine la caravane avait-elle gagné le lieu de la gaïla dans l'oued Tahifet que passant sa hargne sur sa bête — et chaque jour celle-ci accumulait sa rancœur — il la força à se coucher à l'écart, jeta violemment à terre ses musettes, ses caissettes, ses jumelles, tous ses instruments, dont il prenait, en temps normal, un soin méticuleux.

« Laissez-le se calmer, mon lieutenant, conseilla Franchi. C'est un impulsif, un violent, tenez, regardez-le ! »

En proie à une véritable crise de rage, Lignac cravachait le Dob, qui, blatérant de fureur, s'élançait au galop dans l'oued. Il déployait sa couverture sous un éthel, s'enroulait le visage du chèche, enfin il s'étendit sous l'arbre.

« Je crois que nous avons beaucoup de torts envers lui, Franchi. Moi, tout au moins qui, en qualité de chef de mission, devrais lui faciliter sa tâche. Il faudra désormais veiller à ce qu'il ne se retrouve plus seul sur la route. »

Attristé par l'incident, Beaufort essaya de détourner le cours de ses idées en surveillant le déchargement du convoi, puis attendant que Si

Hamza se fût préoccupé des vivres, il s'installa sur sa couverture et récapitula ses notes. Elles étaient maigres ; il convint qu'il lui faudrait désormais faire un plus gros effort de volonté ; il compara la débordante activité de Lignac à sa semi-indolence personnelle. Il en fut mortifié. Il attribua sa défaillance à la fatigue, au climat sec et électrique des hauts plateaux de l'Atakor, mais poussant plus à fond son examen de conscience, il fut bien obligé de reconnaître qu'il n'avait fait que peu d'efforts pour surmonter les quelques difficultés jusque-là rencontrées. Des trois, il avait été le moins courageux. Expérience saharienne mise à part, il aurait dû se dominer, commander et agir.

N'avait-il pas provoqué, au contraire, par son égoïsme, cette mésentente qui, dès les premiers jours, pesait comme une chape sur la caravane ?

La nostalgie l'envahit ; il se prit à regretter ses Alpes ; il eût souhaité être aux prises avec une effroyable tourmente de neige quelque part en haute montagne à la tête de sa section d'éclaireurs ! Comme il luttait alors ! Comme si le danger décuplait ses forces et ses initiatives, il lui arrivait de crier de bonheur en s'empoignant à fond avec l'âpre nature de rocs et de glaces ! Et voici qu'il gisait sous un arbre, sans ressort, sans volonté, sans énergie, abruti de chaleur, les tempes serrées, au cœur de ce paysage de deuil, où se mouvaient les ombres violettes et mystérieuses de Touareg, cherchant en vain à faire face à cet adversaire invisible qui le terrassait sans se montrer. Oh ! comme il appelait de toute son âme un danger quelconque, mais palpable, une épreuve décisive... Tout, plutôt que cette langueur et cette monotonie, cette marche sans fin vers des horizons toujours fuyants et qui n'avaient pas encore l'attrait de l'inconnu. Il eût voulu être déjà rendu à Issalane. Il eût voulu pouvoir dire à ses compagnons : « Enfin ! nous nous retrouvons ! Partons, allons de l'avant ! Ne regardons plus en arrière ; l'inconnu nous attend avec mille épreuves ignorées, desquelles il nous faudra sortir victorieux. »

Il eût voulu faire partager cette joie nouvelle, mais à qui ? Sa solitude lui pesa tout à coup. A quelque distance, Lignac, roulé dans son burnous, en proie à la fièvre ou au découragement, s'agitait, se remuait, cherchait en vain le repos. Lignac était là-bas, seul, et Franchi, mortifié sans doute par l'observation qu'il lui avait faite, boudait dans une autre partie du camp.

Ils étaient trois en ce paysage hostile et déjà ils ne se parlaient plus.

Le vent de sable envahissait maintenant la gorge élargie où coulait l'oued. Mohammed Ag Adjoulé avait conduit le troupeau vers l'aguelmam de Tahifet, à près d'un kilomètre du camp. Les chameaux, gorgés au départ de Tamanrasset, s'étaient pour la plupart refusés à boire. L'eau croupie sourdait naturellement d'une vasque très ensablée qui avait dû être autrefois une guelta d'importance. Il avait suffi que les sokhrars creusassent de quelque cinquante centimètres de sable pour découvrir la nappe. Alentour foisonnaient lauriers-roses et roseaux. De nombreuses traces de chameaux, de chèvres et de moutons indiquaient que l'abreuvoir devait être très fréquenté. Pour l'heure, ils n'avaient encore rencontré, à l'exception du Madani, âme qui vive dans cette Koudia de malheur. Les campements étaient plus au nord, dans le haut Atakor, ou plus au sud, dans les larges pâturages de hâd et de drinn poussant dans les deltas sableux des oueds de montagne.

« Inutile de renouveler nos provisions d'eau, mon lieutenant, avait assuré Franchi, nous avons largement de quoi atteindre Tazerouk, où les seguias coulent fraîches et claires sous les vergers. »

Désœuvré, mélancolique — rien n'est plus pénible que de constater son inutilité quand mille tâches attendent —, Beaufort mâchait l'herbe amère des souvenirs.

Il y eut une heureuse diversion. Sidi-Bouya rentra de la chasse, exténué par une approche de plusieurs heures, portant sur ses reins deux gazelles vidées, rituellement égorgées après avoir été tirées, à moins de cinquante mètres, par cet extraordinaire pisteur. Le Noir riait de toutes ses dents ; il était maigre comme durent l'être les pieux anachorètes au désert ; sa carcasse squelettique sur laquelle ne perlait aucune sueur — on ne voyait réellement pas autre chose que du parchemin sur son dos — était drapée de haillons, mais sa poitrine qui battait comme un soufflet de forge trahissait encore le puissant effort auquel il avait été contraint.

Sans un mot, le Noir jeta les antilopes en hommage aux pieds du lieutenant.

Déjà Beaufort oubliait ses méditations, ses hésitations ; il renaissait, ne sentait plus ni chaleur, ni mouches, ni solitude.

« Brave Sidi-Bouya ! Si Hamza, fais-nous cuire le melfouf* à la poêle. Que voilà un déjeuner qui tombe bien ! » Il rayonnait : « Franchi, Lignac, venez voir !... » Franchi curieux et peu rancunier, accourait déjà, mais de Lignac, boudeur, il n'obtint qu'un « M... » proféré avec tant d'ardeur que Cambronne ne l'eût pas désavoué.

Le savant refusa de déjeuner avec eux. Enseveli entre ses caisses de documents et d'instruments, il notait avec une fiévreuse activité, numérotait ses films photographiques, chargeait son appareil sous l'épais manchon de satin noir.

Franchi ne perdait pas une bouchée, mais Beaufort, gorge serrée, muet, mâchait et remâchait sans réussir à avaler. Le Corse s'en aperçut.

« Voyons ! Vous n'allez quand même pas vous en faire pour si peu ! ça lui passera, à ce sacré tordu ! ça nous attend tous un jour ou l'autre, un accès de colère. Il y avait trop d'électricité dans l'air aujourd'hui. En pareil cas, le mieux est de s'isoler dans son coin, de respecter les pensées de chacun.

— Vous avez peut-être raison, Franchi, mais un véritable chef ne doit pas connaître de défaillance ni de saute d'humeur. Il doit tout combattre, tout surmonter, tout... vous m'entendez, tout... » Et il répétait, le front buté : « Tout.

— Vous connaissez peut-être un gars comme ça,

mon lieutenant ? Moi pas, fit le Corse. Plus on a de valeur, plus on a de cœur, plus on souffre, plus on est agité, c'est régulier !... Hors ça, il n'y a que la paix des bêtes et des primitifs : un Sidi-Bouya, un Djana. Eux, ils ne pensent pas. Mais nous, le calme intérieur, nous ne le trouvons jamais. Pas ici, pas au Sahara, mon lieutenant, à moins...

— Dites ! fit Beaufort au bout d'un moment.

— A moins d'entrer en religion. Et encore ! Tenez, moi, je l'ai connu le père de Foucauld, Verdier aussi. Il pourrait vous le dire, si vous saviez comme il était tourmenté, inquiet parfois, le cher père. Au Sahara, on a besoin de penser. Qui pense souffre. Mais c'est aussi notre force. C'est si vrai, mon lieutenant, que si par hasard on cherche à oublier, quoi ? rien, souvent ! si on demande à l'alcool ou (le Corse rougit) à autre chose... on devient vite semblable à ces primitifs qui nous entourent !

— Oui, mais cette lutte est sournoise, Franchi ! ça n'est pas le clair danger de mes montagnes ; ici l'orage menace et ne tombe jamais. »

Ils se turent ; on entendait gronder la chaleur dans les rochers.

Les chameaux remontaient l'oued, poussés par les sokhrars et les goumiers. Ils marchaient librement, chassés à grands cris rauques vers une petite forêt d'éthels où le Touati les surveillerait tout l'après-midi. C'est un spectacle qui ne laisse jamais indifférent que la vision biblique de la lente arrivée de tous ces corps emmêlés, de ces cous ployés dominant la forêt des jambes grêles et guindées...

Mais, tout à coup, il y eut un grand remous dans le troupeau. Ce fut comme si un vent de folie avait soufflé une rafale enflammée. Le Dob, le premier, le chameau pie à l'œil vairon de Lignac, se dressa brusquement sur ses postérieurs, cou rejeté en arrière, et lança un rugissement aigu, auquel presque immédiatement répondirent les blatèrements des autres. En même temps, un vrombissement métallique, strié de crissements d'élytres, couvrit le murmure fiévreux du désert ; avant que Franchi, le premier alerté par le cri du méhari, ait eu le temps de réfléchir, toutes les bêtes : l'Oudane aux balzanes bleutées, l'étalon blanc à l'œil rouge, le puissant Chergui alezan, les montures du Makhzen* couturées de chiffres et de matricules, et tous les chameaux de bât, confondus, dressés les uns contre les autres, ruant, se battant, rugissant, se cabrant, voltigeant des quatre pieds par-dessus les charges du camp, par-dessus les buissons d'éthels nains, bousculant les betillas, commençaient une ronde infernale, assaillis par une nuée grise, formée de milliers de frelons géants, gros comme des oiseaux-mouches, rendus furieux et qui attaquaient sans répit, plantant leurs aiguillons venimeux dans les parties faibles des chameaux, dans les muqueuses, aux paupières, aux naseaux, sur la peau satinée des entrejambes ! Et sans cesse la nuée ardente, flottant comme une fumée légère, montait et descendait, choisissant ses victimes, piquait, s'envolait...

Déjà Mohammed Ag Adjoulé, se couvrant de ses gandouras, cherchait à écarter les bêtes, appelait à grands cris les sokhrars qu'on ne distinguait plus dans le nuage de sable qui s'élevait de l'oued piétiné par le troupeau en folie.

Mais depuis le début, ceux-ci et aussi les Chaamba, et aussi les Touareg s'étaient éloignés en courant, cherchant un refuge sous leurs vêtements. Beaufort s'était levé d'un bond. Inconscient du danger, il allait s'élancer ; d'un geste, Franchi le retint :

« Pas un mouvement, mon lieutenant ! Vite ! passez vos burnous, entourez-vous la figure de votre chèche. Roulez-le en triple épaisseur ; drapez-vous, ne laissez pas dépasser un centimètre de peau... Inutile d'aller au secours des chameaux, ce serait risquer votre vie. Je les connais, ces sales bêtes. Une fois, deux fois, ça passe — encore que la douleur soit bien désagréable —, mais vingt piqûres, trente piqûres, c'est la mort. »

Ils s'entendaient à peine, serrés l'un contre l'autre, sous leurs lainages. Beaufort percevait comme dans un rêve la voix assourdie du Corse.

« Et Lignac ? demanda-t-il.

— Il a fait comme nous ; il savait, ne vous inquiétez pas ! »

L'essaim qu'avait dérangé sans doute un méhari broutant une touffe, continuait, sans répit, de harceler les chameaux. On n'y voyait presque plus maintenant. Tout le camp était noyé dans la brume de sable plus sûrement que par grand vent. Par les fentes de leur chèche, les méharistes regardaient surgir et disparaître les puissantes bêtes affolées. Enfin, l'étalon blanc, bondissant pardessus un rocher, s'enfuit au galop à travers le pierrier, suivi par la majeure partie de ses congénères. Franchi eut le temps de voir deux chameaux de bât, pris dans la bousculade, basculer, membres brisés, dans le chaos basaltique. Puis l'étalon blanc, conduit par un sûr instinct, regagna les sables de l'oued et, au galop de chasse, remonta les gorges où il disparut, entraînant avec lui les rescapés du troupeau.

Beaufort, voyant le calme revenir, allait se dégager de la gangue étouffante des burnous.

« Pas encore, mon lieutenant ! Les chameaux partis, c'est nous qui allons prendre... Tenez... »

La nuée grise, après avoir volé autour du plus gros éthel, semblait chercher de nouvelles victimes ; peu à peu, le sable s'égouttait ; on entendait nettement le bruit des élytres frottant les corselets zébrés d'or. L'essaim tournait, tournait, puis avec un ensemble tragique il s'abattait sur les hommes immobiles qui se hâtaient de s'accroupir, de rentrer les pieds nus dans le large sarrouel, de boucher les interstices par où auraient pu pénétrer les frelons qui se posaient sur les masses d'étoffes et grouillaient sur la mousseline transparente des chèches. Beaufort éprouvait alors une angoisse qu'il ne songeait plus à dissimuler. Quelles attaques sournoises le Sahara leur réservait-il encore ? Celle-ci avait été si inattendue, si imprévisible !

Il étouffait. Il eût voulu sortir la tête, aspirer d'un coup une bolée d'air ; il se sentait défaillir dans cette atmosphère de four, mais Franchi, toujours en éveil, l'en dissuada.

« Rien à faire, mon lieutenant ! A moins que les

sales bestioles prennent l'idée de poursuivre les chameaux — mais ceux-ci sont trop loin maintenant — jusqu'à la nuit, elles vont tournoyer sur nous, sans se lasser, plus furieuses encore de ne pouvoir nous atteindre... »

On entendit un cri de douleur. « Garce », criait Lignac, qui avait imprudemment laissé dépasser un pied.

« Voyez, poursuivit le « chef », ne relâchons pas notre vigilance. Pourvu qu'il n'y ait pas trop de casse. » Le ton de sa voix trahissait ses soucis. « Quand j'ai vu les chameaux partir au galop à travers le champ de lave, j'ai bien pensé que tous s'y rompraient les os !

— J'ai soif, Franchi.

— Et moi donc, mon lieutenant ! » riposta aigrement, mais poliment, le sous-officier.

Beaufort, mortifié, songea à la fameuse réponse de Moctezuma[1] sur son lit de braise. Allons ! en tout et pour tout, l'autre le dominait. Il en conçut sur-le-champ une colère injustifiée. Il enviait Lignac, qui, depuis le début de l'attaque, n'avait pas dit un mot ; il l'apercevait à distance, masse grise, informe dans l'ombre transparente de l'éthel. Lui, Beaufort, s'impatientait ; l'autre, le nerveux, l'agité, restait calme, immobile.

La voix du sous-officier lui parvint, presque affectueuse cette fois :

« Avez-vous été piqué ? »

Il devina que le Corse lui cherchait une excuse.

1. « Et moi, suis-je sur un lit de roses ! » répondit Moctezuma, empereur du Mexique, aux plaintes de son ministre qui partageait le même supplice.

« Non, et vous ?

— Quatre fois, aux jambes... douloureux, mais sans danger ! »

Ils attendirent encore longtemps. L'essaim s'était divisé en plusieurs vols. On eût dit que les frelons cherchaient à refaire leur nid détruit.

« Surveillez bien, mon lieutenant ! repérez l'endroit où ils se poseront. »

Les frelons géants semblaient maintenant avoir renoncé à leur vengeance. La plupart restaient fixés sur les burnous, immobiles ; au moindre mouvement, chacun les entendait s'envoler dans un grave bruissement. Beaufort, qui avait relâché son attention, tressauta sous la virulente douleur d'une piqûre au gros orteil. Il comprit alors ce qu'eût été son sort, s'il n'avait été protégé par l'expérience du Corse.

La journée s'allongeait, interminable. Ils ne sentaient plus la soif, ni la chaleur ; ils vivaient avec cette accoutumance des grands malades à leur douleur. Toutefois, au soleil qui tournait lentement, à son ombre projetée sur le plafond soyeux des nuages, ils suivaient le déroulement des heures. Enfin, la gorge bleuit, l'ombre les enveloppa ; la masse des frelons se posa sur une grosse touffe de drinn, les retardataires un à un s'envolaient des burnous. Bientôt ils purent se dégager. Ils arrachèrent leur chèche avec volupté. Ce fut comme s'ils s'étaient trempés dans un bain froid. Ils aspirèrent longuement l'air calme, défirent leurs burnous. Lignac, déjà, notait la température : 40° ; ça avait baissé de 10° depuis midi.

L'habituelle symphonie des couleurs vespérales fit vibrer les hautes gorges de Tahifet. La brise du soir chantait tout là-haut sur les falaises. Il y eut encore quelques lourds vols de guêpes, elles disparurent enfin comme par enchantement.

La nuit vint. Si Hamza alluma le feu. Mohammed, le Chaambi, le Touati et les autres sokhrars partirent à la recherche des chameaux. Dans un coin, Djana se tordait de douleur ; mal protégé par ses haillons, il avait été piqué atrocement et souffrait le martyre. En désespoir de cause, Franchi avait ordonné qu'on chauffât du lait concentré, et maintenant il fouillait dans la caisse à pharmacie. « Je vais essayer d'une piqûre antivenimeuse, tant pis ! c'est tout ce que j'ai sous la main... »

Peu après, le Chaambi revint :

« Trois chameaux de bât, dans les rochers, avec les jambes brisées, mon lieutenant. »

Beaufort allait parler. Sans attendre, Franchi déjà ordonnait :

« Achevez-les ! »

Il y eut comme une gêne entre eux. On entendait gémir Djana, la figure enflée, méconnaissable. Lignac allait et venait à travers le camp ; parfois, d'un jet de sa torche électrique, il éclairait une charge, évaluait les dégâts. Deux guerbas pleines avaient été piétinées et crevées : une grosse perte pour l'expédition.

« Faudra les remplacer à Tazerouk, Franchi », fit le savant soucieux.

Lui aussi décidait. Beaufort accusa le coup.

Sous la conduite du Fils du Loup, tous les

hommes valides partirent à la recherche de leurs bêtes. Il ne resta plus au camp avec les trois blancs que Si Hamza et Djana.

Le dîner fut maussade. La chaleur, la mauvaise humeur, l'attaque des frelons avaient sapé le moral de la caravane : Lignac lui-même parlait peu, renfrogné, furieux de n'avoir pu travailler dans les rochers tout proches sur des tifinars archaïques qu'il avait entrevus à leur arrivée à l'étape. Ils écourtèrent le repas.

Beaufort porta son sac de couchage le plus loin possible dans l'oued, s'adossa à une butte de drinn ensablée et tâcha d'oublier. Par moments, de lourds éclairs de chaleur crépitaient dans le ciel entre de silencieux passages d'aérolithes. Il ne voyait du camp que la braise rougeoyante du foyer, autour duquel veillait, accroupi, grelottant de fièvre, le malheureux Djana. Tous les autres étaient à la recherche des chameaux. Lignac devait dormir quelque part, au pied d'une touffe, mais Franchi allait et venait, scrutait la nuit, tendait l'oreille, puis revenait s'asseoir auprès du feu, jetait une branche sèche qui flambait immédiatement comme une torche. Alors une grande flamme montait et Beaufort entendait le chef qui parlait en tamachek avec le pauvre esclave souffreteux.

De nouveau, il fut saisi d'un remords. N'aurait-il pas dû envoyer le Corse se reposer, prendre la garde à sa place ? Attendre le retour des hommes ?... Mais ce soir-là Beaufort sentait le besoin de s'isoler avec ses pensées ; il refusait l'action ; il ne voulait du désert que cette magnifique solitude, cette nuit mystique, qui favorisaient son évasion intérieure. Il avait oublié le camp, Franchi, Lignac et leurs misères d'hommes ; il rêvait. Et très nettement il vit apparaître dans la poussière d'étoiles, proche l'étoile polaire, la figure aimée et souriante de Dominique. Il tressaillit. Alors, tout d'un coup, il perçut le piétinement des bêtes qui rentraient et... devant lui, la silhouette du Corse qui rendait compte.

« Manquent deux méhara et six chameaux de charge, mon lieutenant ; à l'aube, nous prendrons le pied. Il faudra prévoir une journée supplémentaire ici.

— D'accord, Franchi. Merci, vous devez être fatigué... Quel bled ! J'irai moi-même à la recherche des bêtes manquantes... » Il ne trouvait que des phrases banales.

« Inutile, mon lieutenant. Les traces sont embrouillées ; moi-même ne m'y reconnaîtrais pas ; laissez faire Mohammed. Je ne garderai au camp que Si Hamza et Djana qui a bien besoin d'une journée pour se retaper, le pauvre ! Quelques piqûres de plus et il y passait ! A propos, ajouta le « chef », j'ai repéré le nid de frelons. C'est dans une touffe sèche à cent mètres. Avant le jour, nous irons le flamber.

« Vous pouvez dormir encore un peu, mon lieutenant, et puis, si vous le voulez bien, nous partirons pour la chasse ; Lignac s'amusera avec ses tifinars ; il y en a plein l'oued ! »

Déjà Franchi saluait et disparaissait. L'aube était proche.

Beaufort eut un mouvement de révolte. Ça

continuait ! Pourquoi donc était-il là puisqu'il ne décidait rien, ou trop tard ? A quoi bon ses deux galons et Saint-Cyr et le reste ! Il pensa : « Si Verdier avait été à ma place, il aurait tout prévu, tout dirigé. Il serait à la recherche des bêtes manquantes, à la tête des hommes, les encourageant, les stimulant... Que penserait Marlier de son protégé ? »

Il revit le visage aux traits bourrus et sympathiques de son colonel, évoquant les buts de la mission : le lointain Ténéré, les oasis perdues, la piste oubliée. Ah ! non. Il n'y avait certes pas de place pour la rêverie au Sahara. Alors, d'un coup, il prit conscience de son erreur. Il rêvait, tandis que Franchi, lui, tout rustre qu'il parût, ne cessait d'agir. Quoi ! il avait suffi d'un peu de fatigue, d'un peu de fièvre, d'un peu de sable, d'une attaque de frelons pour le faire chanceler ! Non ! Quand on connaît son mal la guérison est proche. Il se leva d'un bond. Tout, à cette heure — l'heure divine — paraissait translucide autour de lui. Malgré ses douleurs, Djana, tourné vers l'Est, récitait la prière de l'aube. Beaufort eut envie de s'agenouiller...

« On y va, mon lieutenant ? »

Derrière lui, Franchi attendait carabine à l'épaule, frais et dispos.

« Allons ! »

Ils descendirent l'oued côte à côte.

CHAPITRE XIII

L'EXPÉDITION resta plusieurs jours à Tahifet.

Il fallait réorganiser la caravane. Au cours de la panique, certaines bêtes avaient brisé leurs entraves, d'autres éventré des guerbas, piétiné les caisses de provisions. Pendant tout ce temps, Lignac, qui boudait visiblement Beaufort, travailla dans la Koudia à transcrire les inscriptions tifinars ; tâche ardue pour laquelle Ikhenouken et Mohammed Ag Adjoulé lui furent d'un précieux secours. La région était pauvre en fresques et gravures néolithiques. On était loin des riches découvertes de l'oued Imerho ou du Mertoutek. Cela n'était pas fait pour calmer l'humeur du savant. Il partait du camp à l'aube et rentrait à la nuit tombante. Beaufort et Franchi, qui devisaient autour du feu de bivouac, l'entendaient venir de fort loin, parlant très haut, selon son habitude, interpellant son compagnon targui, mêlant à volonté le tamachek et l'arabe au français. Avant qu'il n'arrivât, ils savaient déjà tout ce qui s'était passé.

« Bonne récolte ? interrogeait Beaufort.

— Maigre, mon lieutenant », répondait l'autre, appuyant sur l'énoncé du grade ; puis dédaigneux, il appelait Si Hamza, se faisait servir sa chorba et se retirait pour mettre au point ses notes, à la lueur d'une torche électrique. Lassé, Beaufort avait abandonné la partie. Franchi, heureusement, était là. Mais quoique plus conciliant, le « chef » semblait modérer un peu l'amitié naissante qu'il portait à l'Alpin. Très maladroitement, Beaufort avait exprimé le désir que tout ordre passât désormais par lui. Franchi, en sous-officier discipliné, laissait faire ; c'est ainsi que, mal commandés, les hommes, et surtout les Touareg, ravis de flâner en ce lieu de pâturage abondant, à proximité d'un point d'eau, ne mettaient nul empressement pour activer les préparatifs de départ. Djana et Sidi-Bouya avaient achevé et dépecé les chameaux blessés ; puis ils avaient entrepris, profitant des bois qui jonchaient l'oued, de boucaner la viande en longues lanières noirâtres et puantes. Paresseux et mendiants, les Touareg quémandaient sans cesse du thé, que, dans sa faiblesse, Beaufort leur laissait prendre à volonté, à la grande indignation des Chaamba et des Mokhaznis. Chaambi Ahmed s'en était ouvert au « chef » :

« Le lieutenant, il sait pas, chef ! Plus tu donnes aux Imochars*, plus ils veulent... Balek*, quand il faudra marcher, ils ne seront plus là, balek !... »

Le soir venu, Beaufort aimait parcourir le camp et regarder son pittoresque déballage ; il y avait toujours trois feux ; le sien, au centre ; puis, un peu à l'écart, celui des Chaamba et, tout à fait en dehors, celui des Touareg. Mohammed Ag Adjoulé ne se départait pas de sa dignité ; il était l'un des rares à pouvoir postuler l'aménokalat à la mort d'Aramoukh et il en tirait une ombrageuse fierté. Beaufort eût aimé le dévisager, mais au travers de son litham ne passait qu'un regard noir et fuyant, très rarement rieur, et en ce cas alors d'un éclat enfantin.

Il avait invité quelquefois le chef ; celui-ci s'asseyait poliment mais ne daignait pas toucher aux mets en sa présence ; il faisait porter sa manassa de cuivre et son bol émaillé à quelques mètres, tournait le dos aux assistants et mangeait avec méfiance, soulevant discrètement un pan de son litham d'un geste pudique. Un vrai sauvage, pensait Beaufort qui, cependant, le croyait capable de fidélité et d'esprit chevaleresque.

Belle image de la société ! songeait-il ; nous sommes ici une poignée d'hommes qui allons affronter des dangers inconnus ; nous devrions être unis et solidaires, nous enrichir de nos mutuelles différences, comme a dit, je crois Paul Valéry ; voici qu'à peine sur la piste, les castes se révèlent, et aussi les intérêts, les haines et les subtilités raciales. Chaamba contre Touareg et, dans ces deux groupes, encore d'autres divisions ; que pèsent le pauvre Djana et Sidi-Bouya en face de leur seigneur et maître Mohammed Ag Adjoulé ? et Chaambi Ahmed, quel dédain n'a-t-il pas pour Si Hamza, le spahi du Nord !... Nous trois enfin, nous trois qui, sous nos airs policés, nous acharnons à découvrir chez le voisin la faute ou l'intention mauvaise ; pétris d'un sot orgueil, la moindre bagatelle nous blesse au plus profond de notre fierté.

Il appela Franchi. Il avait besoin d'un compagnon. La lune s'était levée par-delà les montagnes de l'est, la Koudia mystérieuse baignait dans sa clarté ; les ombres jouaient et creusaient de fantastiques reliefs dans la gara toute proche. Les gros blocs, polis par le vent, le sable et l'eau, semblaient des figures de géants encerclant la caravane.

« On fait un petit tour de camp, Franchi ? fit-il avec une bonhomie affectée.

— Si vous voulez », concéda le Corse.

Les trois grands feux montaient tout droit dans l'air. Parfois une bûche d'éthel flambant d'un coup, une immense flamme jaillissait puis, très rapidement, retombait. On avait juste eu le temps d'entrevoir, à sa fugitive lueur, les Chaamba accroupis autour des braises en train de faire chauffer l'ataï, le Touati improvisant sur sa raïta, et plus loin les Touareg groupés comme une corbeille de deuil autour des voiles noirs de l'Adjoulé. Les chameaux étaient au pâturage sous la garde d'Ag Oudaden, et le bruit familier de leur mastication, leur écœurante odeur même manquaient à Beaufort.

« Peut-on partir demain ? interrogea-t-il.

— Les chargements sont refaits ; nous avons ajusté les bâts des animaux tués sur les montures de rechange ; il faut partir, mon lieutenant. Assez traîné comme ça ; demain nous devons être à Tazerouk. C'est encore un arrem, avec des Touareg quémandeurs et des Harratin misérables. Vous verrez ! Nous ne pourrons pas en sortir avant deux ou trois jours. Il faudra remplacer deux guerbas crevées... »

Le Corse s'arrêta pile, abaissa le faisceau de sa torche vers un amas d'outres dont les peaux semblaient encore frémissantes de vie.

« Chaambi ! tonna-t-il, et mes ordres au sujet des guerbas ? »

Il se faisait dur, exigeant. Des deux, c'était bien lui le chef.

« Bandes de feignants, continua-t-il, ça ne suffit pas, deux guerbas défoncées ? Il faut encore laisser à terre les outres pleines ! J'ai dit qu'à chaque étape, et toutes les fois que la chose était possible, les guerbas doivent être suspendues aux branches des éthels ou des tahlas. Quand on ramènera à l'aube les chameaux du pâturage, elles risquent d'être piétinées. »

Chaambi Ahmed s'affaira, conscient de sa faute.

Le lieutenant n'avait rien dit.

Il y eut un silence. Enfin, d'un ton sec, Beaufort commanda :

« Franchi, nous lèverons le camp à quatre heures ; départ à cinq. Même ordre de marche ; vous enverrez quelqu'un annoncer notre arrivée à l'arrem. » Il réfléchit, se ravisa. « Et puis non ! c'est inutile... j'aviserai demain.

— Ordre, contrordre ! » maugréa Franchi en s'éloignant.

*
**

Vers minuit, ce soir-là, Beaufort allongé dans son sac de couchage, ne pouvant trouver le sommeil, se leva. La lune avait tourné sur l'horizon, mais le haut de la montagne était encore doucement baigné de clarté. L'air était frais. Beaufort éprouva le besoin de marcher ; trop d'idées confuses tourbillonnaient en sa tête : la mission, bientôt Issalane et la grande aventure ! Et Franchi qui faisait la forte tête, et Lignac qui boudait !... Ces jours de repos forcé l'avaient engourdi. Il avait chassé le premier jour et abandonné un mouflon après six heures de poursuite ; depuis, dégoûté, il restait confiné et désœuvré au camp. Il n'avait pas osé s'imposer à Lignac. Peut-être eût-il suffi de dire au savant qu'il eût aimé participer à ses recherches, qu'il n'était pas insensible aux mystères sahariens, pour que tombât entre eux ce rideau de gêne mutuelle. Il n'avait pas fait le premier pas. Léthargie ?... Etait-il encore sous l'influence de la drogue ? Il lui semblait également que le « chef », après quelques jours de magnifique entrain, devenait morose, plus sec, plus cassant. Etait-ce la dépression consécutive à une trop prompte désintoxication ?

Il va, dans la nuit, foulant de ses pieds nus le sable rugueux de l'oued. Il aborde les rochers et chausse ses naïls.

Le voici maintenant en plein chaos ; il a quitté l'oued, attiré d'instinct vers les rochers hostiles rendus plus sinistres encore par la nuit. Il veut gagner là-haut, au sommet de ce cône d'éboulis, la clarté lunaire qui fait comme une plage reposante au milieu des ténèbres. Son habitude des marches nocturnes le sert ; il devine les obstacles, monte sans arrêt, escalade quelques blocs branlants et son allure est si sûre, si souple que pas une pierre ne roule. Parfois un grand souffle d'air frais coule par-dessus les rochers qui réfléchissent encore la chaleur du jour. Il se souvient du conseil de Verdier : « Bivouaquez dans le sable : il ne conserve pas la chaleur, mais surtout ne vous couchez pas au milieu des blocs qui font office de four. »

Il voit bondir une ombre, passage rapide entre deux blocs, puis plus rien : chacal, okaokao, ou peut-être un chat sauvage ? Il a, par habitude, pris son mousqueton. Il se souvient des nuits de chasse au chamois, là-bas... Au ciel, des myriades de constellations clignotent, crépitent, s'éteignent, réapparaissent. Il y cherche la Polaire : la voici... C'est tout à coup un lien fragile tendu entre lui et sa lointaine patrie. La Polaire ! A cette heure, en Savoie, d'autres hommes sans doute l'observent et la prennent comme guide. Comme il faisait quand il partait en course avec Elle. Pauvre, pauvre Dominique ! Il repousse ses pensées, s'absorbe dans son escalade.

Il atteint la première colline à l'instant où s'enfuit la clarté de la lune ; puis il découvre d'autres cimes, d'autres ravins, d'autres pierriers, et marche encore, marche, marche ! Il ne voit pas venir le jour et quand l'Est flambe... trop tard ! Il est perdu dans un chaos de basalte, de roches desquamées des hautes parois voisines ; le silence est total, pas même le chant familier du vent. Par places, quelques touffes d'oleo Laperrini* s'accrochent au rocher. Le jour découvre un paysage lugubre. Entre les blocs noirâtres courent de petits ruisseaux de sable fin ; il y relève des traces fraîches de mouflon ; il cherche à s'orienter. Dans sa rêverie, il n'a même pas pris de repère sur les étoiles, certain de retrouver facilement le bivouac; et maintenant voici que tout est uniforme : collines de pierres, vallons déserts se succèdent; c'est une chebkra*, sans redjems, sans medjbeds. Il pense tout à coup qu'il devrait être au camp ; sans doute, l'attend-on pour partir, toutes bêtes chargées : « Rentrer, tout de suite, tout de suite, ou perdre la face », murmure-t-il.

Furieux contre lui-même, il s'oriente à la boussole. Le camp était au nord. Il a, sans s'en douter, cet éternel rêveur, marché près de quatre heures. Que doivent penser ses compagnons ? Il repart rapidement dans la direction choisie, descendant les collines, au hasard, sans trouver de points de repère décisifs. Il faut qu'il rejoigne l'oued Tahifet ; mais où coule-t-il ? Il se souvient qu'il a descendu, assez longtemps, son cours avant de s'engager dans la montagne. Il sait qu'il ne faut plus continuer ainsi à l'aventure, la prudence commande de revenir sur ses pas, de retrouver et de suivre ses traces. Mais celles-ci sont à peine visibles, car en bon montagnard il a rarement mis le pied dans le sable, il a plus souvent sauté de bloc en bloc.

Le soleil monte comme une menace sur l'horizon et, déjà, la chaleur calcine les rocs ; la journée s'annonce pénible, les grandes traînées laiteuses, présage de vent, voilent en partie le ciel.

Bientôt la soif se fait sentir, et Beaufort, qui n'a pas emporté d'eau, maudit sa légèreté. Sa bouche se dessèche, mais il continue d'aller, cherchant et furetant, retrouvant et recoupant ses propres traces. La nuit, il a passablement tourné en rond. Peut-être ne s'est-il pas trop éloigné du camp ? S'il tirait un coup de feu ! Un sot orgueil le retient ; la sagesse voudrait qu'il attende, à l'ombre d'une roche, qu'on vienne à sa recherche ; où qu'il se trouve, des pisteurs comme le Chaambi Ahmed ou Sidi-Bouya le rejoindront à la trace en peu de temps. Mais il garde l'espoir de s'en tirer seul.

Pour la vingtième fois, il monte et descend les collines de ce paysage de désolation ; enfin, épuisé, il se dispose à faire feu, quand une détonation encore lointaine retentit. Mortifié, mais soulagé, il répond et le claquement sec se répercute longtemps dans les ravins surchauffés, puis à intervalles réguliers de nouveaux coups de feu lui apprennent qu'on suit sa piste ; le dernier pète très fort, à courte distance, et bientôt il aperçoit sur la cime d'une gara voisine la silhouette bleue du Fils du Loup qui déjà lui fait signe.

Avec le Targui, il y a le Chaambi ; un peu plus loin monte, essoufflé et visiblement mécontent, Franchi. Il y a un moment de gêne, mais le premier geste du Corse est de tendre une gourde pleine.

« Vous devez avoir soif, mon lieutenant ?

— C'est idiot ! J'étais parti pour une courte promenade, dans la nuit ; je me suis perdu bêtement ; sommes-nous loin du camp ?

— Une petite heure à peine, mais Bon Dieu ! vous pouvez dire que vous êtes pénible à suivre à la trace ; même le Chaambi s'y perdait, et il a fallu Mohammed et son habitude de pister en Koudia pour retrouver vos traces ; ça montait, ça descendait, au nord, au sud, à l'est, à l'ouest. Dès l'arrivée des chameaux, ce matin Si Hamza est allé vous réveiller, mais quand il a vu votre sac de couchage vide, il m'a averti. « Va voir sur la « colline, le lieutenant a dû faire un brin de « marche à la fraîche, lui ai-je dit.

« — Makach* ! Personne ! Alors on est reparti à zéro et nous voilà.

— Merci, Franchi ; sans vous j'aurais tourné en rond toute la journée.

— Hâtons-nous, voici le vent de sable qui se prépare. »

Mohammed pointa sans hésitation à travers le chaos gigantesque. Ils gravirent une crête, arrivèrent sur une falaise et aperçurent en contrebas et assez loin le large cours de l'oued et sa forêt d'éthels ; par un ravineau desséché, au fond couvert de dalles de basalte poli, ils regagnèrent le camp.

Les chameaux prêts à être chargés étaient baraqués tout proches, mais Lignac, à son tour, avait disparu.

« Tifinars », conclut sentencieusement Mohammed.

Comment Beaufort aurait-il pu protester ? N'était-il pas le premier coupable ? Par sa faute, l'expédition prenait un jour de retard. Qui savait à présent s'ils atteindraient ce soir un pâturage suffisant pour nourrir les bêtes ? Le Corse, inquiet, observait le changement de temps.

« Si ce sacré vent dure plusieurs jours, nous sommes frais. » Il prit les ordres malgré tout. « Faut-il renvoyer les chameaux au pâturage ? »

Beaufort hésita : ils auraient dû être à mi-chemin de Tazerouk à cette heure ; pourraient-ils partir tantôt avec le vent de sable qui, d'un moment à l'autre, allait s'abattre ?

« Inutile de relâcher les bêtes, décida enfin le lieutenant. Franchi, envoyez le Touati prévenir Lignac que nous lèverons le camp tout de suite après la gaïla... nous gagnerons toujours une quinzaine de kilomètres.

— Si nous faisions partir le convoi maintenant ? suggéra le margis. Nous le rattraperions très vite avec nos méhara.

— C'est juste ; vous avez toujours raison, Franchi, je me demande encore ce que je viens faire ici...

— Ne soyez pas froissé, mon lieutenant ; j'ai plus de quinze ans de Sahara, presque toujours en colonne. Alors !... »

Déjà le Corse donnait les ordres nécessaires.

La brume de sable s'était levée très rapidement. Elle couvrait le paysage de sa grisaille impénétrable ; ça n'était pas encore du vent en tourmente, mais comme un lent égouttement venant des hautes régions de l'atmosphère.

Vers treize heures, Lignac arriva, fourbu, assoiffé, gesticulant, et criant :

« Dites donc, Beaufort, faudrait savoir ce qu'on fait. On part ! On reste ! Ça ne gaze pas ! Hier, je vous demande un jour de plus au camp, vous refusez ; ce matin, au moment de partir, plus personne et quand je suis en pleine transcription, vous m'envoyez chercher. Que diable ! mon vieux, je n'ai pas l'habitude d'être traité comme ça. »

Beaufort voulut s'excuser...

« Ça va ; ça va ; tout ce que vous pourriez dire ne changerait rien à rien... alors autant couper court. Si Hamza ! appela-t-il, Si Hamza, ouvre-moi une boîte de singe... »

Ils rattrapèrent le convoi dans une vallée encaissée, encore plus funèbre que les régions précédentes, un monstrueux dédale de roches noires et calcinées, avec un très maigre pâturage pour les chameaux. La nuit venait et il fallut camper. Franchi ne dit rien ; mais Lignac ne put s'empêcher d'émettre son avis.

« Foutu pâturage ; si on nourrit nos bêtes comme ça, faudra pas s'étonner si nous en perdons la moitié ; à Tazerouk, elles auraient pu bouffer à l'aise... Enfin ! »

Beaufort, calme jusque-là, perdit son sang-froid.

« Enfin ! comme vous dites ; enfin, en voilà assez ; j'ai commis des erreurs, beaucoup d'erreurs ; mais ça n'est pas vous jusqu'à présent qui m'avez aidé dans ma tâche.

— N'êtes-vous pas le commandant en chef ? ironisa Lignac.

— Lignac, je vous en prie, la coupe est pleine ; je vous le dis une fois pour toutes. Puisqu'il faut un chef, désormais je commanderai, soyez certain ; je commanderai et j'exigerai d'être obéi, même si je fais des blagues ; vous m'entendez, même si je fais des blagues ! répéta-t-il, haussant le ton, blême de fureur. Et maintenant f...-moi la paix, m'entendez-vous : la paix !...

— Mon lieutenant, fit doucement Franchi, pas devant les autres, surtout pas devant eux... » Et il montrait le cercle des Touareg et le groupe des Chaamba qui, détachés en apparence, suivaient, sans rien en perdre, cette scène entre les deux chefs.

Il n'y eut, ce soir-là, ni thé, ni palabre ; le vent de sable s'était peu à peu calmé, mais il régnait sur ces hauts plateaux un froid très vif pour la saison. Chacun gagna son emplacement de couchage. Beaufort fit porter son gesh le plus à l'écart possible ; il était las, fiévreux. La fatigue d'une nuit blanche, le vent de sable, une atmosphère sursaturée d'électricité lui avaient mis les nerfs à fleur de peau ; pour un rien il eût sauté à la gorge de Lignac, pour moins encore il eût pleuré comme un enfant... Il déroula lentement ses couvertures ; de longues étincelles s'échappaient des tissus laineux frottés l'un contre l'autre.

La nuit fut triste ; El Touati, contrairement à son habitude, ne tira pas d'improvisations de sa raïta. Djana toussait sans arrêt, à peine couvert par un pan de dokkali que lui avait dédaigneusement jeté le Fils du Loup. Seul, Chaambi Ahmed veilla longuement auprès de la braise, ravivant le feu, écoutant les bruits de la nuit, dressant la tête au moindre frôlement suspect.

Au matin, Franchi s'aperçut que son alezan boitait ; la splendide bête s'était enfoncé une épine de tahla dans la sole de l'antérieur droit. En un tournemain, Mohammed extirpa la longue écharde de la plaie, à l'aide de la petite trousse spéciale qu'il portait toujours sur lui : il le fit avec gravité, montrant bien ainsi que s'occuper d'une monture, et d'une monture de chef, était tâche noble et réservée aux nobles.

Franchi paraissait fort contrarié de l'incident. Il appela :

« El Touati, trouve-moi le meilleur des chameaux de bât, celui qui aura le cou suffisamment râpé et mets-lui ma rahla.

— Inutile, Franchi, vous prendrez l'Oudane, aujourd'hui. »

Beaufort dressait sa haute silhouette dans le jour naissant. La fatigue et les soucis avaient creusé ses pommettes que couvrait à moitié un collier de barbe noire ; son burnous bleu traînait jusqu'à ses pieds ; son képi, son beau képi neuf, se marquait déjà d'un liséré de crasse ; d'un geste, il arrêta le Touati.

« J'ai décidé de faire aujourd'hui une étape solitaire ; je ne monterai donc pas l'Oudane. Prenez-le. Vous avez le droit, Lignac et vous, d'exiger de moi des preuves. Eh bien, messieurs, vous les aurez ! Voici : en mon absence et pour cette étape, Franchi conduira la colonne. Il la mènera à une allure telle qu'elle puisse vous permettre, Lignac, de travailler en cours de route ; au besoin, vous baraquerez pour la nuit sans atteindre Tazerouk...

— Je ne pense pas avoir l'occasion de faire des choses intéressantes d'ici là, interrompit Lignac.

— Comme vous le jugerez bon ; quant à moi, je pars devant ; il est quatre heures trente ; vous donnerez le signal du départ à cinq heures. J'irai à pied, et je vous attendrai à Tazerouk ; d'après mes calculs, il faut environ dix heures pour y arriver, n'est-ce pas, Franchi ?

— Avec le convoi, certainement.

— Mettons huit heures pour un méhariste... Pour ma part, je désire atteindre Tazerouk d'ici six heures au plus tard.

— Mon lieutenant, ça représente malgré tout près de cinquante kilomètres, objecta Franchi ; dans une heure, il fera très chaud, de plus la piste n'est pas très nette ; il y a des tas de medjbeds qui s'entrecroisent, de larges oueds où l'on peut perdre toute trace ; enfin la direction générale n'est pas claire.

— Je sais, Franchi ; la boussole me donne de Tahifet à Tazerouk N. E. 40, mais je n'en tiendrai pas compte... pas aujourd'hui.

— Enfin, Beaufort, c'est purement ridicule, fit Lignac. Cette nuit...

— Cette nuit, j'ai vasouillé comme un bleu ; mais vous ne savez pas ce que c'est qu'un Savoyard, Lignac...

— En tout cas, c'est têtu, fit le savant.

— Bref, j'ai décidé ! Si, par hasard ! je n'arrivais pas à Tazerouk, alors, Lignac, vous prendrez le commandement de l'expédition. Ah ! encore une chose, vous permettez, Franchi ? » Il s'approcha du gesh du margis et souleva la petite guerba personnelle du sous-officier.

« Elle fait huit litres environ ?

— A peu près.

— Bon, vous me la prêtez ! »

Il passa la peau de chèvre en bandoulière, épaula la courroie de sa carabine, salua et partit. Ils le virent traverser l'oued, réfléchir longuement, examiner les traces, puis, à petits pas réguliers, s'enfoncer dans le dédale des rochers surchauffés.

« On court après, monsieur Lignac ?

— Non, laissez-le, Franchi ; il a raison...

— Et s'il s'égare, et s'il enfile le medjbed d'Idelès ou encore s'il prend une simple trace de mouflons comme il y en a tant...

— Sidi-Bouya le retrouvera toujours. Non, vois-tu, Franchi (c'était la première fois que le savant tutoyait le margis), on a quelquefois besoin de s'éprouver. Il veut faire sa route, il faut qu'il la fasse. Une seule chose : quand nous partirons, tu diras à Sidi-Bouya de marcher toujours vingt mètres devant la caravane.

— Compris ! On y voit plus clair dans le sable avant qu'après le passage de trente bêtes lourdement chargées.

— Comme tu dis ! » fit Lignac, à qui la bonne humeur revint d'un coup.

Dès qu'il fut hors de vue, Beaufort ralentit sa marche ; il était maintenant seul, il avait suffi qu'il descendît d'une petite crête pour que toute trace de vie disparût ; de quelque côté qu'il se retournât, le paysage était le même : éboulis volcaniques, entassés les uns sur les autres, pyramides instables coiffées de gros blocs uniformément recouverts d'une patine noirâtre, c'est à peine si dans les replis, croissait un maigre tahla tout sec ou quelque épineux recroquevillé ; le premier soin de Beaufort fut de vérifier son cap, puis il s'aperçut qu'à moins de tirer une ligne droite et de marcher sans tenir compte des traces à travers la montagne, la boussole ne lui serait d'aucun secours.

Il changea donc de tactique et en fut tout joyeux : « Ils m'ont eu cette nuit ; mais cette fois je prendrai ma revanche. » Il chercha longuement ; les pistes étaient multiples, les traces au Sahara se conservent indéfiniment et il faut une grosse tourmente de sable ou une crue pour les effacer. Le medjbed de Tazerouk est l'un des plus fréquentés du Hoggar ; cela se voyait aux nombreuses empreintes : « Bon, pensa-t-il, la chose ne sera peut-être pas si aisée. » En effet, quelques centaines de mètres au-delà des rives de l'oued, une infinité de pistes secondaires apportant toutes leur contingent de traces venaient se greffer sur la piste principale. Le lieutenant s'arrêta, s'accroupit, mit toute son attention à déchiffrer le sable : « Un grand chameau, une chamelle, un petit chamelon, trois empreintes différentes mais qui ne se lâchent pas, le mâle d'abord, puis la femelle et le petit trottinant à ses côtés. » Il poussa un soupir de soulagement : « Les voilà ! » Il venait de retrouver le fil d'Ariane qui lui permettait d'atteindre Tazerouk.

La veille, il s'était fait expliquer les traces par l'infaillible traqueur ; Sidi-Bouya avait reconstitué pour lui toute la vie de l'oued, pendant le mois précédent. Cet être étonnant pouvait dire, à un jour près, la date de passage, l'âge des bêtes ; bien mieux, il lui arrivait de spécifier le nom du propriétaire du troupeau ; justement, ce jour-là, Sidi-Bouya avait attiré l'attention du lieutenant sur la triple empreinte.

« Aâh, Sidi ! les bêtes, elles appartiennent au caïd de Tazerouk. Rali Ag Djafou, il les a fait chercher au pâturage par un de ses harratin, ils sont passés hier, demain ils seront à Tazerouk. »

Beaufort avait admiré l'infaillibilité du vieux chasseur de mouflons. Et l'idée lui était venue de se guider sur cette trace bien définie.

Il s'est assuré que les empreintes ne s'écartent pas du medjbed, et maintenant, tête baissée, légèrement courbé en avant, il marche à vive allure. La trace est très visible ; parfois, sur les sols durs, elle disparaît complètement. Du moins n'est-elle plus apparente pour un Européen, mais, certes, Sidi-Bouya la retrouverait. Beaufort se prend à son jeu ; il ne sent pas la chaleur qui s'élève ; il ne voit pas le paysage, il ne s'intéresse qu'à une chose : trois marques accolées, un chameau, une chamelle et un petit chamelon.

Il va, monte, descend, contourne des collines de pierre, franchit de nombreux oueds. Plusieurs fois, il s'est retourné ; mais non, rien ne vient derrière, il a distancé le convoi, il est seul et il jouit magnifiquement de cette solitude. Les oueds venant du nord charrient un lourd sable blanc que la chaleur a rendu pulvérulent, et les traces se perdent, chaque bête étant partie de son côté pour brouter les ramures d'éthels ; il lui faut alors aborder l'autre rive, chercher longtemps, faire un choix judicieux parmi les vingtaines de pistes qui le sollicitent. Quelquefois il s'égare, revient en arrière, recherche la triple empreinte, et pousse un cri de joie lorsqu'il tient à nouveau le fil conducteur.

Les heures passent, Beaufort court toujours à petits pas pressés ; c'est à peine si, de temps à autre, il se rafraîchit avec l'eau de sa guerba ; il ne sent pas la fatigue, tellement il est acharné à suivre sa piste. Lui qui, d'habitude, flâne et observe tout, aujourd'hui ne voit rien, pas même ces flèches de basalte qui, parfois, pointent, clochers gigantesques, dans les fonds de vallée.

L'altitude augmente, le medjbed traverse maintenant un plateau incliné du nord vers le sud et franchit de profondes crevasses ; il est beaucoup plus marqué car les traces se découpent en clair sur le fond noir du sol volcanique ; mais Beaufort redouble d'attention. Le terrain n'étant plus aussi tourmenté, des pistes se détachent du medjbed principal, et peu à peu s'éloignent de la direction initiale. Chaque fois, minutieusement, il doit vérifier les empreintes.

Une brume de chaleur flotte sur le haut plateau, composant un décor irréel, et voici que, tout à coup, loin devant, apparaissent des silhouettes géantes, qui semblent à peine effleurer le sol ; deux méharistes se rapprochent et s'arrêtent, interdits, en apercevant le solitaire au képi bleu à deux galons. Ils saluent, tendant la main sans descendre de chameau.

« C'est toi le lieutenant qui vient du Nord ? dit l'un.

— Va en paix, fait l'autre, le caïd t'attend à Tazerouk. »

Qui a bien pu avertir le caïd ? Personne n'a devancé l'arrivant... Télégraphe arabe, mystérieux et rapide, qui transmet à travers le désert les nouvelles les plus secrètes.

« Puisqu'on sait déjà que j'arrive, on doit savoir aussi où je vais », pense Beaufort ; tout d'un coup, comme l'ombre d'un rapace traversant le ciel, un voile d'angoisse s'abat sur lui : Akou ! il n'a pas songé à Akou !... Les deux méharistes ont disparu presque aussi mystérieusement qu'ils étaient apparus, engloutis dans un ravin désert...

De nouveau, il est seul.

Alors, une panique involontaire s'empare de lui, sans raison. Vite, il faut arriver ; c'est comme si des ennemis invisibles chevauchaient à droite et à gauche, au nord et au sud, l'accompagnaient sans se montrer, l'épiaient, l'espionnaient ; il est sur le point de regretter sa décision : s'il attendait Lignac ? Mais cette défaillance ne dure pas. Il repart, le nez sur la piste ; encore un oued, puis un autre et encore un autre, très large, avec des rives escarpées, couvert d'îlots d'éthels au vert poudreux ; dans le lointain, un cube de maçonnerie domine une masse de verdure : l'arrem.

Devant lui, un jeune Targui, entièrement nu, brusquement sorti de derrière un rocher, fait de la main un signe de paix et d'amitié : « Ma-t-toulid ? » et lentement le précède jusque sous le plus gros éthel où, digne dans ses cotonnades indigo et blanches, voilé d'un litham neuf, brillant d'apprêt, et entouré des imrads du village, l'attend Rali Ag Djafou.

Beaufort s'assied et sent tout à coup peser sur

ses épaules le poids du ciel de plomb. Il jette un coup d'œil à sa montre : il a mis moins de six heures pour parcourir les cinquante kilomètres ; il repousse en arrière son képi bleu, boit sans hâte le verre de thé, il commence alors les palabres... les longs, les interminables palabres, avec la dignité qui convient à un grand chef.

CHAPITRE XIV

Le vent pleure dans l'Atakor. C'est comme un gémissement tourmenté qui descend des cañons et prend sa source dans le vallon des fantômes ! C'est une sensation étrange, prémonitoire. La plainte, heureusement, va et vient selon son caprice et pendant ses courtes absences des bruits plus familiers tempèrent l'obsession. Le gargouillis des chameaux ruminant à distance, baraqués sous les éthels, invisibles mais présents, les blatèrements étouffés, le bruit des mâchoires qui meulent les herbes sont autant de sons connus qui rassurent.

Le Touati met le feu au gros amas de branches sèches qu'il a dressé entre deux blocs de lave. La flamme éclaire un court instant l'ensemble du bivouac et chasse au loin les djenoun ; on peut voir Si Hamza accroupi, enroulé dans son burnous, pétrissant la kessera * ; contre toute habitude, il porte son mousqueton en bandoulière. Puis la coupole de feu se referme, il n'y a plus que des silhouettes. Beaufort, Lignac et Franchi méditent devant les tisons.

« Imbécile ! » fait Lignac, qui parle tout haut sans faire attention.

Personne ne répond.

Alors s'élève un chant bizarre. Un Targui du cercle des guides — ils ont allumé leur minuscule feu de braise très à l'écart — semble improviser un poème. Lignac, bouleversé, reconnaît le chant de victoire composé après le massacre de la mission Flatters. La voix de tête du chanteur monte, monte sur un ton de plus en plus aigu, comme un défi strident, puis d'un seul coup elle se brise, retombe, s'achève sur un râle sourd qui, dans la nuit, se mêle aux murmures du vent.

Les Chaamba apeurés se sont tus.

« C'est complètement idiot », fait Beaufort. Il se tait, puis reprend : « Pendant une seconde, j'ai cru les voir déferler sur nous du sommet de la gorge...

— Je suis un imbécile, il ne fallait pas venir ici, Beaufort... C'est presque un défi que nous leur lançons.

— Avez-vous compris les paroles, monsieur Lignac ? demande le margis, tout bas.

— Oui, et Beaufort n'a pas eu besoin d'interprète non plus pour deviner le sens du chant de mort et de victoire... »

Là-bas, les hommes bleus ont repris leurs palabres.

« Je n'aime pas les voir à l'écart, observa Beaufort ; Franchi, faites dire à Mohammed de venir prendre le thé... A l'époque aussi les guides de Flatters se tenaient à part et complotaient.

— Ahitagel, El Alem, Mohamed Ould Moumen,

Khebbi et aussi le Judas de la mission, le ténébreux Seghir Ben Cheikh... » continua Lignac.

Les trois Français se replongèrent dans leurs pensées.

Ils se trouvent ce soir à Taguienount, dans les gorges de l'Ouihahouene, et ils ont dressé le camp sur l'emplacement exact où fut massacrée la mission de Flatters en 1881.

Après avoir séjourné quelque temps à Tazerouk pour étudier les ressources de l'arrem, recenser la population et soigner quelques malades, ils ont décidé de gagner Tin Tarabine, par les tilmas * de Tin Zerha et l'akba d'Irhahaene, parcours montagneux où l'aberakka * se faufile dans les hauts plateaux du Sedereg à plus de deux mille mètres d'altitude. Paysage lugubre d'éboulis, de blocs de lave, horizons infinis noyés dans la brume de sable, température de four dans les gorges, puis vent très frais sur les crêtes.

Alors qu'ils étaient à une demi-étape du puits, Lignac insista pour refaire le parcours suivi par Flatters du camp de base au puits de Taguienount. Il voulait retrouver le décor du drame, en reconstituer le climat et si possible, apporter quelques notes personnelles à l'histoire du Sahara.

Tandis que son regard suit machinalement les gestes rituels du Chaambi préparant l'ataï, Lignac récapitule cette fatigante étape.

Ce 25 juillet, l'air est sursaturé de sable. Franchi, chargé du thermomètre, relève 55° à l'ombre à dix heures du matin. Sur les hauts plateaux, la brise desséchante donne cependant l'illusion de rafraîchir, mais dans ce défilé sinistre, l'air est lourd, l'atmosphère écœurante. Beaufort marche devant, résolu, infatigable. Il est maintenant complètement entraîné et capable de tenir tête aux Touareg sur n'importe quelle distance. Mohammed le suit comme une ombre. Après s'être montré très réticent, le Fils du Loup a accepté de conduire la caravane à l'endroit tragique. Il a fallu qu'il usât de son autorité pour décider ceux de son tobol * à le suivre ; les Chaamba, eux, ont manifesté ouvertement leur réprobation, mais Beaufort a été ferme : « J'ai décidé, nous irons ; vous avez parfaitement raison de vouloir vous documenter, Lignac, et moi-même je suis très intéressé. »

La mission s'est faufilée dans une gorge si étroite qu'il fallait parfois pour passer décharger les chameaux car, à l'encontre de Flatters, Beaufort a fait suivre toute sa caravane. Ils ont avancé dans un fouillis inextricable de roches calcinées, éclatées sous l'action de la chaleur, relevant sur les parois de nombreux tifinars de date récente.

« L'ordre de marche devait être à peu près le même que le nôtre, pense Lignac. Flatters, Masson, Roche, Guiard et Bérenger et leurs montures, précédées des guides touareg, ensuite, perdant du terrain au fur et à mesure, le maréchal des logis Dennery à la tête du convoi de chameaux qu'il conduisait à l'abreuvoir. »

Ils continuent, obsédés par les réminiscences de la journée fatale. Des gazelles se profilent à courte distance, dans la lumière et Franchi s'écarte pour chasser ; bientôt il est absorbé par la brume de sable. Autrefois aussi, Cheikh Ben Boudjemaa, le fidèle Chaambi du colonel, avait tout d'abord chassé la gazelle, puis voyant qu'on s'avançait plus avant dans la montagne, qu'on scindait imprudemment la caravane en deux, que les forces françaises s'échelonnaient sur plusieurs heures de marche, il avait flairé le péril : « Tu es trahi, colonel », avait-il dit à son chef. Pourquoi celui-ci n'avait-il pas écouté l'avertissement ?

Aujourd'hui, il fait plus chaud et plus lourd qu'en 1881, et la brume les enveloppe et les métamorphose en une caravane fantôme. On entend un coup de feu. Franchi a tiré une magnifique gazelle de roche, à la robe presque noire ; Sidi-Bouya s'est précipité pour sacrifier rituellement la bête en l'achevant d'un coup de boussaadi.

Il y aura de la viande ce soir au camp.

Après cinq heures de marche, la mission débouche enfin dans l'oued. Toutes les lectures passées affluent et reviennent en mémoire. Voici, coulant du nord au sud, le fleuve de verdure, aux sables blancs peuplés d'éthels ; les ravins secondaires viennent s'y jeter comme des affluents ; c'est un bout du monde hallucinant, sous le voile de sable qui estompe tout ; le vent parcourt le coupe-gorge, balaie et fouette la caravane et sous l'effet de la chaleur, une chaleur de four réverbérée par le sable qui fait vibrer l'atmosphère, de grandes flammèches d'air chaud viennent lécher les jambes des méhara.

Les redirs * sont à sec, mais le puits est toujours marqué à l'étranglement du défilé.

Comme du temps de Flatters, il est à moitié comblé, et comme le colonel l'avait décidé autrefois, Beaufort ordonne qu'on le nettoie. Il lui semble s'être dédoublé.

Il agit comme l'a fait le pionnier du Transsaharien. Il a les mêmes gestes, les mêmes réflexes. Il fait dresser le camp, à proximité et Franchi se met immédiatement à l'œuvre ; Lignac s'est écarté vers le nord à la recherche d'échantillons minéralogiques, pestant contre le vent de sable qui interdit toute prise de vue ; ainsi qu'en 1881, Roche et Guiard qu'on ne devait plus jamais revoir ; puis comme l'avait fait Bérenger, Beaufort, exténué, s'assoit à l'ombre d'un éthel.

La nuit vient. On allume les feux. La haute clarté de la flamme disperse un peu les angoisses. Bien que l'étape accomplie puisse compter parmi les plus rudes, il n'y a pas eu de heurts aujourd'hui. Sans se consulter, ils se retrouvent ce soir réunis autour du même feu. Ils ont fait étendre côte à côte leurs tapis de sol. Avant, chacun cherchait un endroit solitaire.

Chaamba et Français ne se sont jamais sentis aussi isolés.

Lignac même ne parle pas.

Les uns et les autres ressassent l'histoire, l'horrible dénouement, frémissant à chaque bruit, croyant entendre les hurlements sauvages du rezzou fondant à l'improviste, au grand galop des méhara, sur la malheureuse caravane démembrée qui s'étire sur les vingt kilomètres d'aberakka. Sans cesse repassent devant leurs yeux les images d'épouvante ; parfois l'un d'eux, tant l'obsession est forte, éprouve le besoin d'écarter l'étreinte des souvenirs et laisse échapper un cri.

« Quelle sottise d'être venus ici, reprend Lignac. Résultat ! Les Touareg arrogants, les Chaamba apeurés et nous-mêmes qui cédons à l'obsession... Allons ! secouons-nous ; et puisque nous y pensons tous, peut-être vaudrait-il mieux en parler ouvertement, c'est la meilleure manière de chasser les fantômes. »

Parlant pour lui plus que pour ses compagnons, Lignac retrace les événements passés.

« ... Après l'avoir attiré au plus profond du Serkout, les Touareg, qui ont minutieusement préparé leur attaque, passent à l'action. Il faut tout d'abord scinder la colonne ; au camp de base restent le lieutenant Dianous et le courageux Pobéguin, avec les vivres et le matériel, tandis que les autres s'échelonnent dans les gorges, amenant boire les chameaux de la mission. Si bien qu'après quatre heures de marche ils sont tous dispersés : le colonel et le capitaine Masson auprès du puits qu'ils font creuser ; Roche et Guiard plus vers le nord, Bérenger étendu sous ce même arbre où nous faisons halte aujourd'hui ; les guides qui tiennent par les rênes les chevaux et les méhara des officiers se sont sournoisement éloignés d'une centaine de mètres.

« J'imagine la surprise, l'angoisse du colonel lorsque, subitement, le paisible vallon s'emplit des clameurs sauvages des Touareg, débouchant au galop de charge, lance en avant et takouba au poing ! La perte de la mission était consommée... Il eût fallu écouter le Chaambi Boudjemaa : trop tard ; ils sont trahis ; déjà les guides passent à l'ennemi, massacrent odieusement Bérenger qui dort sans défense sous le tamaris et immédiatement après Roche et Guiard isolés dans la montagne. Pas de regrets superflus ; en ce moment suprême, Flatters et Masson ne reculent pas d'un pouce, ils font face, ils déchargent leurs armes, arrêtant un instant le flot des premiers méharistes, mais déjà ils tombent percés de part en part à coups de lance, à coups d'épée.

« Après avoir courageusement lutté lui aussi, le maréchal des logis Dennery qui suit à quelques centaines de mètres, à la tête du convoi, succombe à son tour. Victoire rapide, totale, si brutale que là-bas, au camp, les autres ne voulurent tout d'abord pas croire, puis n'osèrent plus ensuite, tant ils étaient désemparés, réunir leurs forces pour contre-attaquer. Voyez-vous, Beaufort, si Dianous avait pu rassembler ses hommes et passer à la contre-attaque, alors que les Touareg alourdis par leurs prises festoyaient sur le lieu du carnage, il est certain qu'il eût remporté une revanche complète ; lui et son second, le maréchal des logis Pobéguin, étaient en effet des hommes d'un courage exceptionnel ; ils devaient le montrer par la suite, en accomplissant une retraite de plus de mille cinq cents kilomètres, à travers un territoire hostile, bien qu'affamés, harcelés, traqués, empoisonnés, à moitié fou de souffrances, infligeant une terrible leçon aux Touareg, qui espéraient sonner l'hallali aux gucltas d'Amguid... « Dix comme ces « deux-là, dira plus tard un des nobles, et pas un « des nôtres ne rentrait aux campements. »

« Mais ce jour-là, Dianous et Pobéguin étaient seuls à la tête d'une troupe démoralisée. Il fallut attendre le lieutenant Cottenest et le combat de Tit, vingt ans plus tard, pour que sombrât définitivement la réputation des Touareg.

— De rudes combattants, pourtant, lança Beaufort.

— Erreur, mon vieux, erreur, protesta Lignac ; passez en revue tous les combats, toutes les actions des Touareg, vous n'y verrez jamais un fait d'armes authentique ; tout y est sournois, tout y est fourbe. L'affaire Flatters, ça se ramène à ceci : endormir le trop naïf et trop bon colonel pour l'attirer dans le guet-apens de Taguienount ; le séparer du gros de sa troupe pour le massacrer à cent contre un... Vous appelez ça du courage ! Avez-vous oublié les précautions prises pour se tenir à bonne distance de la caravane ? Rappelez-vous la traîtrise des Hoggar, envoyant quelques jours avant le dénouement tragique, un miad * accueillir Flatters et ces mêmes délégués préparant ainsi leur guet-apens, avec la complicité des guides et de Seghir Ben Cheikh. Non ! Tout ceci est loin de l'auréole chevaleresque dont on a coutume de parer les Touareg. Ils représentent une fraction humaine absolument inadaptable qui n'a pas bougé ni progressé depuis quinze siècles. Ils ne connaîtront jamais d'autre autorité que la force et toujours pour eux, elle primera le droit ; savez-vous le proverbe targui : « *La main que tu ne peux couper, baise-la.* » Tout est là... Toute leur philosophie...

« L'histoire des Touareg n'est qu'une suite de

trahisons : Duveyrier passe. De Morès est massacré, et les Pères blancs, et Flatters et tous les autres. Après le combat de Tit, ils demandent l'aman *. Période de calme, pensons-nous ; eux, pas ! ils ne conçoivent la vie que pour piller et razzier ; ils ne travaillent pas mais sont traitants de chair humaine ; ils font travailler leurs esclaves. On leur enlève tout ça, sous couvert d'une morale qu'ils n'assimilent pas. »

Lignac s'exaltait, montait le ton.

« Laperrine les pacifie, croit-il ; et le père de Foucauld les couvre de bontés et de soins ; viennent les heures sombres de 1916 et la première victime est l'innocent apôtre... Vous me direz, les assassins étaient des Senoussistes, ils venaient du Fezzan ! ils avaient été soudoyés par les Turcs, par les Allemands ! Soit ! Mais qui, au Hoggar, s'est élevé pour prévenir cet assassinat ? Personne ! Ni Moussa Ag Amastane, le fils spirituel du père, ni les nobles, ni Ouksem. Non ! Ils savaient, et ils ont pris la fuite. Voyez-vous, je ne leur en veux pas. Il faut les prendre comme ils sont ; avec beaucoup de prudence, un peu comme on agirait avec des fauves apprivoisés ; comme eux ils ronronnent pendant dix ans, puis tout à coup, se jettent sur leur dompteur. »

Lignac s'arrêta de parler.

Il y eut un grand silence, le gémissement du vent reprit ensuite dans la montagne ; on distinguait quelques étoiles. Comme il advenait presque chaque soir, la brume de sable tombait lentement et, à mesure, se dégageaient les gorges et les rochers déchiquetés du paysage.

« Vous êtes pessimiste, Lignac, fit Beaufort, après réflexion.

— Non, je dis cela sans haine. J'ai longuement étudié les Touareg ; comme vous, Beaufort, je les ai aimés sincèrement à mon arrivée dans ce pays, je les ai comparés à des chevaliers, que sais-je ! à des saints. Ah ! jeunesse ! Pour les Touareg, la France c'est le capitaine chef d'Annexe, grand maalem *, être supérieur qui détient le pouvoir de nourrir, de soigner, de châtier. C'est tout. Le Targui est foncièrement hostile au progrès ; il n'a que dédain et mépris pour l'avion, pour l'auto, pour le train. Quant à nos qualités morales, ils s'en f...

« Vous direz que je leur en veux, Beaufort. Mais non. Je constate simplement, je le répète. Il m'arrive même, tenez, de les défendre. On leur reproche d'être mendiants et voleurs, mais au fond que ferions-nous à leur place ? Si nous habitions ce pays d'enfer où rien ne pousse, si nous n'avions pour toute richesse que leurs troupeaux faméliques : « *La main que tu ne peux couper, baise-la* » tue pour prendre ! Si tu ne peux tuer, feins, ruse et quémande... Bien sûr, il faut les comprendre.

« Reste un mystère, ajouta-t-il. D'où sortent-ils, d'où viennent-ils, ces étranges habitants du plus étrange des pays... cette race dont je connais chaque individu ou presque par son nom ; ce petit peuple de quelques centaines d'âmes qui nomadise sur un territoire grand comme la moitié de l'Europe ?... Atlantes ? Faune résiduelle au même titre que le crocodile des gueltas inconnues du

Tassili ou de la Koudia ou que les barbeaux des oueds quaternaires. Messieurs, acheva Lignac comme à la fin d'un cours, vous en penserez ce que vous voudrez, l'hypothèse est variable et variées les solutions préconisées depuis un demi-siècle.

— Je ne vous suis pas, Lignac, fit affectueusement Beaufort, après un temps. Vous cultivez le paradoxe et ce soir le vent de sable, la fatigue, l'évocation du drame qui a ensanglanté ces roches vous rendent particulièrement sombre et sceptique ; moi, voyez-vous, je crois au mythe de la bonté originelle. Il n'est pas possible que ces marques de déférence, peut-être sauvages mais enfin chaudement appuyées que nous donne, par exemple, Mohammed Ag Adjoulé soient un savant calcul ; je suis certain que notre guide est capable d'une belle action et que si jamais nous étions en danger...

— Ta, ta, ta... vous êtes jeune, Beaufort, et plein d'idéal, tant mieux ! Restez longtemps avec cette pureté de cœur, mais préparez-vous doucement aux déceptions futures.

— Bons ou mauvais, Lignac, je préfère en tout cas les Touareg aux soi-disant civilisés du Nord, ronchonna Franchi, qui, jusque-là, avait gardé le silence.

— D'accord, d'accord, Franchi ! Dans leur primitive cruauté et malgré leur absence de morale, les Touareg valent peut-être les Blancs. Car enfin, nous qui sommes placés à l'avant-garde de la civilisation, qu'avons-nous fait à ce poste de choix ?

— Vous êtes trop absolu, Lignac, observa Beaufort ; qu'importe de connaître les motifs réels des ordres reçus ; ne suffit-il pas que nous soyons toujours sincères au moment de l'action ? Moi-même à cet instant, j'ai conscience, en servant mon pays, en faisant appliquer ses lois, dans ce pays primitif, de servir la cause de l'homme.

— Vous concevez votre rôle avec la foi de l'apôtre, mais que diriez-vous si vous appreniez qu'il masque des intérêts peu recommandables ?

— Et vous, Lignac, si vous trouviez du pétrole alors que vous cherchez des fresques ?

— Chut ! gardez cela pour vous, fit Lignac, riant franchement, si je trouvais du pétrole, eh bien, je n'en soufflerais jamais mot à personne, jamais... Imaginez-vous ces déserts percés de derricks, couverts de fumées, et la horde des rapaces et des spéculateurs fondant sur le Hoggar... Ah ! je préfère cent fois qu'il retombe sous la coupe de cette poignée de pillards qu'on nomme Kel Rela ou Taïtoq.

— Phénomène ! » fit Franchi.

Dans le feu de la conversation, ils avaient presque oublié le lieu où ils se trouvaient. Au-dessus du foyer, la flamme valsait et se courbait avec des grâces mystérieuses auréolant, selon les caprices du souffle nocturne, tantôt la figure maigre, émaciée, du lieutenant, tantôt la barbe hirsute de Franchi, ou le visage glabre, aux traits tirés, du savant.

Immobile, à quelques mètres derrière eux, veillait Chaambi Ahmed, accroupi sur les talons, mousqueton en travers des genoux. Là-bas, plus au nord, les Touareg avaient ravivé leur feu ; sans doute cuisaient-ils leur galette de mil pour le lendemain. Ikhenouken à nouveau poussa son grand cri rauque qui s'affaissa comme une voix agonisante.

Les Blancs se turent, attendant quelque chose qui n'arrivait pas. Tout à coup, ils perçurent un bruit feutré dans la nuit, un bruit très doux, qu'accentuait par moments le craquement sec d'une brindille écrasée ; on entendit rouler une pierre. Quelqu'un venait. Déjà Franchi dressait l'oreille, cherchant à identifier l'arrivant. Beaufort remarqua que Chaambi Ahmed n'avait pas bougé. Bientôt on distingua une haute masse sombre, précédée d'une silhouette blanche ; on eût dit un fantôme remontant le lit de l'oued.

Avant qu'il n'eût quitté le mur de ténèbres et pénétré dans le cercle éclairé du foyer, Franchi avait parlé.

« La paix sur toi, El Madani.

— Inta labès *, chef. Labès, mon lieutenant. »

Le goumier se tenait au garde-à-vous sur le seuil de lumière. Il avait le chèche blanc relevé jusque sur le nez et on ne voyait que son regard rieur, brillant dans la nuit ; derrière, son méhari secouait ses babines de droite à gauche en gémissant de satisfaction.

« Le bien seulement, El Madani, qu'apportes-tu ?

— Le lieutenant Verdier, il t'envoie le courrier et aussi cette djebira*, dit-il, en détachant de sa rahla un sac de peau de gazelle rempli de provisions.

— Hourra pour Verdier ! » s'écria Lignac, tandis que Franchi faisait l'inventaire avec une joie d'enfant.

L'arrivée du goumier créait une heureuse diversion. Beaufort secoua son burnous, appela ses hommes.

« Holà ! tous, qu'on fasse le thé. Chaambi, préviens Mohammed qu'il vienne le boire avec nous. »

L'autre s'excusa en grognant.

« Le Targui, pourquoi le Targui ? Laisse donc... »

Mais déjà Beaufort questionnait le messager.

« Tu es venu en combien de jours ?

— Quatre jours en marchant presque vingt-quatre heures sur vingt-quatre, et en prenant la piste du sud par Motylinski.

— Si nous avancions à cette allure, convint Lignac, nous serions déjà au Tibesti... »

Beaufort brûlait d'envie de décacheter les lettres ; il se contint ; ils burent très lentement le thé. Enfin le lieutenant les renvoya, fit activer la flamme, distribua à ses compagnons leur courrier personnel, et entreprit de parcourir le sien.

Il y avait une lettre de sa mère qui se plaignait discrètement de l'éloignement de son fils unique ; un mot de son successeur à la Redoute Ruinée du Petit Saint-Bernard, qui contait ses randonnées, l'exploit renouvelé de la section qu'il venait à son tour — comme Beaufort l'an dernier — de conduire au sommet du mont Blanc... Comme tout cela, aujourd'hui, lui paraissait lointain, révolu ! Mais c'est à peine s'il prit conscience de ce sentiment nouveau. Déjà le passé, de lui-même, s'éloignait... Il se redressa. Le ciel se clarifiait, se criblant à mesure d'étoiles. Il s'enfonça dans son sac de couchage et incliné sur le côté, sous le faisceau de sa torche électrique, il déchiffra le long message de Verdier.

« N'avais-je pas raison de vous dire que le Sahara est une petite province ? écrivait le chef d'Annexe. Je sais déjà vos aventures de Tahifet et l'attaque des frelons ; vous pouvez vous vanter de connaître tous les ennuis du bled ; les guêpes géantes, ça n'est pas donné à tout le monde de les rencontrer : l'important est qu'il n'y ait pas eu de casse. On m'a dit que vous aviez perdu des bêtes, que vous aviez pu compléter vos guerbas à Tazerouk. Rali Ag Djafou, à peine votre arrivée connue, m'a mandé un courrier spécial ; tout y était relaté, même une histoire que je n'ai pas bien comprise ; il paraît que vous êtes arrivé seul et à pied à l'arrem trois heures avant les autres... Ces montagnards ne peuvent jamais faire les choses comme tout le monde.

« Ici je commence à maudire mes nouvelles fonctions qui paraissent m'attacher solidement au bureau.

« J'ai du nouveau sur Tamara. Maintenant qu'il n'est plus chef d'Annexe, Julien s'est décidé à parler, ou plutôt à faire parler Tidiouit. En route pour Tin Zaouaten, et près de Tin Rerho, ils ont croisé des campements de Taïtoq. Tidiouit a appris par les femmes deux choses importantes. Tamara va rejoindre Akou dans la région d'In Azaoua. Le hors-la-loi est, en effet, dans ces parages ; il est probable que l'ancienne tigresse de Franchi désire en faire l'instrument de sa vengeance. Ne vous faites aucune illusion ; chacun sait au Sahara que si vous accompagnez « M'siou Lignac » ça n'est pas pour le garder (il n'a pas besoin d'escorte), mais afin de rechercher le criminel. Le colonel a été un peu naïf de croire que les nomades ne perceraient pas du premier coup ses desseins ; enfin tout ceci vous procure une belle balade bientôt en pays inconnu et j'en suis ravi pour vous, même jaloux !

« J'ai lancé le Madani par le sud ; d'après la lettre de Tazerouk, vous devez être vers Bir El Garama. (Brrr... je ne sais pourquoi l'évocation de ce lieu sinistre me fait toujours frémir. Je crois qu'à votre place, je n'y passerais pas.) Enfin, je compte sur mon fidèle goumier. Il vous retrouvera bien...

« Pour que Tamara cherche à rejoindre Akou, il faut qu'elle ait la rancune tenace ; méfiez-vous ! Au Sahara, les coups durs n'arrivent jamais de face et en plein jour ; si l'on persiste à vouloir du mal à votre précieuse personne, on essaiera des moyens détournés ; le Targui n'attaque, en principe, qu'en force ; par contre, sa patience est infinie, ses ruses nombreuses, son service de renseignements très bien fait ; c'est à l'improviste, sur un isolé, sur une caravane morcelée qu'il fondra. Si Akou était seul dans l'histoire, je vous dirais : « Vous ne craignez pas grand-chose ; le Targui « fuira devant vous et vous ne le trouverez jamais, « à moins que vous n'employiez également la « ruse pour l'attirer dans un traquenard. » Mais Tamara est femme à faire payer très cher ses charmes et un Targui est capable des pires folies pour faire le beau à l'ahal et conquérir le cœur d'une belle... C'est de Tamara qu'il faut vous garder, et Akou, je le crains, acceptera le pacte qu'elle lui proposera, car il n'a plus rien à perdre.

« Des tribus touareg qui nomadisent dans le Serkout et dans le Tassili Ouan n'Ahaggar vous n'avez pratiquement rien à redouter. Seul un petit coup en traître pourrait vous désarçonner. On vous sait jeune au Sahara, et je vous mets simplement en éveil.

« De mon côté, si je peux coiffer Akou et Tamara, je ne raterai pas l'occasion. Car leur fuite commence à nous faire tourner en dérision.

« Envoyez-moi des nouvelles par le Madani. Après ces épreuves, il sera bien entraîné pour courir le rallye méhariste d'Ouargla.

« Mes amitiés à Lignac, à mon vieux Franchi ; vous avez là un gars tout à fait bien pour vous seconder.

« Tibi.

« Verdier.

« N.B. — Dites-vous bien qu'on s'engueule toujours un peu entre membres d'une caravane et si, par hasard, il vous arrivait de vous fâcher momentanément avec Lignac ou avec Franchi — généralement pour des motifs futiles — votre rôle de chef sera toujours d'aplanir les angles et de rétablir la bonne entente. Pas de sot orgueil surtout ! »

« Ce diable d'homme sait tout, pensa Beaufort ; nous n'avons aucun contact avec lui et il est mieux renseigné sur la marche de la mission que je ne le suis moi-même. Il connaît nos dissentiments passagers, il a tout prévu, jusqu'à l'ambiance maléfique qui pèse sur Bir El Garama. Il en devient même indiscret ! » Il eut l'impression que tous ses faits, tous ses gestes étaient épiés. Etrange pays ! De Julien qui nomadisait à mille kilomètres dans le sud, vers la frontière soudanaise, à Verdier, en passant par les tribus aux pâturages, par le caïd de Tazerouk, chacun savait où il allait, où il était, chacun exploitait pour son propre compte les renseignements recueillis.

« Qui sait, songea-t-il, si Akou lui-même n'est pas mieux renseigné que je ne l'ai supposé au début ? » En tout cas, le fait que Tamara le rejoignait constituait une menace qu'il aurait tort de négliger.

Un instant l'image de Mohammed traversa son esprit... Mais non, c'était impossible ! Pourquoi le Fils du Loup trahirait-il ?...

Toutes ces histoires à propos du massacre de la mission Flatters lui avaient tourné la tête. Allons ! cela se passait en 1881, conclut-il pour se rassurer.

Les braises des foyers n'étaient plus qu'un tapis rutilant, autour duquel se tenaient enroulés dans leurs couvertures les hommes de l'expédition. On distinguait plus nettement les contours des montagnes. Il y avait des plans d'ombre et de pénombre, des clairs-obscurs ; surtout il y avait là-haut, plein d'étoiles, parcouru sans arrêt par des météores, le ciel dans sa magnificence.

Autour du feu des Touareg, des ombres s'agitaient. Ils semblaient discuter à voix basse, mais avec acharnement. La venue du Madani, porteur de nouvelles, devait provoquer ces palabres. Les Chaamba dormaient, à l'exception de Touati qui assurait la garde, un peu à l'écart, adossé à un rocher dominant l'emplacement du camp. Ses gandouras blanches faisaient une tache très visible. Lignac écrivait. Beaufort songea qu'il était grand temps de rédiger son courrier. Demain le Madani repartirait. Il l'enviait presque tout à coup. Mais il eut honte de cette lâcheté secrète. Il entrevoyait des jours durs. Qu'importait ! N'avait-il pas l'exemple des Charlet, Dinaux, Cottenest, Flye-Sainte-Marie, Laperrine, de tant d'autres chefs qui l'avaient précédé au Sahara ? A bien réfléchir, il fallait remercier Lignac d'avoir insisté pour venir à ce puits de malheur ; il avait appris ce qu'était l'angoisse et il se sentait plus fort de l'avoir surmontée. Chaque jour, chaque nuit passés au désert le dégageaient de sa gangue, le libéraient de cette sorte de panique intérieure, de ce complexe d'infériorité qui le paralysaient depuis Tamanrasset. Chaque jour, chaque nuit maintenant imprimaient en son âme encore malléable le sens de la grandeur, le confirmaient dans son rôle de chef.

Il fut le premier à secouer ses couvertures, à se dresser dans le matin lumineux du Serkout ; il était joyeux ; il bondit vers les feux allumés. Si Hamza, le fidèle compagnon, préparait le caoua, la bouilloire chantait. Le lieutenant s'assit familièrement à côté du goumier, tendit ses mains vers la flamme.

« Labès, Si Hamza, labès ! »

Mais Chaambi Ahmed s'approchait, le front soucieux.

Il écourta les salamalecs et se penchant vers Beaufort :

« Ag Oudaden a disparu cette nuit, mon lieutenant... »

Que signifiait cette absence, quels dangers nouveaux présageait-elle ? Beaufort fut sur le point de réveiller Lignac, et surtout Franchi. Mais il écarta froidement cette idée. A lui seul d'agir désormais.

« Sans importance, Chaambi, fit-il calmement ; sans importance ! Prépare le départ comme si de rien n'était ! »

CHAPITRE XV

A TRAVERS les grandes plages mortes du Tanezrouft, Tamara s'enfuit, montée sur sa chamelle blanche ; depuis cinq fois vingt-quatre heures, elle marche la nuit, et encore le matin, jusqu'à ce que son ombre projetée tombe à la verticale sous les pas du chameau ; elle dort durant les heures chaudes ; elle a emporté très peu de choses. Accrochée au côté droit de la rahla, sa dahabiah en cuir tressé d'Agadès contient ses joyaux et ses vêtements personnels, ses douros, ses bracelets et ses colliers d'argent. Faisant contrepoids sur le côté gauche de la selle : une guerba de quinze litres et une djebira contenant la farine, un pain de sucre. Elle y avait ajouté quelques poignées de thé, nouées dans un pan de sa gandoura, du sel et un poignard damasquiné, glissé dans sa ceinture. Elle n'est pas lourde, Tamara, et son gesh est léger ; aussi Tedemit, sa chamelle, de son amble allongé, abat-elle sans effort ses dix-sept heures de marche à la file.

La première nuit, Tamara a pressé sa monture. Il fallait qu'elle fût loin, loin, au lever du jour ; Salem, l'aveugle, qui sait de mémoire toutes les pistes du Hoggar, l'a accompagnée jusqu'au sortir des monts de l'Atakor ; l'infirme a longuement palpé le sable, tâté les rochers, il a exposé son visage aux premiers rayons de soleil ; tourné vers le levant, il a prié, puis questionné :

« As-tu bien pris la piste d'In Abeggi, Tamara ? Avons-nous traversé l'oued Tefoudjidin et aussi contourné le djebel Hagalela par le sud ?

— Nous avons, Salem.

— Alors le paysage doit changer ; tu vas traverser l'immense reg jusqu'à son terme lointain au sud ; il y a de l'eau à Adjallela, il y en a à Tadjmout ; chaque fois, remplis bien ta guerba. » Le vieillard étendait ses bras en croix, son visage sans regard était ruisselant de lumière ; il fit un gros effort de concentration.

« Si mes souvenirs sont exacts, qui datent du temps que je fendais d'un seul coup de takouba mon ennemi de la tête au cœur, si ma mémoire n'a pas oublié ce qu'autrefois, il y a bien longtemps — c'était l'année du combat de Tit, l'année de malheur —, mes yeux ont vu, voici ta route, Tamara. La plaine est devant toi.

— Oui, Salem.

— Tu vois deux medjbeds qui semblent s'éloigner côte à côte dans la même direction.

— Aâh, Salem !

— Et pourtant, ils s'écartent insensiblement l'un de l'autre ; ainsi quelquefois deux amis très chers se perdent de vue, croyant cheminer sur la même route ; tu prendras le medjbed de droite, tu marcheras plein sud ; celui de l'est te conduirait trop tôt là où tu dois aller. Tu épargneras ton eau, tu marcheras la nuit, il y aura du sable et encore du sable, plus loin le reg et encore le reg, tu descendras l'oued Zzezir et si Tedemit, ta jeune chamelle, tient ses promesses, le huitième jour tu apercevras les garas plates du Tassili. Alors laisse aller ta bête par les premières traces que tu rencontreras, elles te conduiront aux redirs d'Admer ; l'homme que tu cherches y sera...

— Toi-même, Salem, comment vas-tu retrouver Tamanrasset ? s'inquiète Tamara ; puis-je te laisser seul, ne veux-tu pas venir avec moi ?

— Pour Salem, la nuit est éternelle ; mais il est celui qui voit dans la nuit. Va ton chemin, fille maudite, car tu ne trouveras le repos que dans le sang... Va, ne t'inquiète pas de Salem. »

Tamara pousse un cri apeuré. Vite elle prononce les incantations qui chassent les esprits ; ensuite, en vraie fille du désert, elle agrippe Tedemit par le chanfrein, la fait simplement s'agenouiller, puis bondit en voltige sur la rahla, dans le temps que la bête se relève, et la voilà qui prend la piste, fuyant au trot de sa chamelle blanche vers l'horizon du sud.

Depuis cinq fois vingt-quatre heures, Tamara marche et depuis deux couchers de soleil, elle n'a plus, pour se désaltérer, qu'une infime ration d'eau avec laquelle elle se prépare, à l'issue de la longue étape dans la touffeur et le vent de sable, un peu de thé vert très fort.

Tedemit manifeste des signes de faiblesse ; la

pauvre bête poussée à fond n'a presque rien mangé, dans ce désert intégral. Parfois, dans le lointain, surgissent, plus hallucinantes que les mirages au creux des cuvettes desséchées, des apparitions fantastiques : des tours, des châteaux, puis tout disparaît... Tamara va, tantôt marchant comme une automate devant sa chamelle, tantôt juchée sur sa rahla, à laquelle elle s'attache par la ceinture, pour ne pas tomber de fatigue.

Depuis deux jours, elle ne boit pour ainsi dire plus. Liée à sa bête, elle laisse celle-ci avancer au gré de son instinct et la chamelle marche droit au sud, suivant un cap connu d'elle seule ; Tamara est trop épuisée pour apercevoir les premières traces qu'elle croise : passage de gazelles, d'abord ; puis, quelques empreintes de chameau, enfin un vrai medjbed. Le huitième jour, comme l'a prédit Salem, Tedemit s'abat plutôt qu'elle ne baraque au fond d'une énorme cuvette d'ensablement, parmi une maigre végétation de tamat * à ombelles.

D'elle-même, la chamelle blanche a trouvé les redirs pleins d'eau croupie ; elle s'est allongée sur le sable, tendant son cou pour boire à même la vase ; de son dos glisse un fardeau bleu qui se déploie lentement, s'étire aux côtés de la bête et, comme elle, boit à longues goulées, sans souci des remugles et des bavements du chameau.

Le soir du huitième jour, les esclaves noirs d'Aziouel, Amr'ar * des Taïtoq, qui gardaient un troupeau de chèvres à l'entour du point d'eau, ont trouvé la jeune femme, épuisée, sommeillant à l'ombre d'un tamat ; émerveillés par l'éblouissante découverte, ils ont attendu qu'elle se réveillât.

Tamara dormit toute la journée, toute la nuit et encore tout un jour ; vers le soir, elle ouvrit les yeux, se dressa, aperçut quatre nègres qui la contemplaient avec embarras et, déjà sûre d'elle-même, elle commanda :

« Apporte du lait ! »

Ils lui tendirent la coupe de bois pleine de lait onctueux qu'ils avaient préparée d'eux-mêmes, en prévision de cet instant.

Elle but, but encore... puis, sur le même ton autoritaire :

« Conduis-moi près d'Akou. »

Ils se concertèrent longuement et elle dut menacer.

Alors le plus âgé se leva :

« Comme tu voudras, maîtresse, nous t'attendions. »

Il fallut encore marcher quatre jours en remontant vers le nord-est. Quatre jours à travers les steppes mortes du Tanezrouft, puis dans un vallonnement désert, écarté des pistes communes aux Touareg du Hoggar et aux gens de l'Aïr. Tamara découvrit une tente de cuir rouge ; elle retint un instant Tedemit qui bavait de joie à la vue du pâturage savoureux de girgir *, arrangea son ftas *, drapa son dokkali, frotta ses dents avec un bâtonnet d'acacia, puis, faisant prendre le galop à sa bête, elle l'arrêta pile devant la tente.

« Ma-t-toulid, Akou ?

— Que viens-tu faire ici, messagère de mort ? Et vous, chiens, pourquoi l'avoir dirigée vers moi, cette esclave des Roumis ? Il n'y a plus de place pour elle sous les tentes d'un homme libre. »

Sans écouter les imprécations du Targui, Tamara fait baraquer sa bête, saute à terre et s'accroupit devant l'homme.

« Est-ce ainsi qu'on reçoit Tamara, la plus belle des belles, lorsqu'elle daigne venir sous la tente d'un chef ? Rassure-toi, Akou. Le sang nous lie. Tamara est proscrite, elle aussi.

— Que veux-tu dire ?

— Apporte d'abord le thé », demanda-t-elle, dégageant sa nuque et son buste, et l'homme déjà séduit, fit comme elle voulait.

Tamara passa une partie de la nuit à conter les événements de Tamanrasset. Elle dit tout : l'arrivée du nouveau lieutenant, ce que lui avait rapporté Baba, sa tentative criminelle, enfin le but sacré de la mission et le danger qui menaçait Akou.

« Avec le lieutenant Verdier, peut-être pourrais-tu vivre en paix de longues années encore, avait-elle dit ; mais le boujadi qui vient du Nord te cherchera, j'en suis certaine. Par Allah ! le laisseras-tu s'aventurer impunément dans le Ténéré ?... Ne vois-tu pas que l'occasion est belle, on meurt facilement de soif, là-bas...

— Arrête, femme maudite, pourquoi veux-tu que j'attire la malédiction sur ma tête avec un nouvel assassinat ? Ne crois-tu pas qu'il m'en a coûté de sacrifier le brigadier Moreau, un juste !... Veux-tu qu'à nouveau la terreur règne dans les campements ?...

— Aouah, c'est là langage d'esclave, peuh ! » Et

elle cracha par terre. « Serais-tu devenu Kel Oulli* ? »

La nuit était magnifique.

Tamara, rejetant ses voiles, étira sans pudeur devant la flamme son buste souple comme une liane.

Alors Akou s'approcha... mais aussi vive que le lézard elle avait rajusté son ftas.

« Va ! prends la piste, Akou ; le lieutenant et le chef Franchi partiront d'Issalane pour s'enfoncer vers le sud-ouest... Va, tu n'as pas besoin de tuer... des guerbas crevées, des chameaux empoisonnés suffisent pour détruire une caravane... Le désert se charge du reste. »

Et comme Akou se faisait plus pressant :

« Va, prouve que tu es noble ! Ensuite, reviens chercher ta récompense. »

Akou eut un sursaut.

L'ambition et l'orgueil étaient-ils donc plus forts que l'amour chez cette fille infernale ! Naguère déjà — et le Targui n'a pas oublié l'offense — elle s'était refusée à lui. Et voilà qu'à l'instant de leur réunion, la vengeance lui soufflait ces paroles implacables.

Elle vit le regard de braise qui luisait dans ses yeux.

« Crois-tu, murmura-t-elle, dominant sa pensée, que Tamara fût insensible quand Akou vint la chercher jusqu'au lointain Soudan ? Mais l'heure n'était pas venue, et je t'ai dit d'attendre... Aujourd'hui, c'est moi qui attendrai. Pars, Akou, va-t'en. A cette seule condition, par Allah, je te le jure, je serai tienne pour toujours. »

Alors, subjugué, sentant renaître plus forte que jamais sa passion qu'il croyait éteinte, le rebelle décida, le même soir, de partir...

Akou avait disparu dans la nuit, sous le ciel bas et cuivré, un ciel plus soudanais que saharien... Mais à peine avait-il fait baraquer son méhari quelques heures plus tard, au dernier tilmas avant la grande étape sans eau, que Tamara le rejoignait, silencieuse et énigmatique sur sa chamelle blanche. Elle avait fait agenouiller Tedemit, proche le gesh du Targui, et une fois à terre, desserré elle-même les sangles de la rahla, enlevé les dahabiahs et les ouigs*, dénoué l'arzema, et d'un coup de cravache, relevé la bête trempée de sueur.

Akou, surpris, avait attendu qu'elle daignât s'expliquer. Elle avait préparé le thé, lentement, rituellement et, après la troisième tasse, elle avait enfin regardé le guerrier dans les yeux.

Lui, relevait pudiquement son litham jusqu'au front.

« Me voici, Akou ; j'ai décidé de t'accompagner car je ne veux pas que tu aies d'autre volonté que la mienne. Je le sais, tu faiblirais, et il ne le faut pas, car je n'ai d'autre amour que ma haine. Seul, tu suivrais des chemins trop faciles... »

Le Targui avait protesté à peine. Il était à nouveau envoûté par cette femme-enfant si prodigieuse de volonté et d'audace. Il savait qu'elle avait raison. Les Kel Hoggar n'ont-ils pas de tout temps été poussés vers la guerre par leurs mères, sœurs ou épouses, restées aux campements ? Il se souvenait encore du retour sans gloire d'un rezzou malheureux chez les gens du Touat... Il ne leur restait plus que quelques chameaux valides, et, pour vivre sur le long chemin du retour, ils avaient mangé les graines atroces de la coloquinte, des herbes, des insectes ; partis quarante, ils revenaient six ! Et lorsqu'ils avaient débouché de la Koudia sur les campements cachés dans un repli de l'Atakor, ils y avaient été accueillis par les malédictions des femmes. La honte au front, ils avaient dû prendre de nouvelles montures et repartir, sur l'heure, sans goûter aux douces joies de l'ahal, sous la tente... Ah ! oui, songeait Akou, les femmes de notre race commandent et nous obéissons.

Ce soir-là, altéré d'amour, il s'était approché de Tamara qui dormait étendue sur le sable ; mais plus prompte que lui, elle s'était dressée d'un bond avant qu'il ne la touchât :

« Arrière, avait-elle grondé, mérite ta récompense, je n'ai qu'une parole... »

Il n'avait plus insisté.

Ils étaient repartis à l'aube à travers cette hammada* de mort ; dix jours sans eau. Akou se guidait aux étoiles. Ils marchaient sur un sol rocheux qui sonnait creux sous leurs pas ; les soles des chameaux faisaient un bruit feutré et monotone. Quand ils s'arrêtaient, le silence était total. Pas un oiseau, pas un insecte, pas un animal vivant... Un vent de sable les avait surpris sur ces étendues d'où nul ne revient. Le soir, Akou, plein de terreur, alors qu'ils cherchaient en vain une étoile dans le ciel, avait conté l'histoire d'un noble Kel Rela, parent d'Aramoukh l'Aménokal :

quelques années plus tôt, revenant d'In Azaoua sur Tamanrasset avec sa famille et quelques serviteurs, il s'était égaré dans l'Im Meskor par vent de sable... La tornade avait duré huit jours ; jamais plus on n'avait eu de nouvelles de la caravane. Durant les mois d'hiver, tous ceux de sa tribu avaient envoyé des méharistes de grand renom patrouiller dans ce désert entre les déserts ; ils n'avaient rien trouvé, ni cadavres ni traces !

Mais pour Akou et Tamara, le ciel était clément. Le septième jour, ils n'avaient plus rien à manger ; cependant, leurs chameaux en bonne forme pouvaient encore marcher ; alors ils s'attachèrent sur les rahlas et laissèrent aller les bêtes. Le dixième jour, ils étaient aux tilmas d'In Abeggi... Il y avait des campements dans l'oued. Ils burent. Ils mangèrent. Chacun, ici, savait ce qu'ils venaient chercher, mais, d'un accord tacite, personne ne les questionna.

C'est alors qu'Ag Oudaden, sans raison aucune, était apparu, venant du nord. Par lui, ils apprirent ce qu'ils voulaient savoir.

CHAPITRE XVI

FRANCHI talonna son alezan afin que la bête, comblant son retard, pût venir à hauteur de l'Oudane, le méhari noir aux balzanes bleues. Beaufort, enroulé dans son chèche et ses burnous, somnolait, au rythme de la méharée.

« Enfin ! on respire mieux, mon lieutenant, fit le Corse, traduisant l'allégresse générale. J'en avais jusque-là de leur Atakor de malheur. J'aime mieux ça ! » Et il montrait l'horizon nouveau qui, depuis le matin, succédait aux plans tourmentés du Hoggar.

A peine quittées les gorges de Taguienount, le paysage s'était élargi, la symphonie funèbre des roches noires et indigo avait fait place aux élancements de sommets cristallins. Ils durent traverser de grandes plaines dont le sable blanc, chassé par le vent, venait battre comme un ressac la base des hautes montagnes bleues, isolées comme des forteresses.

C'était un nouveau Sahara, blanc, jaune et fauve... un reg facile apparut ensuite ; sur cette pénéplaine, ils avancèrent rapidement malgré la forte chaleur.

Les Chaamba manifestèrent leur joie de retrouver des paysages familiers ; ils étaient, ces fils des plaines et des grands ergs, comme obsédés par le chaos montagneux, peuplé de gens d'une autre race, qu'ils venaient de traverser ; ils étouffaient dans les gorges étroites où parfois deux hommes ne pouvaient marcher de front.

Il leur semble maintenant que, dans ces larges étendues, ils peuvent prévenir plus facilement le guet-apens possible. Aussi le Touati, juché sur sa fine bête nerveuse, berce-t-il des sons grêles de sa raïta la marche brimbalante du convoi. Et Chaambi Ahmed improvise mezzo voce.

L'ordre de marche de la colonne s'est modifié avec les conditions du terrain, bien qu'elle progresse toujours à la mode touarègue : les chameaux attachés à la file indienne, la bête de tête seule étant conduite par un sokhrar ; les méharistes isolés se sont groupés par affinités ; ils peuvent chevaucher côte à côte, bavarder. Lignac ne s'en prive pas ; il va tout joyeux d'un groupe à l'autre, s'arrête, photographie, fait baraquer son chameau pour ramasser des échantillons minéralogiques ; on entend alors les cris furieux de la bête qui proteste, cou tendu vers la caravane et les jurons énergiques du Gascon qui cherche à la retenir ; puis l'infatigable saute en selle et rejoint au grand trot, faisant tournoyer l'arzema en méhariste consommé.

Ils vont jour après jour sans qu'il y ait de changements notables dans l'aspect du paysage cristallin. La chaleur est de plus en plus forte, car l'altitude diminue. Des deux mille mètres de la Koudia, ils sont passés à neuf cents mètres et chaque jour ils s'enfoncent un peu plus vers les grandes plaines inconnues de l'Est.

Les pâturages sont maigres, les puits inexistants ; il n'y a plus de gueltas dans les creux de rochers et dans les oueds, les redirs sont à sec. Les bêtes affamées arrachent en marchant des brindilles sèches de drinn. Il n'a pas plu depuis des années dans ce secteur du Sahara.

Beaufort se dirige à la boussole vers le relèvement bien problématique du puits d'Issalane, mais son plus sûr garant est la présence de Djana, le petit noir originaire du Ténéré, qui longtemps nomadisa dans ces régions et celles situées plus au sud. C'est lui, le véritable guide et on s'en aperçoit d'autant mieux que le Fils du Loup devient de jour en jour plus morose et plus taciturne. Il éprouve une répugnance innée à s'enfoncer dans ces régions plates où ceux de sa race ne viennent jamais.

Il n'est plus question de marcher le jour. Il faut faire des étapes semi-nocturnes ; on lève le camp à deux heures du matin ; on marche jusqu'à dix heures ; on repart après une longue sieste ; on s'arrête à la tombée du soleil. Le thermomètre enregistre, à l'ombre, 50 et 55° dans la journée et ne descend guère au-dessous de 40° durant la nuit.

Si Franchi et Lignac supportent assez facilement ce climat, Beaufort, par contre, en souffre beaucoup. Il faut à ce montagnard la fraîcheur des nuits pour rester en bonne forme. Mais il n'a pas une plainte ; les épreuves l'ont mûri et chaque jour l'affermit davantage dans son commandement.

Chaambi Ahmed a remarqué ces nouvelles dispositions ; il a dit au Touati :

« Choûf ! le lieutenant, maintenant, il sait tout... »

Le sixième jour depuis le départ de Taguienount, il y eut un incident significatif. C'était l'heure chaude de la gaïla. Ils se reposaient sous l'ombrage desséché d'un tahla rabougri lorsque Chaambi Ahmed vint avertir :

« Mon lieutenant, Ag Oudaden revient ! »

Les yeux d'aigle du Chaambi avaient identifié le Targui, simple point noir à peine visible sur la ligne d'horizon du reg au sud-ouest du camp. Immédiatement, chacun interrompit sa sieste pour assister au retour de l'homme, mais Beaufort intervint ; il demanda aux siens de paraître indifférents. Déjà, au départ de Taguienount, il avait feint de n'attacher aucune importance à l'absence d'Ag Oudaden et avait coupé court aux explications du Fils du Loup : « Ne m'ennuie pas avec tous ces petits détails, Mohammed, seulement, une autre fois, préviens le chef Franchi. »

Chaambi Ahmed n'avait pas été dupe. Depuis cet événement, on avait formé chaque soir un carré parfait, et deux Chaamba veillaient à tour de rôle, pendant qu'un troisième doublait le sokhrar de garde au pâturage.

Là-bas, sur l'horizon, le point noir grossissait.

« S. O. 220, remarqua Lignac, qui nota sur son

carnet. Les chameaux ont de bonnes jambes dans ce pays. »

Alors qu'il était à quelques kilomètres et en vue du camp, Ag Oudaden, au lieu de venir directement se présenter à son chef, ainsi que le veut l'usage, fit obliquer sa bête en direction d'un oued, dans un ravin masqué, où les chameaux de la mission paissaient la maigre végétation.

« Ce bâtard sait exactement où trouver le pâturage, maugréa Franchi.

— Attendons, et laissez-moi faire », ordonna Beaufort.

Une heure plus tard, à pied cette fois, Ag Oudaden se présenta au camp, alla s'accroupir près de Mohammed Ag Adjoulé et de ses compagnons au litham sombre ; il paraissait exténué de fatigue et but goulûment à même la manassa que lui présenta le Fils du Loup.

Beaufort ne posa aucune question, joua l'indifférence.

A la tombée du jour, le lieutenant se leva, s'éloigna sur le reg, disparut dans le ravin où paissaient les bêtes. Quand il revint beaucoup plus tard, il fit appeler Mohammed Ag Oudaden et Chaambi Ahmed. Ag Oudaden avait fait toilette et portait un litham relevé si haut qu'on ne voyait plus que ses yeux de fouine fuyants et mobiles.

« T'es-tu ennobli subitement, Ag Oudaden, que tu ne montres plus ton nez et dédaignes de venir me saluer ! » ironisa le lieutenant.

Le Kel Oulli ne répondit pas, ajusta plus serré son litham.

« Alors, Mohammed, qu'a-t-il fait pendant ces

six jours ? n'a-t-il pas à raconter d'aventures ?... interrogea Beaufort.

— Il dit que le chameau appartenait à des Issokhamaren*, et qu'il a voulu regagner seul ses anciens pâturages ; il dit qu'il l'a suivi à la piste pendant trois jours et trois nuits, et qu'il l'a retrouvé loin vers l'ouest. Il dit qu'il est très fatigué.

— Et comment s'est-il nourri, Mohammed ?... »

Le noble hésita imperceptiblement.

« Il a rencontré quelques tentes qui lui ont donné de l'eau et de la bechna...

— Et que dit-on dans les campements ? »

Mohammed eut un geste vague et se tut.

« Depuis quand, Mohammed, les chameaux s'enfuient-ils du pâturage tout harnachés pour la course ? lança subitement Beaufort. Sans doute les djenoun l'avaient-ils sellé tout exprès, ou bien les kellesoufs ? »

Les deux Touareg eurent des gestes effrayés. Chaambi Ahmed ricana. Il avait, pendant ce court interrogatoire, contrôlé l'interprète.

Beaufort renvoya Mohammed et Ag Oudaden sans les questionner davantage.

Quand il fut seul avec ses compagnons, il rit franchement.

« L'animal a bien essayé de camoufler sa bête, mais j'avais été frappé par le fait que, contrairement aux usages, il avait conduit son chameau vers le gros du troupeau au pâturage avant même de venir nous rejoindre. C'était là besogne d'Hartani ! Jamais un Targui — même de basse naissance — n'est-ce pas Lignac ? ne se présente à pied au campement, surtout lorsqu'il a la chance de monter une belle bête ?

— J'ai remarqué le fait également, constata Franchi.

— Ce soir, je suis allé voir les chameaux. La monture d'Ag Oudaden paraissait fourbue, elle était baraquée dans le sable à côté d'une touffe et ne mangeait même pas. J'ai bien peur qu'elle ne crève ; de plus sa robe était trempée de sueur à l'endroit où l'on selle. Nul doute qu'Ag Oudaden ne l'ait empruntée et sellée pour son propre compte ou celui de Mohammed. Ces gens-là sont bien naïfs...

— Je peux vous dire, à peu près, l'itinéraire suivi par notre vagabond, fit Lignac. Quand il est apparu à l'horizon, j'ai pris son cap : S. O. 220. Nous sommes près du Tadent ; en suivant ce cap sur la carte, nous arrivons droit aux tilmas d'In Abeggi, sur la piste directe de Tamanrasset à In Azaoua. Voilà où s'est rendu, convié à un mystérieux rendez-vous, notre homme. Pas étonnant que son chameau soit crevé... Trois cents kilomètres, au bas mot !

— Que faisons-nous, Lignac ? et vous aussi, Franchi ? Conseillez-moi. J'ai confiance en votre expérience.

— Vous avez traité l'incident comme il le méritait, mon vieux Beaufort ; je vous admire, en peu de temps vous vous êtes assimilé la mentalité touarègue ; vous ferez un parfait Saharien ! Feindre l'indifférence tout en laissant voir qu'on n'est pas dupe. Avez-vous vu la tête du Loup ? Furieux ! Pour moi, rien de grave là-dessous ;

toutes les histoires que vous écrit Verdier, le guide les connaît ; elles courent le Sahara. Mohammed est encore plus intéressé que vous aux faits et gestes d'Akou. Il est responsable devant le chef d'Annexe et l'Aménokal de notre sécurité. Il ne commettrait pas l'erreur de vous trahir... Non ! Méfions-nous, d'accord ; mais ne nous inquiétons pas ! » conclut Lignac, approuvé mollement par Franchi.

« Demain ou après-demain, d'ailleurs, nous serons à Issalane. »

Il leur fallut encore deux longues journées avant d'atteindre le massif du Tadent, dernier bastion au seuil des tanezroufts de l'Est. Enfin, l'ayant traversé, ils arrivèrent dans la large vallée où se trouve le puits d'Issalane, important point d'eau sur la piste des caravanes, l'ancienne piste des esclaves du Niger au Fezzan.

Verdier avait tenu parole ; une vingtaine de petits chameaux hoggar attendaient sous la garde de deux goumiers et de deux sokhrars.

Il y avait, en outre, du courrier et du ravitaillement ; malheureusement l'eau d'Issalane était infecte.

Elle laissait aux abords du puits, sans margelle, là où l'on avait abreuvé les chameaux dans de grandes touques de toile, une efflorescence natronée qui témoignait de sa forte teneur en sel. Les Touareg et les Chaamba n'y prêtaient guère attention, ni Franchi dont l'estomac saharien cuit et recuit digérait toutes les sauces ; mais Beaufort, moins entraîné, en subit immédiatement le contrecoup.

Ravagé par la dysenterie, courbé en deux par la souffrance, il accomplissait stoïquement son travail, conscient de ses responsabilités à la veille du saut dans l'inconnu. En quelques jours, il avait énormément maigri et ses joues creuses, ses pommettes saillantes soulignées par un collier de barbe noire comme jais, ses yeux fiévreux enfoncés dans les orbites conféraient à son visage un pathétique extraordinaire.

Chaambi Ahmed, le fidèle, s'inquiétait ; il s'en ouvrit à Franchi, car Lignac, absorbé par la vérification de ses instruments, par le calcul des différences horaires enregistrées par plusieurs chronomètres, semblait complètement détaché des contingences humaines.

« Chef ! le lieutenant, il est malade, fit gravement le Chaambi. Il ne pourra pas marcher, si faible il est !

— Et que veux-tu faire, dis-moi ? Il faut que son estomac s'accoutume à l'eau natronée ; j'ai mis deux ans pour acclimater le mien.

— Je sais, chef ! Te souviens-tu du retour de Taoudeni sur Adrar ? L'eau de tous les oglats* était pourrie ; les hommes, ils marchaient sans sarrouel et ils avaient les jambes toutes rouges du sang qu'ils perdaient...

— Mais chaque jour nous rapprochait des eaux douces, Chaambi ; tandis que Dieu seul peut dire quand nous trouverons à nouveau de l'eau, si nous en trouvons.

— Que faire ? »

Un beau matin, Djana disparut comme par enchantement. On l'avait laissé la veille au pâturage ; le lendemain, quand il s'agit de le remplacer à la garde des bêtes, il était parti.

« Si les désertions commencent, dit Beaufort inquiet, nous ne sommes pas au bout de nos peines... J'avais tellement confiance en Djana, et c'était le seul qui connaisse les régions où nous sommes.

— Mon lieutenant, je ne peux pas croire que Djana ait déserté. Il sera le dernier à y songer, croyez-moi, assura le Corse.

— Alors ? »

La journée se passa dans la tristesse. Le camp était envahi à nouveau par les tornades de sable. Elles arrivaient du sud-est avec une violence sans cesse croissante. Il fallait alors arrêter tout travail, le mieux était de se coucher sur ses couvertures, de s'enrouler dans son burnous et de dormir en essayant de ne plus penser.

« Sale bled ! Tant qu'on est en bonne santé, ça va ; mais le moindre incident met à bas son homme, fit Lignac ; une fois j'ai eu comme ça une crise d'appendicite aiguë ; par chance, au bout de trois jours, la crise a passé ; mais nous étions en hiver ! La température était supportable. Nom de D..., jura Lignac... la garce ! »

Déjà il cravachait la mince lanière brune qui se tortillait sur le sable.

« Et de trois, fit-il satisfait.

— Encore une vipère ? s'inquiéta Franchi.

— Oui, j'avais ouvert les choiries* qui contiennent mes caméras ; elle était lovée dans le sac. »

Ce camp d'Issalane semblait marqué par le sort. Il était infesté de vipères cérastes. La veille, ils en avaient tué une alors qu'ils se disposaient à manger. Une heure après, Beaufort en avait senti une autre remuer sous son tapis de sol. Les Touareg avaient établi leurs dokkalis sur de petites banquettes de sable hautes de vingt à trente centimètres...

« J'aurais dû penser à ça, mon lieutenant, dit le Corse, car vous ne le savez peut-être pas, les vipères contournent un obstacle vertical mais ne l'escaladent pas. »

Un soir, alors qu'ils étaient réunis pour la chorba, Djana revint aussi mystérieusement qu'il était parti... Il s'approcha sans crainte du cercle des Blancs et déposa une lourde guerba devant le lieutenant.

« Chrrab ! Bois ! »

Déjà Franchi avait deviné ; il dénouait le lacet de fermeture qui serrait le col de l'outre, emplissait une manassa et tendait la coupe au lieutenant. Miracle ! l'eau était fraîche, et douce...

« Où as-tu trouvé ça, Djana ? » questionna Lignac.

L'autre expliqua qu'étant jeune, il avait suivi une fois la piste de Rhat, et qu'il se rappelait un aguelmam où l'eau était bonne ; il ne savait pas exactement la distance, mais il se souvenait de l'étoile qui permettait de le retrouver. Alors il avait pris une guerba et un chameau de bât, et il avait marché toute la nuit. Au jour, il avait trouvé le point d'eau de Tadoumet, il avait creusé le sable à distance du tilmas car les bêtes sauvages l'avaient souillé et l'eau pure était apparue aussitôt. Il l'apportait pour guérir le lieutenant.

« C'est bien, Djana, tu es un homme... », fit Franchi.

Déjà le petit esclave avait rejoint le feu des serviteurs à l'autre bout du camp.

Beaufort, trop ému pour parler, s'était tu.

La santé lui revenait rapidement. Djana l'avait sauvé. Il put se redonner en entier à la préparation du raid. Il y eut un grand palabre auquel fut convié Mohammed. Beaufort expliqua le but de son voyage : explorer le Ténéré, marcher droit au sud-est pendant quinze jours, puis, si l'on n'avait rien trouvé, revenir franchement ouest jusqu'à l'Aïr.

Silencieux jusque-là, Mohammed se montra tout à coup fort bavard.

« Dis au lieutenant, fit-il à Chaambi Ahmed, qui traduisit, dis au lieutenant que là où il veut aller, il n'y aura ni pâturages, ni eau, que les bêtes crèveront, que nul homme ne s'y est jamais aventuré. Dis-lui que Mohammed ne peut risquer son honneur de chef et conduire une mission à sa perte. »

Le palabre dura longtemps. Beaufort insistait. Le Fils du Loup protestait de plus en plus. Il avait vu les signes ; le malheur s'abattrait sur les gens. Le sorcier consulté avant son départ lui avait bien recommandé de ne pas entrer au pays des kellesoufs et des esprits... Pourquoi donc persister dans un projet si fou ?

Nulle tasse de thé, nul cadeau n'avait pu fléchir le noble.

« Il nous casse les pieds, le Mohammed, dit Lignac, familier ; pas moyen de lui faire comprendre que nous voulons justement aller là où personne ne va... On va essayer d'un autre moyen. »

Le lendemain, à la même heure, Mohammed fut à nouveau convié.

« Tu es un grand guide, Mohammed, fit dignement Beaufort ; tu es un grand guide parmi les plus grands et le plus noble parmi les nobles. Le lieutenant Verdier, il t'a en estime, que dirait-il s'il te voyait avoir peur, toi le guerrier ?

— Je n'ai pas peur, mon lieutenant ; mais il ne faut pas aller là où personne ne va... Le malheur t'y attend...

— Tu es un bon guide, Mohammed ; mais je vais te prouver que je suis encore plus grand guide que toi... Tu vois cette petite boîte (il lui montra sa boussole), avec elle je sais tout ; regarde ! » L'officier fendit la nuit d'un geste du bras, pointa sa main dans une direction : « Ici se trouve Tin Missao, à vingt-cinq jours de chameau, est-ce exact ? »

Le Targui réfléchit longuement, consulta les étoiles, fit entendre un grognement d'approbation.

« Bon ! Eh bien, maintenant, demande-moi la direction d'un puits quelconque et je te répondrai. »

Tour à tour, Beaufort satisfit aux questions du Targui. Celui-ci, à dessein, croisait les directions, passant des Ajjer aux Iforas, puis, soudain, nommait un point du Mouydir. Beaufort triomphait...

« Alors viendras-tu avec moi ?

— Il ne faut pas aller là-bas, mon lieutenant, s'entêta le Targui.

— Tu me caches quelque chose. Si un danger menace la colonne, il ne vient pas des kellesoufs ni des djenoun ; il vient d'un traître...

— Par Allah ! je te jure, ne va pas là-bas... »

Ils renoncèrent à le presser davantage.

TROISIÈME PARTIE

DJANA

CHAPITRE XVII

D'UN dernier effort des jarrets ployés, Merzouk, le petit méhari targui à la robe rouge qui remplaçait l'Oudane aux balzanes bleues, se projeta sur le sommet du plateau.

« Une véritable chèvre, ce jeune méhari, remarqua avec satisfaction Beaufort. Pas représentatif, mais vigoureux et nerveux. Qu'en pensez-vous, Lignac ? »

Il passa l'arzema au Touati, qui entraîna à petite distance leurs deux montures.

Gravir les quelque cent mètres de la falaise calcaire qui bordait à l'est la vallée d'Issalane avait été une rude affaire. Plus de piste désormais, ni même d'aberakka permettant, comme en Koudia, d'éviter les plus mauvais passages. Ils avaient marché à l'aventure. Beaufort avait pris la tête, tirant derrière lui comme un jeune chevreau sa nouvelle monture. A ses côtés, trottait Djana, le petit noir. L'esclave allait devant, éclairait la marche, déplaçait les blocs, faisant à lui seul le travail de quatre hommes.

Derrière Beaufort suivait Lignac ; Franchi avait accepté de faire le serre-file. On avait mis en tête du convoi Chaambi Ahmed. Il ne fallait plus compter sur les Touareg !

Les deux hommes s'approchèrent du bord de la falaise. On entendait le bruit de la caravane en marche : les cris des sokhrars, les blatèrements des chameaux, les appels des goumiers et parfois, s'élevant sur le tout, la voix de Franchi hurlant des ordres. Des pierres croulaient ; un serpent de fumée marquait les dizaines de lacets suivis par l'expédition. Le dernier chameau passé, un véritable sentier, le premier qu'eussent tracé bêtes ou gens dans cette partie du Sahara, resta marqué.

Ils laissaient derrière eux la vallée d'Issalane, avec son grand medjbed orienté vers le sud-ouest, dans la lointaine direction d'In Azaoua. Il faisait beau, les horizons étaient extraordinairement dégagés. Aussi loin que l'œil portât vers l'ouest, se profilaient l'enchevêtrement des pics du Hoggar et, plus au sud, les entablements calcaires des premiers tassilis. Beaufort et Lignac avaient cessé de parler. Ils refaisaient mentalement le long trajet à travers les cañons désertiques et leurs pensées chevauchant les nuages effilés, que dorait le soleil levant, se reportaient là-bas, vers le seul point du monde qui existât encore pour eux, Tamanrasset, dans son cirque de montagnes violettes, où Verdier, sans doute, entre deux palabres avec ses administrés, suivait sur la carte leur progression incertaine.

Vers le nord, vers l'ouest, c'était la vie.

Il leur fallait maintenant se retourner vers l'est.

Devant eux commençait l'énorme, l'incommensurable pénéplaine du Ténéré. Ce qu'ils voyaient n'était rien moins que rassurant : la hammada à perte de vue, un reg ondulé, très caillouteux, sans un arbre, sans une brindille, un horizon sans limite, la plaine rejoignant le ciel, le ciel qui s'embrasait des premières lueurs du soleil. L'astre apparut tout à coup énorme, monstrueux, globe pourpre légèrement aplati aux deux pôles, maculé de traînées écarlates, fines lanières de cirro-stratus. Il éblouit les deux Français d'un jet de lumière rose, qui fit rutiler comme des bijoux les cailloux de la hammada.

Les autres arrivaient à leur tour et le convoi se regroupait avant le grand départ.

« 16 septembre, cinq heures, Issalane à 300°, pointons sur 182°, repère néant, hammada pierreuse, pas de végétation, paysage désertique absolu, température lever de soleil : 38° », nota Lignac sur son carnet.

Beaufort prit soigneusement ses angles de marche.

Il attendait que tous les chameaux fussent rassemblés sur le haut plateau, les hommes à leur poste et que Franchi eût rendu compte.

« Tout s'est bien passé dans l'akba, mon lieutenant !

— Pas de charges défaites, de betillas crevées ?... Il serait encore temps d'y parer.

— Rien !

— Bon ! Il ne nous reste plus qu'à remonter en selle. »

Il donna l'exemple ; serrant le chanfrein de sa

bête, il la fit agenouiller et bondit en voltige sur le cou, puis derrière la croix de la rahla. Déjà le petit chameau rageur était debout. Lignac et Franchi, Chaambi Ahmed, le Touati, Si Hamza, Kader El Tidjani, Chérif Ould Yahia lui-même qui, jusqu'à présent, avait passé inaperçu, talonnèrent leur bête pour faire cercle autour du lieutenant ; Beaufort nota que Mohammed restait ostensiblement à l'écart.

« Oh ! Mohammed, ceci est pour toi aussi, viens ! »

Le Kel Rela, comme à regret, les yeux fuyants derrière le litham, vint serrer les autres. Son étalon blanc aux flancs amaigris semblait épuisé par la montée de la falaise.

« Franchi, vous traduirez », fit Beaufort.

Bien droit sur sa rahla, il désigna de sa cravache les grands espaces devant eux. Tous sentirent passer un frisson : inquiétude, espoir, joie ou crainte ? Ils n'auraient pu définir.

« Nous allons marcher quinze jours dans cette direction. Nous avons de l'eau et des vivres en conséquence ; mais je vous demanderai de vous rationner dès le départ à six litres par jour ; Chaambi Ahmed veillera à la distribution d'eau et chaque soir me rendra compte. Pour les bêtes, j'espère trouver quelques pâtures, le Sahara a toujours livré quelques touffes sèches à la mâchoire des baveux ; il en sera, je pense, ainsi pour nous ; mais nous disposons de deux jours de fourrage sec ramassé à Issalane et de huit jours de dattes séchées pour entretenir nos bêtes... Je vous promets ! si d'ici une quinzaine nous n'avons rien trouvé dans cette direction, nous reviendrons plein ouest. En quelques étapes, nous regagnerons alors les premiers puits de l'Aïr. Et maintenant, en route ! »

Sans leur laisser le temps de la réflexion, il avait courbé le col de sa monture vers le sud-est, et il s'éloignait vers le vaste inconnu, ouvrant le sillage de la caravane.

Terra Ignota ! Combien de fois l'avait-il souhaité ce grand matin du départ définitif ! Il n'y avait plus chez lui ni angoisse, ni sombres prémonitions ; la dernière amarre tranchée, il revivait mystérieusement. Jamais paysage ne lui avait semblé plus accueillant. Le soleil qui les prenait en écharpe allongeait démesurément l'ombre oblique des chameaux — dont la longue file s'étirait vers l'ouest — et Beaufort, qui avait remisé le compas dans sa musette, se guidait sur cette ombre pour conserver son cap immuable : sud-est 180°.

Il n'y avait plus de traces, rien ; pas même un medjbed abandonné, pas même une empreinte de mouflon se rendant au puits. Un instant, il se retourna ; à l'ouest comme à l'est, au nord et au sud, tout était à présent uniforme. Les ponts étaient coupés !

Vers dix heures, la chaleur devint telle qu'il fallut s'arrêter. On baraqua sur place, chameaux entravés, sans rien leur donner ; les hommes s'enfouirent sous leurs burnous et leurs couvertures, pour se protéger de l'haleine brûlante du sable. A quinze heures, ils repartirent, rapidement. Sur ce terrain facile, le convoi suivait l'allure des méhara. Les hommes s'étaient tus, il n'y avait pas de chansons comme à l'ordinaire. Tous marchaient avec gravité.

« Est-ce donc si aisé de faire son chemin sur un terrain vierge ? » songeait Beaufort. Savoir, savoir ! Il fouillait des jumelles les lointains devenus, sous l'effet de la chaleur, flous et mouvants ; les lignes de stratus montaient sur l'horizon, un moment le ciel devint tout pommelé ; puis, les nuages disparurent d'un coup, cependant que la légère et impalpable brume de sable pleuvait doucement sur la hammada.

Ils bivouaquèrent le soir dans un maader* où croissaient quelques touffes de graminées. Beaufort décida que les chameaux s'en contenteraient. On forma un carré parfait, quoique le spectre d'Akou se fût dispersé comme les cirrus du matin au lever du soleil. Qui donc viendrait chercher la caravane en des lieux si inhospitaliers ? Avant que la nuit ne tombât, Beaufort fit le tour du camp. Les sokhrars avaient déjà entravé les bêtes et celles-ci, mal nourries, criaient leur faim lamentablement. Abrités derrière un petit talus érodé, les Touareg avaient rassemblé leurs méhara ; Mohammed, accroupi à son habitude, regarda venir le lieutenant sans se lever. Ag Oudaden, au centre, distribuait à chaque bête des poignées de drinn sec qu'il avait prélevé sur les réserves. Lui non plus ne fit pas un mouvement lorsque Beaufort se présenta.

« Qui vous a permis de toucher aux réserves ? fit observer sèchement Beaufort. Ne sais-tu pas que c'est interdit ?

— Nos montures sont épuisées.

— Pourquoi êtes-vous les seuls à ne les avoir pas changées à Issalane ? Regarde ! les nôtres peuvent supporter la faim, leur bosse est garnie... Je t'interdis, Mohammed, je t'interdis, tu m'entends, de toucher aux vivres de réserve sans mon autorisation... »

Il revint vers le camp, furieux.

« Ces Imochars mijotent un coup.

— Quand leurs chameaux seront à bout, ils s'en iront ! dit philosophiquement Lignac. Pour ce qu'ils nous servent d'ailleurs ! »

Des feux de camp crépitaient les étincelles. Il n'y avait plus qu'une sourde rumeur humaine concentrée dans la cuvette de glaise craquelée.

Chaambi Ahmed, qui avait fait le tour du carré et vérifié les entraves des méhara, — il n'eût pas fallu que l'un d'eux retournât à Issalane ! — vint sans façon s'accroupir auprès des chefs.

« Alors, Chaambi Ahmed, tout est en ordre ?

— Tout y est, mon lieutenant... tout.

— Es-tu heureux, Chaambi, fit Beaufort, es-tu heureux ce soir ?

— La baraka* sur nous, mon lieutenant, la baraka. En vérité, la lune est belle.

— Ne crains-tu rien ?

— L'homme juste ne craint rien. Pourquoi craindrais-je, c'est kif-kif Tanezrouft ici ; mais nous avons de l'eau et des bêtes, et tu as la boîte magique.

— Mohammed Ag Adjoulé n'est pas de bonne humeur.

— Laisse, Mohammed et les autres Touareg,

c'est kif ouallou ! rien du tout. » Le Chaambi se tut un moment, la lueur mouvante des flammes éclairait son visage boucané et sa courte barbiche ; puis il reprit : « Demain, ou après-demain, vent de sable, mon lieutenant... le reg, il finira, c'est sûr !... »

Pourtant tout était plat alentour et, aussi loin que portât la vue dans cet horizon circulaire, rien n'annonçait un changement prochain de relief.

Ils repartirent dès l'aube, toujours axés sur 180° et, toute la journée, comme la veille, ils marchèrent sur un plateau pierreux qui, insensiblement, d'une hammada caillouteuse se transformait en un reg de sable fin et dur.

L'avance était facile et monotone. Rien jusqu'à ce jour ne s'était offert à leur curiosité scientifique. Rien !

« Des pointes de flèches, des ossements de poisson, quelques haches néolithiques, c'était bien la peine de venir ici », songeait Lignac.

Juste avant le coucher du soleil, la silhouette d'un mouflon se dressa à quelques centaines de mètres devant eux. D'où venait-il ? Il semblait miraculeusement surgi des entrailles de la terre. Déjà Sidi-Bouya s'avançait. Beaufort sauta à bas du méhari rouge et commença l'approche. Le mouflon semblait rivé sur place. Beaufort distinguait très bien maintenant ses cornes énormes rabattues sur ses flancs, sa barbe de patriarche confondue avec les manchettes de ses jambes... son regard d'idole ! A ses côtés, Sidi-Bouya rampait.

« Arrête, mon lieutenant ! Arrête, c'est un kellesouf, arrête ! Un vrai mouflon, il partirait. »

La bête restait figée. « Hausse trois cents, plein guidon », fit mentalement Beaufort. Il visait soigneusement ; le coup partit et cela fit un claquement à peine perceptible dans ce grand vide ; là-bas, le mouflon après un bond s'était abattu, foudroyé. Domptant sa peur, Sidi-Bouya hésitait à l'achever.

« Alors, fit Beaufort, tu vois bien que ça n'est pas un djinn, froussard, on ne tue pas les djenoun... »

Peu convaincu, le chasseur ploya le col de la bête face au levant et l'égorgea rituellement.

« Ça prouve que peu de gens sont venus par ici, Beaufort, constata Lignac ; sans doute était-ce la première fois que la pauvre bête avait l'occasion de voir un être humain.

— C'est exact, j'ai eu l'impression de commettre un crime. Le mouflon me regardait sans crainte et moi, ai-je bien fait, ai-je mal fait ?... Il nous fallait de la viande pour améliorer notre ordinaire. »

Le carré fut formé comme la veille sur la désespérante plaine morte. Mais il n'y eut ce soir-là ni touffes sèches, ni paille pour les chameaux. Beaufort plaça le Touati en sentinelle, près des réserves de drinn. Il présida lui-même à la distribution du fourrage, selon les règles immuables du kanoun saharien.

Ahmed se frottait les mains de satisfaction.

« Les montures du beylick d'abord, disait-il, ton chameau, les nôtres et puis les chameaux de bât de la caravane, enfin ceux des Touareg. »

Beaufort hésita un instant ; était-il politique de

servir en dernier le Fils du Loup, déjà si renfrogné ?

« Il connaît le règlement, mon lieutenant, trancha Franchi. Il ne dira rien. D'ailleurs, pourquoi le ménager ? D'ici deux jours, il nous aura quittés.

— Qu'est-ce qui vous le fait prévoir ?

— Voyons, aurait-il gardé son méhari blanc à bout de souffle ? Rassurez-vous, pour ne pas perdre la face, il consent à faire route quelques jours, mais dès qu'il se jugera suffisamment éloigné, il trouvera prétexte à revenir, et l'état de sa bête lui en fournira un excellent. »

Au cours de la nuit, le vent se leva ; il arrivait par rafales violentes, balayait l'immense reg et s'enfuyait en hurlant, puis succédait une période de calme et de silence.

Beaufort ne dormit guère ; il écoutait la rumeur familière du camp. Les feux, ce soir-là, étaient maigres, car il fallait économiser le bois ramassé la veille au dernier maader. Les Chaamba, gorgés de viande de mouflon, bavardaient très haut. Les Touareg, repliés sur eux-mêmes, palabraient à distance, de plus en plus fermés, de plus en plus hostiles. Loin de faciliter la méditation, la lune devenait obsédante. Elle accentuait si possible l'étrange sensation de vide qui étreignait hommes et bêtes. Quelques longs nuages obscurcissaient parfois son disque luisant ; alors, dans la pénombre, le désert semblait se limiter, rapprochant du même coup la fuyante image d'horizon après laquelle ils couraient depuis deux jours ; les ténèbres qui, dans les montagnes de Taguienount, leur paraissaient tragiques, apportaient ici un peu d'apaisement.

Au matin, une mince couche de sable recouvrait hommes et bêtes de la mission. Les rafales avaient cessé ; il s'était établi un courant d'air permanent au ras du sol qui chassait sans trêve la fine poussière du reg, comme si la terre avait été recouverte sur près d'un mètre par un épais brouillard translucide. Quand le soleil sortit brusquement, il apparut déformé et d'une coloration amarante absolument anormale. Chaambi Ahmed se rapprocha du lieutenant, qui, debout au centre du carré, surveillait le lever du camp.

« Nous aurons une tempête de sable dans la journée, mon lieutenant, une grosse tempête. Il doit y avoir un erg au loin...

— Appelle Djana. »

Le petit noir accourut, riant de ses dents éclatantes.

« Djana, que penses-tu du temps ? »

L'esclave se baissa, ramassa le sable qui recouvrait le gesh, le palpa, le jeta en l'air.

« Gros vent de sable aujourd'hui, mon lieutenant, nous approchons des ramla*.

— Comment dis-tu ?

— Les ramla, c'est comme ça qu'ils appellent souvent les dunes au Fezzan et dans l'Est, renseigna le Chaambi. Djana, il a été élevé au Ténéré.

— Ça confirme ce que tu flairais, Chaambi. Nous allons nous heurter à un erg. Mais toi, Djana, comment sais-tu qu'il y a un erg là-bas ?

— Les pères de nos pères, ils s'en allaient souvent chasser l'addax et les antilopes ; elles se sont toutes réfugiées dans la grande plaine. Un chasseur, une fois, en a poursuivi une. Un gros mâle, qui l'a entraîné très loin. Ils ont marché plusieurs jours, puis ils ont rencontré les sables. Le chasseur a tué l'antilope ; il a recueilli l'eau pourrie qui était dans sa panse, et il est revenu. Mais il avait entendu le tobeul des djenoun et ses cheveux étaient blancs. Depuis, personne n'a revu les sables. »

Beaufort, à la fois satisfait et inquiet, renvoya Djana. La progression sur le grand reg était rapide et facile. Les bêtes ne se fatiguaient pas, en serait-il de même dans l'erg ? Certes pas... Il fit part de ses observations à Lignac. Celui-ci, ayant mûrement réfléchi, déclara sans ambages :

« S'il y a un erg, c'est l'annonce d'un massif en décomposition, d'une hammada s'effritant peu à peu. C'est la règle de Duveyrier, toujours exacte. Réjouissons-nous de trouver des sables. Au-delà des sables, nous rencontrerons sans doute un massif montagneux quelconque. C'est, en tout cas, la preuve que le Ténéré n'est pas, comme on le pensait, uniformément plat tel le Tanezrouft entre Reggan et Tessalit. »

Djana et Chaambi Ahmed l'avaient prédit : le vent de sable se leva. Rapidement, la chaleur devint torride. Comme le parcours était facile, chacun monta en selle dès le départ, la marche à pied étant rendue pénible par la couche de sable en mouvement qui cinglait les jambes avec violence.

Il leur sembla, tout au long de cette mémorable journée, avancer sur une immense mer de vapeur où les membres des chameaux disparaissaient jusqu'aux genoux ; au-dessus tout était encore clair, mais très haut, un rideau de nuages moutonnants avait masqué le ciel et projetait sur la terre une lumière cuivrée. Ils allaient contre le vent, et malgré la forte chaleur, quand arrivait une rafale plus violente, ils frissonnaient sous leurs djellabas* de laine fine. Alors que le clan des Touareg s'assombrissait d'heure en heure, les Chaamba par contre manifestaient une émotion joyeuse. Ils aimaient cette avance libre sur les grands regs et, poussant leurs chameaux du pied, ils s'occupaient, sans souci du vent, à quelques besognes de nomades. Les uns cousaient un sarrouel, d'autres réparaient un naïl ; le Touati jouait de sa raïta et improvisait en l'honneur de la caravane.

Les méhara eux-mêmes, sensibles aux accents de la flûte, allongeaient le pas, oubliant la fatigue qui nouait leurs articulations ; ils se pressaient flanc contre flanc, cous dressés, marchant comme à la parade.

Pour Beaufort, cette méharée fantastique entre le ciel de bronze et cette terre invisible — la brume de sable flagellait maintenant les longues jambes des chameaux jusqu'à éclabousser leurs ventres —, apparaissait comme l'idéale aventure qui l'emportait dans un autre monde aux accents rauques et chantants de ses hommes ponctués par les trilles de la raïta.

Il se raidissait d'orgueil sous son voile, en proie à une exaltation intérieure encore jamais éprouvée. Il ne pensait plus qu'au but à atteindre.

Comme c'était facile ! Aller de l'avant, cap à 180°. Il tâchait d'analyser ses sentiments. Il lui sembla qu'il cédait à une attirance magnétique. Et les autres, à quels mobiles obéissaient-ils ? Lignac ? C'est la foi du savant, la soif de la connaissance qui l'entraînent ; son objectif ? retrouver la piste oubliée, découvrir la troisième des oasis perdues. Et Franchi ? Franchi, certes, ne désire plus rien, songeait-il. Il est heureux. Cette existence comble ses vœux. Il vit dans ce désert comme peuvent y vivre les vrais nomades, n'ayant jamais l'espoir ni le désir d'en sortir, partout chez lui, chaque soir lui apportant un nouveau bivouac. Mais lui ? Pourquoi était-il poussé toujours plus avant, pourquoi entraînait-il à sa suite cette troupe d'hommes qu'il conduisait, peut-être, à leur perte ? Alors, il réfléchit. Quelle force impérieuse l'avait amené des montagnes de Savoie au cœur du Sahara ? N'était-ce pas la Providence ? Certes, le Sahara le sauvait, le Sahara des nomades, le vrai, le seul, où chacun peut faire avec soi-même un éloquent soliloque.

Lui qui avait rejeté toutes les pensées morbides dans lesquelles il se complaisait, lui qui acceptait de vivre dans la joie angoissée de l'inconnu, n'était-il pas maintenant prêt à faillir de la superbe des solitaires ? Il se sentait poussé vers l'inconnu par une force qu'il ne définissait pas, mais où, semblait-il, entrait une bonne part d'orgueil ; non pas un prétentieux et vulgaire étalage de sa puissance devant ses semblables, mais une forme d'orgueil autrement grave qui consistait à se persuader lui-même qu'il était un surhomme, qu'il se dominait et triomphait de ses angoisses les plus secrètes.

Il fut détourné de ses pensées par un chant strident. Il tendit l'oreille. Il pouvait maintenant en saisir le sens : il était question de lui.

« Allah seul est grand,
— qui la force et la volonté de combattre nous a donné,
— et les plus belles montures,
— pour tenter l'aventure au-delà de la grande plaine où mugit le vent de la peur.
— Ah ouah ! les Chaamba ils sont des hommes
— qui ne craignent pas les sables mouvants
— ni le tobeul dans les dunes,
— mais le lieutenant il est plus fort qu'eux,
— qui sait par sa boîte magique
— reconnaître la route sans étoiles, sans soleil et sans lune
— et nous conduire à la gloire.
— Avec lui nous trouverons les oasis où roucoulent les tourterelles
— et paissent, plus nombreuses que dans les daïas * de Tilremt après les pluies,
— les grasses gazelles,
— car il est parti sans science quand tout était facile,
— mais depuis que Dieu seul est maître de nos destinées
— il a puisé la force surnaturelle
— qui a triomphé de la peur.
— Par Allah, nous le suivrons jusqu'au-delà du monde

— et nous reviendrons à nos tentes
— riches de souvenirs et de moissons,
— et nous prendrons place à la djemaa * des anciens tandis que les youyous des femmes salueront notre retour. »

Puis, la fatihah * s'élevait religieusement, reprise par le chœur des méharistes et l'invocation montait, puissant murmure qu'emportait le vent de sable sur la grande plaine inconnue.

Les Touareg serrés autour de l'Adjoulé formaient un bloc à part, noir et sinistre, d'où pointaient les lances aiguës des guerriers. Ils semblaient avoir définitivement rompu le contact avec les Chaamba. Jamais, malgré la tempête, malgré le danger d'égarer les bêtes, ils ne se soucièrent du convoi.

« Ce soir, pensa Beaufort, il me faut prendre une décision ; je n'ai plus besoin d'inutiles ; Franchi a raison. »

A la fin de l'après-midi, ils durent s'arrêter. Le vent était si violent que des rafales imprévisibles faisaient osciller la lourde masse des méhara montés. Il devenait impossible de suivre un cap. Les hurlements de la tempête couvrirent les ordres de Beaufort. Par moments, les gerbes de sable soulevées par la tornade frappaient durement bêtes et gens. On entendait alors les chameaux blatérer de douleur et de fureur.

Il eût été bien difficile de définir l'endroit où la mission avait décidé de faire halte. C'était comme la veille un reg très fin, très uni, comparable à une plage. Une fois que furent entassés les bagages,

Franchi fit baraquer côte à côte les chameaux du convoi, tête tournée contre le vent. Ils formèrent ainsi un demi-cercle assez large pour protéger du sable leur bivouac. Les Touareg agirent de même, mais à distance du carré. Il n'était plus question de pâturages ! Le Touati partagea les dernières réserves de drinn entre toutes les bêtes; pas de feu possible non plus. Beaufort et ses hommes se contentèrent d'une poignée de dattes qu'ils mangèrent hâtivement, abrités sous le capuchon des burnous.

Puis chacun s'allongea, se blottit contre les flancs haletants des chameaux. La tornade se prolongea tard dans la soirée, puis il sembla à Beaufort que les rafales se faisaient moins violentes, s'espaçaient : une lueur blanche filtra à travers le rideau de sable. En l'espace d'une heure, le désert se clarifia. Et en même temps s'élargit, infinie, l'hallucinante plaine grise. Déjà tous étaient debout. Il pouvait être minuit ; des feux pétillèrent aussitôt, alimentés on ne sait avec quel bois mort, caché dans les ballots de marchandises. Attirés par la flamme, les hommes au grand complet firent cercle autour des foyers brasillants, écoutant chanter la bouilloire, secouant la fine poussière de sable qui gainait leur corps d'un irritant enduit rugueux.

La lune aux trois quarts brillait froidement sans rayonner, mais le scintillement des astres, le crépitement des étoiles, les mille éclats du ciel avivaient miraculeusement sa lueur.

« Mon lieutenant, fit le Corse, les Touareg nous quitteront après-demain matin. Vous en serez avisé par l'Adjoulé, demain soir, au bivouac.

— Comment le savez-vous, Franchi ?

— Par le Chaambi, comme toujours, et par Djana. »

Beaufort fut sur le point de faire un éclat. Le long déroulement des étapes quotidiennes lui avait enseigné l'art d'être patient. Il réprima un geste de colère. Lignac explosa pour trois.

« Je vous l'avais dit. Bande de propres à rien ! Mais qu'ils f... le camp... qu'ils s'en aillent... Nous les traînons comme une charge de plomb ; ils finissaient par démoraliser tout le monde. Regardez : Kader El Tidjani et Si Hamza n'ont plus le même enthcusiasme, et si nous n'avions pas le Chaambi et le Touati, nous serions frais...

— Plus bas, Lignac, ordonna Beaufort.

— Mon lieutenant... voulut dire le Corse.

— Une minute de réflexion, Franchi, et vous, du calme, Lignac. »

Il regroupa les braises qu'un coup de vent inattendu avait éparpillées.

« Dites à Chaambi Ahmed de venir. »

Quand il fut là, accroupi à sa place, silencieux à son accoutumée :

« Prépare le thé, Chaambi... »

Et quand la bouilloire chanta :

« Fais venir l'Adjoulé. »

La haute et hiératique silhouette noire s'approcha lentement du cercle des chefs. Des reflets du foyer jouaient sur ses longs voiles indigo. Le Fils du Loup s'assit, remonta sur les épaules les larges plis de sa robe, découvrant très nettement ses longues manches, ses mains effilées, son bracelet de serpentine qui comprimait le bras maigre et musclé, à hauteur du biceps ; dans la large ouverture, sous les aisselles, le torse aux côtes saillantes laissait deviner une ossature de géant. Mais de figure, point ! Pas autre chose que le cimier funèbre, le heaume de ces faux croisés, et la fente minuscule du litham, où luisaient les yeux...

« Ma-t-toulid, Mohammed ?... fit Beaufort.

— Elkhir-râs, mon lieutenant ! Elkhir-râs. »

Ils échangèrent ainsi les trois saluts conventionnels. Puis chacun se tut et il se passa encore un grand moment.

Enfin, au soulagement de tous, Beaufort parla : « Demain, Mohammed, Inch'Allah ! — et tous répétèrent avec ferveur : Si Dieu le veut ! — demain soir nous arriverons à l'erg. Tu le sais (le Fils du Loup ne broncha pas) comme je le sais, comme le savent tous ceux qui nous entourent et qui ont une grande expérience du désert... Demain donc nous marcherons encore sur le reg, mais ensuite il y aura du sable, et encore du sable, et je sais que vous, les Touareg, n'aimez pas le sable. »

Chaambi Ahmed ricana tout haut ; mais un regard de Beaufort le fit taire.

« Après-demain, Mohammed, continua le Savoyard, il faudra marcher, marcher presque toujours à pied, et franchir l'erg... et encore continuer ; il nous faudra des hommes. Tu seras des nôtres, je présume, toi le plus célèbre des guerriers Kel Rela ? »

Ce début ne provoqua aucune réaction de l'Adjoulé.

Le Fils du Loup construisait avec indifférence de petits tas de cailloux qu'il dressait devant lui.

Ainsi font les siens, en toute circonstance difficile, pour se donner le temps de la réflexion. Il ajoutait parfois un caillou au minuscule édifice puis se replongeait dans sa méditation que chacun respectait. Et, comme lui, Franchi le Saharien, Chaambi Ahmed et Lignac élevaient de minuscules pyramides.

« Ainsi, comme dit le lieutenant, après-demain il nous faudra des hommes forts, Mohammed », accentua Lignac ; au bout d'un long moment, et pour ménager ses effets, il ajouta un caillou à l'édifice et se tut.

On passa le thé. Beaufort but le premier verre, puis passa le second au Targui, à seule fin de souligner l'importance du palabre.

Lorsqu'ils eurent dégusté lentement le breuvage, Mohammed, ayant posé le premier caillou d'un nouveau tas, consentit à se mesurer avec ses adversaires.

« Je t'ai dit ma pensée quand nous avons quitté Issalane, Beaufort ; mais tu es têtu comme un zébu et tu n'as pas voulu tenir compte de mes avis. Je n'ai pas varié. Il ne faut pas que tu ailles plus loin. Tous ceux qui ont tenté de découvrir les grands secrets de l'Est — et il y eut jadis de ces fous dans ma tribu — sont morts ou disparus. Tu vas là où les djenoun sont plus nombreux qu'au djebel Oudane. Crois-tu que je ne sache pas qu'il y ait un erg ?... Nos chasseurs jadis s'y rendaient, mais ils ont sagement renoncé... En vérité, reviens et abandonne. Lignac est fou. Pourquoi vouloir connaître ce que Dieu nous a caché ? Quelle part de bonheur récolteras-tu pour ta curiosité ? Mais tout cela ne serait rien si tu n'attirais pas le malheur sur ceux qui veulent t'accompagner. Beaufort, je vais te dire une chose définitive...

— Arrête, Mohammed. Astenna *. Moi aussi je veux te dire une chose définitive. »

Il y eut un lourd silence. La lune passa en courant derrière des bandes de nuages, très haut sur leurs têtes. Chaambi Ahmed raviva la braise et de nouveau l'on entendit chanter la bouilloire.

Beaufort étagea avec précaution un caillou sur trois autres, puis encore un autre, et encore un troisième.. Puis il parla :

« Mohammed, tu m'as très bien servi jusqu'à ce jour, encore que tu n'aies jamais manifesté d'enthousiasme pour ce que je te demandais de faire. Mais tu nous as fort bien guidés de Tamanrasset à Issalane. C'était là ton devoir de chef. Tu es donc en paix avec ta conscience. D'autre part, je ne voudrais pas que tu me suives par contrainte. Je ne veux autour de moi que des hommes libres et consentants. Peut-être un jour, toi et les tiens, récolterez-vous la moisson des champs que nous aurons découverts et ensemencés pour vous. Alors vous profiterez sans vergogne. Nous ne désirons rien d'autre. Mais pour cela justement, il faut sonder les mystères de l'Est et M. Lignac n'est pas fou, qui prétend les percer. C'est une grande aventure et nous sommes trop nombreux pour la courir. Ce ne sont pas tes chameaux fourbus que tu a sciemment refusé de changer à Issalane — c'est la vérité, Mohammed, inutile de nier, dit fortement Beaufort, prévenant un geste du Targui —, qui pourront tenir sans nourriture. Alors j'ai décidé de renvoyer demain matin, librement, ceux qui ne désirent pas continuer... Ceci s'adresse à tous... Touareg et Chaamba, et aussi aux nègres. La nuit porte conseil, Mohammed, buvons le troisième verre de thé... Ensuite, va et répète mes paroles. Au soleil levant, ceux qui veulent se séparer de moi devront être partis. Voici une lettre que tu remettras au lieutenant Verdier. Elle explique que c'est sur mon ordre exprès que ceux qui rentrent aux campements m'ont quitté. La face sera sauve sous les tentes du Hoggar... (Il eut un sourire méprisant.) C'est tout ! »

Ils burent lentement, gravement.

« Bellafia *, Mohammed, fit encore Beaufort. Artoufat * ? »

Il restait encore un peu d'espoir dans le ton de sa voix.

« Artoufat, Inch'Allah, Inch'Allah ! » répéta évasivement l'Adjoulé.

Beaufort s'était levé. Il n'atteignait pas la taille du Targui, mais sa haute stature lui permettait de le regarder en face sans désavantage. Ils s'effleurèrent à plusieurs reprises la paume de la main, de ce salut fuyant et méfiant par lequel les Touareg consentent seulement à se laisser toucher. Déjà le Fils du Loup ramenait brusquement sa main comme une dérobade, cette main que Beaufort eût voulu presser affectueusement et longuement dans la sienne.

C'était déjà comme une rupture.

« Artoufat, Beaufort, fit le Targui.

— Inch'Allah, Mohammed », répondit le lieutenant en secouant la tête d'un air de doute.

Les autres : Lignac, Franchi et le Chaambi étaient restés assis autour du feu. Le Targui disparut dans la nuit, de son allure majestueuse et compassée.

Quand il fut loin, d'un geste de colère, Franchi dispersa les petits tas de cailloux sur le reg ; ces édifices précaires lui semblaient aussi factices que tous les serments de fidélité qu'il avait en quinze ans de service reçus des Touareg.

« Mon lieutenant, fit le Chaambi Ahmed, éclatant de bonheur, bois le quatrième verre de thé ; ce soir, il y a de la fantasia. Les oiseaux de malheur s'en vont...

— Qui sait, Mohammed restera peut-être ? dit l'Alpin qui voulait encore espérer.

— Non, Beaufort, il ne reviendra pas et c'est mieux ainsi. Son amour-propre est sauf. Il part élégamment ! Chaambi a raison. Nous voici libres d'aller de l'avant. Verse à boire et buvons à l'oasis inconnue. »

Le rire de Lignac s'éleva crescendo et fut entendu à tous les feux. Mais aucun chant, aucun son de raïta n'y répondit.

CHAPITRE XVIII

Le Madani arriva sans prévenir, porteur du courrier de Verdier. Sitôt présenté au lieutenant et les messages remis, il apostropha les Français :

« Les chiens, ils sont partis, mon lieutenant... Pouh ! (il cracha par terre) ça vaut mieux ainsi.

— Tu les a croisés ?

— A la pointe du jour, alors qu'à pied je suivais vos traces. Par endroits, le vent avait tout effacé, ailleurs le sol était si dur qu'il était difficile de retrouver la marque des ongles de vos bêtes. Alors, je prenais la direction générale et je marchais au soleil le jour, à l'étoile la nuit, certain que vous ne changeriez pas votre cap...

— Les Touareg, Madani, raconte !

— Race de couards, de chacals... (Le Chaambi recracha encore gravement.) Ils étaient montés sur leurs chameaux, ils les activaient à grands coups de cravache. Tout juste s'ils ne trottaient pas ; à cette allure, ils auront vite fait de gagner Issalane.

— Qu'ont-ils dit ?

— Que tu leur avais donné un message pour le lieutenant, mais je sais bien qu'ils ont peur et qu'ils ont tout abandonné.

— C'est mieux ainsi, El Madani, on se retrouve entre hommes, fit Beaufort, mais il y avait beaucoup de tristesse dans sa voix. Jusqu'au bout, je voulais avoir confiance. Enfin ! voyez-vous, Lignac, ce qui me déçoit le plus, c'est la défection de Djana ; il avait été si dévoué pour moi. Sans lui, au camp d'Issalane...

— Djana, il t'aime bien, mon lieutenant, fit le Madani, mais lui et Sidi-Bouya qu'est-ce qu'ils sont pour Mohammed Ag Adjoulé ? des esclaves ; la vérité, le Targui les oblige à suivre. Ils lui appartiennent. Mais patiente, qui sait ?...

— Puisses-tu dire vrai », dit Beaufort pensif.

Le Madani rejoignit les Chaamba qui palabraient autour de la braise, et tout de suite la conversation prit un tour animé.

Beaufort, qui s'était éloigné pour prendre connaissance du courrier, fronça les sourcils. Le chef d'Annexe lui annonçait de mauvaises nouvelles, le mettait en garde, sérieusement cette fois, contre Akou et Tamara. Le lieutenant fut sur le point de confier ses inquiétudes à ses compagnons. Mais à quoi bon risquer d'affaiblir leur moral ? Mieux valait se taire. Déjà le départ des Touareg, qu'on le voulût ou non, et bien que chacun s'en défendît, avait causé une sourde angoisse... Il préféra attendre.

Le Madani avait vu juste. Au matin, deux formes guenilleuses vinrent s'accroupir comme des animaux familiers devant le tapis de sol sur lequel dormait Beaufort. Djana et Sidi-Bouya attendaient son réveil. Quand il les aperçut, il fut tout d'un coup inondé de bonheur. Ils étaient revenus !

« Pourquoi n'avez-vous pas suivi votre maître, l'Adjoulé ? questionna-t-il.

— Toi seul es notre maître, nous ne sommes pas des chiens et nous resterons avec toi, maintenant que tes épreuves vont commencer. »

Sidi-Bouya raconta ensuite, très brièvement, comment ils avaient profité de la première halte pour abandonner les Touareg.

« Nous ne pouvons plus être les esclaves de ces poltrons ! Alors, Djana et moi, nous sommes revenus... Garde-nous, car toi seul es juste et bon... »

Sans attendre la réponse du lieutenant, les deux nègres avaient aidé Chaambi Ahmed à rassembler les animaux de bât. Puis tous avaient repris la route : cap 140.

Le sol était si brûlant qu'il leur semblait parfois marcher sur une planète à peine refroidie. Djana trottinait aux côtés de Beaufort. L'esclave rayonnait de joie.

Le dévouement de l'humble sokhrar, sa fidélité, chassèrent la lourde angoisse qui accablait Beaufort depuis le départ de l'Adjoulé. Le Savoyard se surprit à parler tout haut :

« Qu'ils aillent au diable ! Nous voici allégés...

— Un gros souci de moins, Beaufort, fit Lignac, qui marchait près de lui et l'avait entendu. Ne regrettons rien ! Ce soir nous arriverons à l'erg. »

On voyait en effet, sur la surface plane du Ténéré, comme des nuages roses délicatement posés sur le reg. Plus on avançait, plus ces formes se précisaient, s'exhaussaient, festonnaient l'horizon de leurs lignes pures, presque irréelles. Bientôt, malgré l'apparente lenteur du convoi, les dunes laissèrent deviner leurs croupes pyramidales, leurs sifs * abrupts, et à la nuit tombante Beaufort et ses compagnons abordèrent impatients, l'étrange archipel.

Bien au-delà, les dunes augmentaient encore en nombre, semblaient se toucher pour ne plus former qu'une haute barrière élégante et colorée sur la plaine de fech-fech aux sables sombres. Beaufort fit dresser le camp au creux d'un hémicycle largement ouvert au nord-ouest. La journée avait été brûlante ; les bêtes étaient exténuées. Fort heureusement, le long des dunes poussaient l'azel * et le girgir et les chameaux purent trouver une pâture convenable. En serait-il toujours ainsi ?

Le lendemain, Beaufort dut prendre une grave décision. Chaambi Ahmed et le Touati — deux familiers des sifs envoyés en chouâf — rendirent compte qu'il serait impossible de faire traverser l'erg à une caravane nombreuse et lourdement chargée.

Il décida que seule une troupe légère continuerait vers le sud-est. Le convoi avec ses réserves de vivres, d'eau et de bêtes, contournerait, par l'ouest, la zone infranchissable. Et puisque le Madani était là et que Verdier le laissait à sa disposition, Beaufort le chargea de cette délicate mission.

Lignac approuva immédiatement les mesures prises.

Beaufort eût aimé que Franchi convoyât la caravane des vivres, mais il n'en fut pas question. Le

Corse se serait cru déshonoré d'abandonner son chef à l'heure où se jouait leur destinée...

« Avec vous pour le meilleur et pour le pire, mon lieutenant... »

Il en fut de même pour le Touati, le plus sagace des hommes après Chaambi Ahmed.

C'est ainsi que le Madani, le mystérieux messager du désert, l'étonnant coureur de pistes, se vit confier la redoutable mission d'aller attendre au-delà de l'erg, en contournant celui-ci par l'ouest, Beaufort et ses compagnons. De son dévouement, de son exactitude, de son sens de l'orientation, dépendrait leur salut.

El Madani se fit longuement expliquer les intentions de Beaufort ; s'il ne comprenait rien au maniement de la boussole, il était capable d'enregistrer de mémoire n'importe quel cap, ensuite de le suivre fidèlement. Il prit soigneusement ses repères sur les étoiles, calcula mentalement ses écarts et ses angles de marche, par l'empirique méthode des grands nomades. Lui parti, Beaufort aurait pu tracer sur le blanc de sa carte le parcours exact qu'allait emprunter le Madani et ses compagnons... Ils n'en dévieraient pas d'un degré...

Au Madani fut adjoint avec Si Hamza, Kader El Tidjani le Mokkadem *, dont la présence ne se justifiait plus et Chérif Ould Yahia qui, à la rigueur, pourrait remplacer le Madani en cas d'imprévu.

Ils emmenaient avec eux toute la caravane moins six méhara et deux chameaux de bât choisis parmi les plus vigoureux et les plus dociles que gardait Beaufort. Celui-ci disposerait aussi de deux betillas de cinquante litres et de six guerbas pleines. Comme vivres, réduisant à l'extrême, il se contenterait de thé, de sucre, de café, de farine et de dattes... Tout cela tint aisément dans quelques djebiras de cuir. Mais il fallait emporter les instruments de géodésie, le lourd théodolite, les armes, le matériel de photographie. A condition d'aller à pied, les chameaux rahlés en course ne porteraient que très peu de poids, soixante à cent kilos au maximum.

Jusqu'aux dernières lueurs du jour, Beaufort, debout sur le sif des premières dunes, suivit du regard la caravane qui s'éloignait vers l'ouest, conduite par El Madani. Elle s'en allait lentement, diminuant de taille progressivement, pour n'être plus à la fin qu'un point noir sur le reg, une tache plus sombre bientôt absorbée par l'horizon laiteux.

« Les voyez-vous toujours, Franchi ?

— A peine, mon lieutenant, à peine... ça y est ; ils ont disparu.

— Cap 280 : le Madani tient la direction que je lui ai imposée, constata Beaufort. Quand les reverrons-nous, Franchi ?

— Quand nous saurons ce qui nous attend derrière ces dunes, riposta le Corse. A vrai dire, mon lieutenant, je crois que nous jouons gros. Dieu seul sait comment est constitué cet erg et sur quelle profondeur il s'étend : notre première reconnaissance n'a guère été concluante. Le Madani pourra-t-il gagner le point fixé pour la rencontre ? Supposons qu'il y ait quinze jours de sable... »

Le sous-officier eut un pli sévère de la bouche.

« Dans ce cas, Franchi, le Madani ne pourra en faire le tour et comme convenu, il reviendra nous attendre à notre point de départ... ici.

— Sans eau ?

— Regrettez-vous quelque chose ?

— Ne croyez pas cela, mon lieutenant ; il faut savoir risquer... Vous avez décidé et nous vous suivrons. Regardez ! Les Chaamba sont heureux d'être débarrassés de l'Adjoulé et de ses hommes... »

Comme la nuit venait, ils gagnèrent au pied de la dune les feux du bivouac, la lune sortit vers l'est ; elle était rouge sang, énorme ; peu à peu elle se transmua en or pur, et insensiblement retrouva la sérénité des ivoires morts. Par elle, la surface du désert blêmit.

Le Madani parti, Beaufort éprouva le besoin de relire une seconde fois la lettre de Verdier. Le secret qu'elle contenait pesait trop fort sur sa conscience. Avait-il le droit de dissimuler ses inquiétudes à ses compagnons ?

« Je vous adresse le Madani, écrivait le chef d'Annexe, tenez-vous sur vos gardes, car cette panthère de Tamara ne lâche pas sa proie ; elle a été aperçue dans des campements Aït Lohan * à cent kilomètres au sud de Taguienount, et la chose en elle-même ne serait rien si je n'avais acquis une autre certitude : Ag Oudaden, l'un des Imrads de l'Adjoulé, s'y trouvait également. Qu'allait faire là-bas un de vos hommes d'escorte ? Méfiez-vous, Beaufort, je crains qu'une fois lancé dans l'inconnu du Ténéré vous ne négligiez les précautions de base : formez le carré régulièrement, faites veiller vos Chaamba. J'ignore tout d'Akou, mais les femmes d'ici m'ont bien fait comprendre que là où était Tamara, là était le rebelle. De là à penser qu'il vous suit à la trace...

« Ne renvoyez pas le Madani tout de suite ; gardez-le pendant une semaine, c'est un homme averti et il pourra vous être utile ; et puis vous serez sans doute bien heureux de pouvoir m'envoyer votre position précise au cœur de ces régions inconnues. Le Madani a pris deux bêtes, par conséquent il pourra toujours revenir très rapidement si besoin était en utilisant la monture qu'il aura judicieusement ménagée.

« En tant que chef d'Annexe, je vous renouvelle mes instructions : pénétrer le plus avant au cœur du Ténéré sans exposer inutilement votre mission ; faciliter la tâche de Lignac, faire un relevé topo très précis au 200 000e, mentionnant les reliefs découverts : reg, sable, hammada, djebel... et surtout faire le plus possible de points astronomiques, autant que vous le permettra la période brumeuse.

« Là-dessus : M...

« Tibi.

« VERDIER.

« N.-B. — Il n'y a pas eu de passage de pasteurs anglais vers la Nigeria ces temps-ci ; alors, en l'absence de whisky, je vous joins ma dernière bouteille de rhum... pour fêter vos découvertes. »

Beaufort replia la missive, la glissa dans la poche de son boubou. Verdier avait raison ; mais il se prit à rire cependant ; qui diable viendrait les attaquer dans cette cuvette perdue, à la lisière de l'erg le plus compliqué que le Sahara ait offert à la sagacité des explorateurs ?... Non ! il serait temps de reprendre une discipline militaire une fois hors de ce chaos.

Pourtant l'avertissement de Verdier, quoique rédigé sous une forme anodine, était trop sérieux. Son aîné pressentait un danger : il fallait qu'il en fît part aux autres. Déjà un doute le prenait, n'avait-il pas commis une lourde erreur en scindant en deux la caravane ?

Il appela : « Lignac, Franchi ! »

Tour à tour ils lurent le message du chef d'Annexe, gardèrent le silence... Beaufort attendait leurs réactions. Ce fut Lignac qui parla le premier :

« Alors, mon vieux, quoi de tragique ? Nous savons bien que Tamara et Akou nous recherchent. Allons-nous flancher devant un hors-la-loi mal armé, solitaire et affamé ?

— Je regrette d'avoir coupé mon convoi. Nous aurions dû rester groupés...

— Et naturellement renoncer à notre mission ? Puisque l'avis des Chaamba est formel : nous devons nous alléger pour traverser l'erg. Notez qu'il est encore temps pour reculer, fit le savant un peu ironique. Un courrier a vite fait de rattraper le Madani.

— Mon lieutenant, enchaîna Franchi, ne nous exagérons pas le danger. Dans l'erg nous ne risquons absolument rien. Personne ne nous y suivra. Quant au Madani, il n'y a pas un Saharien plus averti que lui. Il sait toutes les histoires de Tamara, il ne tombera pas dans un piège. D'ailleurs, sa caravane est forte et bien armée. Réellement, je crois que nous pouvons continuer sans remords.

— Renoncer... poursuivit Lignac, alors que j'ai le pressentiment que nous touchons au but ; voyez, déjà à l'entrée de l'erg les flèches, les haches, les silex taillés se trouvent en quantité ; je n'ai encore que des indices très légers, mais je ne saurais vous dire pourquoi, je vous assure que nous sommes sur la bonne voie. Vous ne voudriez pas être venu jusqu'ici pour rien... »

Beaufort hésita encore quelques instants.

« Puisque nous sommes tous d'accord, dit-il enfin, je crois que la question est tranchée... en avant. Quant à moi, la lettre de Verdier me rappelle avec raison que j'ai relâché ma topo. Le temps n'a guère été propice aux observations astronomiques, jusqu'ici ; mais ce soir, la brume de sable est tombée, les étoiles sont visibles... Allons, au travail ! »

Il dégaina le pied de son théodolite, installa l'appareil et commença de longs calculs pour mesurer la hauteur de la Polaire... Bientôt il fut si absorbé que le jour le trouva toujours debout, transi, vérifiant ses observations, notant, rectifiant, travaillant avec autant de minutie que s'il eût été dans la grande cour du bordj à Tamanrasset.

« Buvez, ça vous réchauffera, mon lieutenant. »

Franchi, qu'il n'avait pas vu venir, lui tendait

une tasse de café bouillant. Il regarda le sous-officier en souriant.

« Bonne journée en perspective, Franchi...

— On la tient, notre piste, cette fois », répondit le Corse.

CHAPITRE XIX

Au matin, Chaambi Ahmed, en rassemblant les bêtes, en trouva deux mortes sur place d'épuisement. Le chameau ne prévient jamais qu'il va mourir ; il marche jusqu'à ses dernières forces, comme un automate ; puis il se couche, s'étend sur le côté et, dans un dernier râle, retourne et ploie son col de cygne vers ses reins en une courbe très pure. Il consent alors à mourir.

Ils reprirent leur course sous un soleil torride. Les fonds entre les lignes de dunes de plus en plus serrées, de plus en plus emmêlées, étaient constitués par une sorte de croûte rugueuse comme un bitume en décomposition, dans lesquels les chameaux enfonçaient brutalement, de même qu'on troue une écorce pourrie. La chaleur monta très vite, et les flammèches d'air chaud dansèrent sur le sol, puis vers midi le vent de sable commença.

Il s'abattit sur la caravane, crachant à la figure des malheureux des comètes de sable en mouvement. Bientôt la brume limita la vue des choses à des silhouettes estompées, des masses colorées, ocres, puis jaunes, puis roses à mesure que le soleil déclinait.

« Sable de tassili ! avait conclu Lignac, en palpant la fine poussière. Nos prévisions sont justes. Trouverons-nous le prolongement vers le sud de la fameuse enceinte tassilienne qui, de tous côtés, borde le plateau cristallin ? »

Franchi, plus silencieux qu'à l'ordinaire, avait repris sa place en serre-file. Il n'échangeait avec le Touati et les autres que de rares paroles, indispensables à la sécurité du convoi. Mais il était sourdement inquiet, car le drinn était épuisé ; faudrait-il déjà nourrir les bêtes avec les réserves de dattes ?

Ils baraquèrent dans l'erg.

D'un seul coup, le décor changea : ils étaient enfermés dans un chaos de dunes enchevêtrées... Ils n'auraient pu dire par où ils avaient forcé, quelques instants plus tôt, cette muraille mouvante ; c'était comme si l'étroit couloir qui leur avait donné passage entre deux grandes dunes s'était subitement bouché. Le vent, au lieu de tomber avec le soir, s'amplifia. Bientôt, ils furent aux prises avec la plus effrayante tempête de sable qu'ils aient eu à essuyer depuis leur départ. Il n'était plus question d'avancer. On forma le carré avec les six chameaux qui criaient de faim et de rage. On serra les bêtes ; les hommes se blottirent contre elles et attendirent, cependant que le tambour des sables, le tobeul des djenoun, les ricanements de Roul *, le Génie de l'erg, grandissaient en une clameur désespérante...

Le lendemain, le vent était toujours aussi fort ; ils purent progresser légèrement en se faufilant entre des réseaux de dunes un peu moins compactes. Ils profitaient des moindres accalmies ; Beaufort et Lignac se relayaient pour tenir un cap constant ; ils n'étaient pas trop de deux pour corriger leurs mutuelles erreurs, car il était facile de tourner en rond et de revenir sur ses pas.

Ce qu'ils mangèrent et burent pendant ces deux premiers jours fut minime. Ils ne sentaient même pas la chaleur, tant la marche de la caravane les absorbait.

Le troisième jour, ils heurtèrent de front les grands oghourds *. C'étaient d'énormes dunes de plus de trois cents mètres de hauteur, épaulées les unes contre les autres et ne présentant aucune faille. Il fallait les escalader par l'un des longs sifs croulants qui fumaient dans la tourmente.

Le martyre des chameaux commença. L'un d'eux s'arrêta au milieu d'une pente, refusant obstinément de monter davantage. Rien n'y fit, ni cravache, ni cris, ni appels ; campé sur ses quatre membres, la bête opposa une force d'inertie totale, puis brutalement roula dans le vide, écrasant les deux guerbas de trente litres qu'elle portait. Avant que le Chaambi ait pu faire un geste, le sable avait absorbé le précieux liquide.

Peut-être à ce moment précis chacun pensa-t-il qu'il eût été plus sage d'abandonner. Ah ! si la tempête avait cessé, et aussi l'atroce chaleur de ces journées sans soleil où tout était confondu dans la brume de sable !

Du sable, ils en avaient partout, sur le corps,

dans la bouche, dans les oreilles, dans le nez ; ils le sentaient qui raclait leurs intestins comme du papier de verre, qui récurait leur peau ; ils crachaient du sable, buvaient du sable !

Le quatrième jour, un autre chameau s'abattit, mais on avait pu préserver les guerbas. Ils continuèrent à marcher. Où étaient-ils ? Où allaient-ils ? Ils se le demandaient parfois. De part et d'autre de la haute crête de dunes qu'ils suivaient, c'était le vide ; vraisemblablement ils avaient atteint les sommets des oghourds, pourraient-ils s'y maintenir ? La progression était particulièrement ardue lorsqu'il fallait passer d'un système de dunes à un autre... Chaambi Ahmed, Djana, abattaient la crête, creusaient un long couloir, puis on déchargeait les bêtes ; on les projetait littéralement dans la pente, les tirant, les poussant. On eût dit des hommes aux prises avec des monstres de l'Apocalypse.

Sur les sifs, des comètes de sable croissaient et mouraient sans arrêt.

Plus loin la marche devint si difficile qu'ils durent tous payer de leur personne ; Beaufort, la tête vide, les muqueuses enflammées, la bouche tordue par la soif, tirait derrière lui le meilleur des chameaux. Lorsque Djana l'avertit du danger, il était trop tard. Trompé par la brume, aveuglé par le sable en suspens, toute sa volonté relâchée, il n'avait pas vu la cassure brutale du sif. Il avait sauté dans le vide et roulé sur la pente ; le sable était doux et le recouvrait lentement avec un bruissement de soie froissée ; c'était comme s'il eût été pris dans une avalanche, puis il avait senti un choc ; lorsqu'il se releva, l'arzema pendait inutile à son bras. Là-haut, sur la crête, le chameau immobile, la narine droite arrachée, gémissait lamentablement ; il saignait lentement, tremblait de toutes ses jambes...

Beaufort devina le cri de reproche que Franchi n'osa lui adresser ; il concentra ses forces, remonta sur la crête, reprit la marche ; Djana, comme si rien n'était advenu, passa une cordelette en poil de chèvre dans la gueule puante du méhari et le dirigea vers un endroit meilleur... Le petit Noir ne dit rien, mais lui seul savait déjà que le chameau allait mourir.

Le sixième jour, exténués, prêts à crier de douleur, de rage impuissante et d'angoisse, ils purent trouver une surface plane où s'arrêter. Puis le vent tomba, le silence se fit, irréel ; longtemps le sable s'égoutta. Ils purent se voir, se compter. Mais trop las pour allumer du feu, ils se vautrèrent à même le sol et dormirent comme des bêtes, sans voir le ciel rasséréné.

Le lendemain, le Corse qui était parti en reconnaissance dès l'aube, redescendit la plus haute dune en courant. Il était soucieux ; les autres n'eurent pas besoin de l'interroger, déjà ils savaient.

« Ça ne passe pas, Franchi ? fit Beaufort.

— Réseau de dunes en chebkra », conclut laconiquement Lignac qui avait deviné.

Le sous-officier approuva, but lentement le minuscule verre de thé qu'on lui offrait. Puis il leva la tête vers ses compagnons. Ils se regardèrent en silence et chacun s'aperçut qu'ils avaient tous prématurément vieilli. Ces six derniers jours les avaient plus marqués que le mois de route qui avait précédé leur départ d'Issalane. Barbes hirsutes, figures caves, recouverts d'une croûte de sable aggloméré, ils ne se différenciaient guère de leurs hommes ; leurs boubous jadis blancs avaient pris une teinte terreuse.

Leur camp était monté dans un repli de dune à mi-hauteur du sif, en un lieu où d'anciennes pluies avaient formé une sorte d'assise. L'erg était un monde désert, sans traces humaines ou animales, un chaos, un océan figé, mort, d'où s'élevait parfois la chanson du vent.

« Alors, Franchi ? interrogea Beaufort, un peu plus tard, avec un petit serrement de cœur, quelle est votre suggestion ?

— Il faut retourner, mon lieutenant ! Nous avons perdu trois chameaux, ceux qui restent sont épuisés ; jamais ils ne pourront surmonter les difficultés qui nous attendent...

— Mais, bon Dieu, ne distingue-t-on pas la fin de cette chebkra ! s'emporta Lignac. Vous le savez comme moi, Franchi, les plus hautes formations se trouvent généralement au centre des ergs, le réseau compliqué de dunes et d'oghourds que nous avons traversé me laisse espérer que nous avons fait le plus difficile. Revenir serait une imprudence mortelle, car nous n'avons rien laissé derrière nous, tandis que là-bas (il désigna le cap), là-bas notre fidèle Madani croise déjà, sans doute à notre recherche. »

La voix de Lignac sonnait curieusement dans le silence. Pendant ces six jours, il avait parlé fort peu. Il marchait soutenu par une volonté de fer et l'on sentait son esprit en éveil, à l'affût du moindre indice. Tandis que Beaufort et les autres ne s'occupaient que de la progression des chameaux, le Gascon, sans relâche, examinait le sable, notait la forme des dunes, leur direction, leur composition, identifiait les rares touffes végétales qui garnissaient les fonds.

Ses arguments convainquirent les autres. Il n'y avait pas d'autre solution : il fallait persévérer.

« Vous parlez en connaisseur, Lignac, déclara Beaufort. Il faut aller de l'avant, tant pis si nous crevons nos derniers chameaux. Avons-nous de l'eau, Franchi ?

— Deux betillas à moitié vides, mon lieutenant ; vous savez que cinq de nos guerbas ont éclaté lorsque les chameaux en tombant les ont écrasées de toute leur masse...

— Ça donne soixante, soixante-dix litres ?

— Geg-ged*.

— Hum... la période des grandes restrictions commence ; à peine dix litres par personne... Il faut que d'ici deux ou trois jours au plus nous soyons sortis de ce piège... Tâchons de trouver le point faible du réseau. » Il appela :

« Chaambi Ahmed, Djana ! »

Les autres accoururent.

« Le chef a fait le tour des dunes qui nous environnent sans trouver de fedj * permettant le passage de nos bêtes ; il va donc falloir nous résoudre à chevaucher les crêtes ; mais nous ne devons pas faire de fausses manœuvres ; un retour en arrière, une hésitation peuvent être fatals. Toi,

Chaambi, le meilleur coureur d'erg que je connaisse, et toi, Djana, plus habitué aux sables de cette région, vous allez nous chercher la route, sinon la meilleure, du moins la plus praticable. Vous irez ainsi la longueur d'une étape, laissant des signaux d'orientation. Nous partirons demain matin ; vous aurez donc une avance de douze heures... Nous vous suivrons à la trace.

— Mon lieutenant, objecta Chaambi Ahmed, la chose n'est pas possible ; il n'y a pas de crottes[1] dans cet erg ; ouallou ! jamais personne n'y a passé... Que le vent se lève et nos traces disparaîtront ; non, en vérité, il ne faut pas nous séparer. Nous irons devant, Djana et moi, puis Djana reviendra vous chercher et vous conduira vers moi... ensuite je recommencerai... La vérité, restons groupés... »

Ils se rangèrent à son avis.

Déjà Chaambi Ahmed et le petit Noir brassaient le sable chaud où ils enfonçaient à mi-jambe, puis leurs silhouettes se profilèrent sur la crête fumante. Enfin, ils disparurent à la vue.

Trois heures après, Djana revint. Il était harassé, mais il se contenta d'un verre de thé très fort.

« On peut ce soir gagner une dépression, dit-il brièvement. Il y a quelques touffes de marcouba * ; nos chameaux pourront manger. »

Ils levèrent le camp immédiatement. Ce fut

1. Les principales pistes chamelières à travers les ergs fréquentés sont jalonnées par des morceaux de crottes desséchées de chameaux, précieux repères par tempête de sable.

vite fait, car ils avaient réduit au minimum leurs charges. La perte de trois chameaux pendant l'horrible tourmente des jours précédents avait encore fait jeter du gesh. Ils n'emportaient plus que quelques kilos de farine, des dattes et les deux cylindres contenant leur précieuse réserve d'eau. La chose avait été bien discutée d'abandonner les lourdes betillas métalliques au profit des guerbas plus légères, mais le désastre des outres écrasées dans la chute des bêtes les incitait à ménager jusqu'au bout leur dernière provision liquide. Qui sait ce qu'ils trouveraient sur l'autre rive de l'erg, si le Madani n'était pas au rendez-vous !

Le Touati se chargea de suivre les traces et de démêler les erreurs de parcours. Il leur fallut d'abord se hisser au sommet du réseau de dunes. Il ne s'agissait plus de tourner et contourner les puissantes masses de sable ; ici, point de failles, rien ! Au lieu d'emprunter les bas-fonds, ils durent chevaucher les crêtes friables et qui souvent s'éboulaient sous leurs pas. Dans le grand silence doré des dunes, s'élevait d'un coup le cri rageur et impuissant d'un chameau. Bien qu'à peine chargées, les bêtes se refusaient à toute ascension. Seul, Merzouk, le petit méhari de Beaufort, se lançait courageusement à l'assaut des pentes croulantes. La vaillante petite bête répondait à la voix, piétinait dans les traces, laissant parfois siffler entre ses babines un gémissement très doux, comme un bêlement. Et Beaufort l'encourageait, la poussait, cependant que, devant, le Touati brisait les crêtes vives, étalait le sable, préparait les passages.

Merzouk une fois monté, les autres chameaux se décidaient à contrecœur à le suivre. Le Targui grognait :

« On aurait dû prévoir des bêtes d'erg, mon lieutenant : leurs chameaux, à ces Touareg, n'y connaissent rien dans le sable ; regardez, ils ne savent pas poser le pied. »

Toute la journée, sous la chaleur torride, on chargea, déchargea, rechargea ; les langues étaient sèches, mais Beaufort avait institué un rationnement sévère, il fallait tenir jusqu'au-delà des sables. Tenir !

Seul de toute la caravane, Djana présentait un visage rasséréné ; point d'inquiétude dans sa bonne face de nègre souriante et douce. Djana était heureux : malgré eux, les Chaamba le regardaient avec une crainte superstitieuse.

« En vérité, Djana, il sait des choses que nous ignorons, déclara le Touati à Franchi ; la vérité c'est lui qui conduit tout, maintenant. »

Et c'était un peu vrai. Depuis le départ des Touareg, Djana sans qu'on lui ait rien demandé, avait pris place en tête. Comme jadis le Fils du Loup.

« Dieu seul l'inspire. Dieu seul est grand, conclut le Touati. Il connaît l'erg comme nous. Ah ! que veux-tu, chef, si le lieutenant il n'avait pas la boîte magique, nous n'aurions pas continué, nous autres, peut-être les Touareg ont-ils raison... N'as-tu pas entendu le tobeul des djenoun l'autre soir ?... »

Le Touati, effrayé par cette évocation, murmura une prière...

« Cet erg, il n'est pas comme les autres, reprit-il. Vois-tu, chef, avec Chaambi Ahmed, autrefois, nous avons pénétré dans le triangle interdit du Grand Erg Occidental. Avec le lieutenant Verdier, on recherchait El Menzeha, la ville engloutie... Eh bien, ça n'était pas comme ici, il n'y avait pas d'eau, mais on pouvait passer ; le sable ne s'était pas refermé sur nous, partout il y avait du pâturage ; à plusieurs reprises, on a croisé des medjbeds anciens, encore visibles, les crottes étaient dures comme de la pierre.

« Ici, rien, pas un signe vivant... et ces dunes qui se croisent, s'emmêlent comme un filet, s'éboulent... Regarde derrière nous, saurais-tu revenir où nous sommes partis tantôt ?

— Du calme, le Touati, du calme, interrompit Franchi. Lignac a raison ; nous avons dû faire le plus difficile... Regarde ! S'il n'y a pas de fedj, les dunes sont cependant moins élevées. Non vraiment, nous avons dû dépasser le centre de cet erg en formation. N'as-tu pas entendu Djana ? Les marcouba apparaissent. Tu sais bien que les marcouba ne poussent que dans les lits d'oued. Patience, le Touati, aie confiance, le lieutenant sait manier une boussole et M. Lignac aussi, et de l'autre côté, le Madani nous attend. Serais-tu aussi poltron que les Touareg ?

— Laisse, chef, tu as raison ; une volonté plus forte que tout nous y conduit. »

Et comme le soleil baissait, le Touati relevant les manches de sa gandoura fit ses ablutions rituelles avec du sable et commença la prière.

Ils retrouvèrent Chaambi Ahmed dans la dépression signalée. C'était comme une crique fermée de toutes parts, le sol en était formé de limon argileux et des buttes de marcouba desséchées pouvant encore nourrir les chameaux, le traversaient de part en part. Il n'y avait pas de bois, mais Sidi-Bouya déterra au couteau des racines, et, en peu de temps, on en récolta un amas suffisant pour entretenir la flamme fort avant dans la nuit.

Hommes et bêtes étaient exténués ; l'un des chameaux baraqua derrière une touffe et refusa absolument de se lever pour pâturer. Sidi-Bouya lui apporta quelques pailles sèches qu'il effleura du bout des lèvres, puis rejeta.

« Demain matin, moute *, mort... » fit le nègre.

La petite troupe resserra la disposition de son campement. Il leur semblait puiser de nouvelles forces en se groupant. Seul Djana paraissait étranger à leur commune inquiétude. Il chantonnait dans une langue inconnue. Lignac en saisit quelques bribes et reconnut le dialecte haoussa. Le petit Noir n'avait plus rien de l'esclave qu'il était au début du voyage. Le départ de l'Adjoulé, rompant des liens millénaires, semblait lui avoir conféré une dignité d'homme libre ; chaque pas plus avant dans l'inconnu lui faisait prendre conscience de sa condition. Ainsi, ce soir, accroupi près de la flamme, alors que tous gisaient harassés, assoiffés et fiévreux, abandonnant toute volonté de lutte, pour se réfugier dans l'oubli, Djana, calme et serein, préparait-il de lui-même le thé — besogne noble — pour ses compagnons.

Seul entre tous, Djana se trouvait chez lui, dans cet erg inconnu.

CHAPITRE XX

« CHOÛF, mon lieutenant, m'siou Lignac, il est devenu fou... »

A l'autre bout de la crique, le savant échevelé sautait sur place, levait les bras au ciel, criait des mots sans suite, chantait en proie à une émotion comme il n'en avait jamais manifesté de pareille. Son attitude contrastait si étrangement avec la sévère exaltation scientifique, la volonté raisonnée qui l'avaient guidé jusqu'ici, que Beaufort ne douta plus. Chaambi Ahmed avait raison : Lignac devenait fou.

Mais l'autre hurlait :

« Beaufort, Franchi, venez voir... le bétyle, la Piste oubliée. Je savais bien qu'un jour ou l'autre... Sauvés, les enfants ; nous sommes sauvés, notre but est atteint ! »

Le lieutenant se précipita.

Déjà Lignac, à genoux, des deux mains, dégageait un bloc de pierre du sable qui l'enveloppait ; il tourna vers l'arrivant un visage transfiguré :

« Un bétyle, Beaufort, un bétyle phénicien... le

même que celui de Tabelbabet... Voici le premier jalon... Aidez-moi, voyons ; il faut le sortir complètement ! » Il pleurait de joie.

Le bétyle se présentait comme une borne cylindrique et polie, d'environ quatre-vingts centimètres de haut. La patine saharienne l'avait recouvert d'une couche rouge et vernissée.

Franchi accourut à son tour. Les trois Français, accroupis autour de la pierre sacrée, achevèrent de la dégager de sa gangue, la palpant avec respect. Ainsi se justifiaient les théories de Lignac. Le Tafassasset n'avait pas toujours été ce désert absolu ; les vastes étendues du Ténéré servaient autrefois de lieu de passage aux grandes caravanes du Soudan...

« Regardez, Lignac, un signe. »

Vers la base, en effet, des traits géométriques, profondément gravés, apparaissaient ; nettoyés du sable qui les remplissait, ils formèrent un dessin régulier, une étoile à six branches, composée de deux triangles inversés.

« Le sceau de Salomon, Beaufort... le sceau de Salomon ! répétait Lignac, au comble de l'émotion. Là, en plein erg... » Et comme les autres contemplaient un peu bêtement la borne millénaire, il s'emporta : « Vous ne comprenez donc pas... c'est la découverte la plus importante qui ait jamais été faite au Sahara.

— Vous savez, Lignac, fit Franchi, plus réaliste, je veux bien vous croire, mais je préférerais sortir de l'erg. » L'autre eut un geste impuissant, mais se contint.

« Tu ne vois donc pas que nous sommes sur

la piste. Sacré animal, laisse-moi reprendre mes esprits ; ce bétyle doit nous donner la clef du labyrinthe.

— Nous vous croyons, Lignac ; nous vous croyons », fit Beaufort. Il sentait confusément qu'ils étaient arrivés au point culminant de leur expédition.

Tant d'efforts et de souffrances, tant de volonté gaspillée, sans que rien ne vienne les réconforter, et puis, brusquement, ce soir, alors qu'à midi sans doute, ils avaient été prêts à renoncer, le signe qui apparaissait leur traçait le chemin.

Ils avaient tout oublié en une minute. Tout ! le lieu où ils se trouvaient, la soif qui racornissait leurs muqueuses, leur délabrement physique. Et la joie des trois Français transfigurait leur visage ! Ils écartaient comme une chose négligeable le risque à courir encore pour mener l'aventure à son terme. Sortiraient-ils vivants de l'erg ? L'un d'eux pourrait-il rapporter au monde savant la nouvelle de leur découverte ?

Djana et les Chaamba les regardaient avec une stupeur mêlée de joyeux étonnement ; quoi, les Roumis riaient ? C'est donc qu'ils avaient trouvé le chemin de l'erg. En vérité, la pierre devait avoir une signification précise.

La nuit vint.

Sidi-Bouya creusa le sable à la recherche de nouvelles racines et la flamme monta dans l'air où se dissolvait la brume de sable. Depuis qu'ils étaient dans l'erg, si les jours étaient torrides, les nuits étaient tempérées ; très vite, le sable devient frais et agréable...

Sur les sifs qui les entouraient, les fumées s'étaient éteintes, mais la grande voix de l'erg commençait sa lancinante complainte. Bientôt les gémissements, les sourds roulements de tambour, les lamentations emplirent la nuit. Effrayés, les Chaamba ne s'aventuraient plus hors du cercle de lumière propagée par la flamme du bivouac. Ils redoutaient par-delà le mur des ténèbres les invisibles menaces des djenoun.

Pour Beaufort, Lignac et Franchi, ces bruits étaient sans mystère ; ils les savaient produit par le lent roulement des grains de sable, des milliards de milliards de grains de sable qui, sans cesse, coulent et se frottent dans leur lent et perpétuel mouvement du sif de la dune jusqu'à sa base abritée du vent.

Certes, ce soir, le « tobeul des sables » ne roulait que faiblement. Ce n'était plus l'ample rumeur qu'ils avaient entendue gronder autour d'eux, la nuit de la grande tourmente, trois jours avant, dans les hautes dunes de l'oghourd central.

Pourtant, malgré leur tranquille assurance, les Européens ne laissaient pas de subir à leur manière l'envoûtement mystérieux de la nuit musicale. La voix de Roul, le Satan des grands ergs, les oppressait, comme une clameur ensevelie qu'eût réveillée la lente évocation qu'ils faisaient d'un passé millénaire.

« ... Barth a retrouvé les empreintes de chars garamantiques au col d'Anaï, expliquait tout haut Lignac, et à Tel Izzarhen, déjà, Hérodote signalait les bœufs des Garamantes aux longues cornes effilées qui paissaient à reculons. Jamais cependant en dehors de la piste de Radamès à In Salah, où quelques bétyles ont été retrouvés, jamais, voyez-vous, on n'avait eu la preuve irréfutable du passage des grands convois à travers le continent noir.

— Mais que vient faire Lignac, ce sceau de Salomon, cette étoile de David, sur ce bétyle que vous reconnaissez d'origine phénicienne ? Ne serait-ce pas une contrefaçon récente ?..

— ... Voyons, Beaufort, qui donc serait venu jusqu'ici ? Chaambi Ahmed et le Touati vous le diront : dans un erg fréquenté, les passages sont constamment marqués par les crottes séchées des chameaux qui s'amoncellent en traînées noirâtres aux endroits les plus pénibles : traversée des sifs, flanc des grands oghourds qui dominent tous les ergs. Ici rien de tel. Rien qui indique la présence d'un animal vivant, fût-ce d'un addax, l'antilope la plus adaptée au sable... rien... D'ailleurs, ne voyez-vous pas que cet erg est récent ? J'entends récent de deux ou trois mille ans... Une infime mesure dans les temps géologiques. Peut-être il y a trois mille ans quelques dunes en croissant — les barkhanes du Turkestan en sont un exemple — se formaient-elles, de-ci, de-là, accrochées à quelques chicots rocheux, dans la vaste cuvette d'épandage où se rassemblent tous les limons apportés par le Tafassasset, à l'époque où il coulait... Ici même, la présence de ces buttes de marcouba est l'indice que nous sommes au-dessus d'un fleuve souterrain. Je crois donc pouvoir vous affirmer que nous nous en sortirons ; j'en ai la certitude, encore un jour ou deux, peut-être plus, mais nous arriverons sur l'autre bord de cette mer figée.

— Revenons au bétyle, Lignac... J'avoue que je ne lie pas les événements entre eux.

— ... Il y a près de trois mille ans, Salomon faisait construire le temple. Pour cela il avait besoin de travailleurs et aussi de bois précieux, d'or, de tout ce que les caravaniers d'alors, poussant leurs bœufs porteurs, allaient chercher sur les rives du Niger ou du Tchad... Salomon employait volontiers la flotte de Tyr pour ce genre de missions... Débarquant sur les rives des Syrtes, ses émissaires chargeaient ensuite les Garamantes mystérieux qui peuplaient la Fazzania d'entreprendre le long périple à travers le désert. A l'époque, sans doute, le Ténéré n'était pas cette terre azoïque ; des oasis permettaient de le traverser aisément ; on trouvait, dit un vieux texte, de l'eau tous les deux jours...

« Comprenez-vous, maintenant ! Cette piste des Garamantes, la route des émeraudes, de l'or et des esclaves ; la route secrète, si secrète, qu'on en a oublié l'itinéraire, cette piste devait traverser l'erg où nous sommes, alors en formation... Anaï au nord, Tel Izzarhen, et les tombes garamantiques du Fezzan, les rupestres du Tassili, les gravures de chars, de chevaux et de bœufs ! Que d'indices se recoupant les uns les autres ! Et voici que nous découvrons irréfutable, gravé sur la pierre sacrée des Phéniciens, l'emblème du Grand Roi, le sceau de Salomon. Sans doute, quelque intendant voulut-il laisser de son passage un souvenir impérissable.

— Et si nous nous trouvions, malgré tout, en

présence d'une gravure moderne ? Quelques Touareg, ou même des Tibbou, ont pu fréquenter ces lieux, venir y chasser, que sais-je ? Salomon, c'est le Soleiman des musulmans... Tout ceci est peut-être contemporain de l'Hégire...

— Non, Beaufort, regardez le trait profond, vigoureux : l'entaille n'a pu être faite qu'à l'aide d'un silex tranchant, impossible d'en faire autant avec du fer... Non, l'inscription est ancienne. Plus encore peut-être que je ne pense... Quand on aura achevé le recensement des trésors archéologiques du Sahara, qu'on aura pu faire les recoupements nécessaires, plus tard nous saurons exactement à quoi nous en tenir sur mon hypothèse ; pour ce soir, Beaufort, soyons heureux, nous sommes sur le chemin de la vérité. »

Ils en avaient oublié la nuit et la froide lueur de la lune et jusqu'au tobeul qui roulait ses plaintes sur l'erg. Ils s'étendirent pour prendre un peu de repos. Djana affirmait qu'on pourrait demain progresser plus facilement.

Franchi fit, à son accoutumée, le tour du bivouac.

Merzouk broutait placidement, arrachant ici et là une touffe d'herbes aux buttes de marcouba. Un des chameaux de bât gisait, étendu, le cou allongé sur le sol, dormant les yeux mi-clos ; la tourmente avait collé autour de ses longs cils une boue gluante de sable et de larmes. Il ruminait doucement...

« Pas fameux, celui-là, pensa Franchi. Quant à l'autre... » Il n'acheva pas.

« Moute ! Il est mort, chef, fit Chaambi Ahmed

qui s'était approché... C'est sûr, et l'autre il mourra demain si nous n'arrivons pas...

— Nous arriverons, Chaambi. Nous sommes sauvés !

— Inch'Allah ! » fit mélancoliquement le goumier.

⁂

La noire falaise du tassili, toute crevée, éclatée, pourrie, zébrée de fissures et de couloirs, flanquée de tours étranges, perforée de grottes et d'abris rupestres aux lisières desquels tranche la blancheur des taches de guano, plonge dans un amas de sables roses le matin, blonds à l'heure de la méridienne, d'or brûlant le soir à contre-jour, ponctués de-ci, de-là, par les grasses et géométriques feuilles vertes des calotropis — cette plante étrange, cette fleur-feuille arborescente qui se nourrit aux lointaines nappes aquifères, à travers les plus secrètes fissures de l'écorce terrestre.

Au nord, voici l'erg tourmenté avec ses masses de sables étagées, ses oghourds, ses dunes en chebkra si intimement mêlées l'une à l'autre qu'on n'y distingue plus les étroits gassis * par où un être vivant, s'il en est à venir en ces déserts, puisse un jour se glisser.

Entre le tassili et l'erg un oued partiellement comblé par des dunes en croissant coule ses limons ; dans les cuvettes libres poussent des touffes de marcouba et de girgir, des arborescences de chikh * à l'entêtante odeur et les ombelles piquantes des tamat, frères tropicaux des tahlas du Nord.

Akou, le réprouvé, vit tout cela et autre chose. Il se pencha sur la Targuia :

« Vois, Tamara ! Le Madani installe le campement.

— Iront-ils plus loin vers l'est ?

— Non, ils attendront ici ; le pâturage est bon. Et il y a des trous dans le tassili. C'est ici qu'il faut frapper. »

Allongée à plat ventre sur le rebord de la falaise, la Targuia continua d'examiner avec attention le convoi qui formait le carré. Ses yeux brillèrent fiévreusement sous le litham.

Que de ruses et d'efforts ne lui a-t-il pas fallu pour venir jusqu'ici sans se faire dépister ! Il eût suffi d'un rien, que Sidi-Bouya le chasseur, par exemple, s'écartât à quelque distance du trajet suivi par Beaufort pour qu'il repérât leurs traces si facilement identifiables avec les larges emplantures de l'homme et le petit pied frêle de Tamara la courtisane, le seul pied de femme dans toutes ces régions maudites.

Inch'Allah ! Ils ont pu depuis leur départ des redirs d'Admer gagner des lieux plus habités, mais ils se souviennent encore avec épouvante de leur traversée de l'Im Meskor, la grande hammada gréseuse du Sud.

Depuis, loin derrière la caravane, tels des loups rayés suivant les troupeaux, ils marchèrent à la trace, la nuit de préférence, espaçant de plusieurs jours leur écart lorsque le reg trop nu, trop plat, ne pouvait les dissimuler. Un jour, Akou identifia de nouvelles empreintes sur le medjbed formé par le passage de la caravane. Il sut alors que le Madani était venu. Et que le Madani savait. Et aussi le lieutenant Verdier.

« Maintenant, lui avait dit Tamara, tu ne peux plus reculer. Eux ou nous ! »

Il avait dû en convenir, à contrecœur.

Car les autres étaient nombreux, forts et bien armés. Akou n'ignorait pas que les Chaamba lisaient le sable aussi bien que lui et tiraient au fusil avec beaucoup plus de rapidité, sinon de précision.

Ils avaient évité de justesse le Fils du Loup et ses compagnons qui rebroussaient chemin après avoir abandonné la mission. Ils avaient pu se glisser sans être repérés dans une dépression qui les masquait et Tamara qui était restée en chouâf derrière un bloc de rocher, avait suivi des yeux la marche rapide des Touareg. Elle avait vu tout à coup l'Adjoulé, qui était en tête, sauter à bas de son méhari sans le faire agenouiller, se pencher sur le reg et étudier les traces. Les autres l'avaient rejoint. Ils avaient échangé quelques paroles, jeté un regard à l'entour sur le reg désert ; puis remontant en selle et cravachant leurs bêtes, ils étaient repartis au grand trot vers le nord-ouest.

« Ils savent que nous sommes là, avait dit laconiquement Tamara; mais ils ne nous trahiront pas.

— Ils s'en vont pour ne pas faire acte de trahison, avait dit Akou ; sauront-ils garder le silence ?

— T'auraient-ils envoyé Ag Oudaden pour te prévenir de leurs projets, poltron ? fit remarquer la Targuia. Non ! maintenant plus de remords.

Il n'y a pas, avec eux, d'homme de notre race ; nous pouvons tous les tuer, tous... »

Elle grimaçait de haine, sous la peinture rouge qui enduisait son visage.

« Comment, fille du diable ?

— Dieu nous a accordé la patience et la ruse... »

A l'entrée de l'erg, ils comprirent que le hasard les servait ; la caravane se scindait en deux. Tamara eût voulu les poursuivre, mais Akou répugnait à s'engager dans les sables où les Chaamba gardaient l'avantage.

« Le lieutenant a quitté les faibles, Tamara, fit-il observer. Il s'est lui-même condamné. Laissons-le mourir de soif dans son erg. Suivons le convoi ; il voudra le retrouver un jour ou l'autre ; l'important est que nous soyons avant lui au rendez-vous. »

Leur plan s'était mûri longuement.

La présence du Madani dont il connaissait la valeur au combat refroidissait l'ardeur guerrière d'Akou, mais Tamara sans cesse présente, l'excitait, l'entretenait dans sa haine, jouait de sa passion et de son désir, avec une cruauté sans égale. Parfois, il eût voulu l'étrangler, le soir, alors que, sans pudeur aucune, elle se dévoilait devant lui, comme elle l'eût fait devant le plus vil esclave, puis le rejetait brusquement, quand les yeux injectés, consumé de désir, il s'approchait d'elle à la toucher. S'il eût pu seulement s'emparer du poignard de bras qui ne la quittait pas et que, de temps à autre elle dégainait négligemment, affûtant la lame sur une pierre, caressant le fil avec tendresse !

Ah ! dans ces instants, comme il l'eût volontiers saisie, entourée, broyée entre son bras gauche et son thorax, doucement, inexorablement, en appuyant sur sa nuque frêle le lourd bracelet de serpentine aux arêtes vives qui cerclait son biceps.

Mais Tamara n'était pas de celles qu'on surprend ainsi.

Où donc, pensait-il, prenait-elle toute cette force secrète, toute cette résistance à la fatigue, elle, petite et menue, qui, sans lassitude apparente, avait déjà couvert en peu de temps des distances qui eussent paru considérables à un méhariste entraîné ? Alors que lui sentait chaque jour la fatigue durcir ses articulations et la faim creuser son ventre plat...

Ah ! ces nuits interminables, la plupart sans foyer qui réchauffe et éloigne les djenoun mais dénonce de trop loin les bivouacs clandestins. Akou attendait l'aurore avec l'angoisse exacerbée d'un amant que ravage une passion inassouvie... Au jour levant, Tamara, indifférente en apparence, marchait de son long pas régulier et digne aux côtés du Targui ou du haut de sa chamelle familière rêvait à la vengeance qui l'attendait quelque part, derrière l'horizon sans cesse fuyant et toujours renouvelé...

Devant eux, le Madani avait changé de cap et, maintenant, il allait plein est, à la recherche des grandes dunes roses qui barraient l'horizon.

Tamara devina qu'il avait pour mission d'attendre Beaufort et Franchi, au-delà de l'erg impitoyable dans lequel ceux-ci s'étaient engagés.

« Ils arriveront sans eau et sans vivres, à supposer qu'ils arrivent, avait-elle dit au réprouvé pour l'affermir dans sa vengeance. Le Madani leur apporte la vie, sans lui ils périront, comprends-tu, Akou ? Je me chargerai des chameaux et des guerbas ; toi des hommes...

— Ils sont trop !

— Attends, ils se diviseront bien d'eux-mêmes. »

Inch'Allah ! Le Madani n'avait pas envoyé patrouiller sur ses arrières, mais Akou et Tamara savaient maintenant que, chaque jour, il s'avançait à la rencontre des autres qui, quelque part derrière le mystère des dunes enchevêtrées, progressaient lentement. Ould Yahia l'accompagnait généralement, tandis que Si Hamza et Kader El Tidjani gardaient les bêtes au pâturage.

Il y avait eu une tornade récemment car on trouvait quelques flaques d'eau dans le creux du tassili et le girgir avait abondamment poussé.

Du haut de la falaise, la vue s'étendait sans limite vers le nord et l'est, et aussi loin qu'elle portait, on ne voyait que du sable et du sable venant mourir contre le premier ressaut du tassili.

Mais il fallait agir avant que les autres aient rejoint.

CHAPITRE XXI

Ould Yahia entendit très distinctement le coup de feu.

Cela fit une détonation sèche, lointaine mais très précise, et le goumier ne s'y trompa point ; il appela le Madani, qui, juché sur une butte, construisait une guemira * et interrogeait l'horizon des sables dans l'attente du lieutenant Beaufort. Le Chaambi, lui aussi, avait perçu le bruit inquiétant et dévalait les flancs d'éboulis, en direction de sa monture.

Ould Yahia, qui patrouillait dans les premières dunes à la recherche de traces éventuelles, le rejoignit au galop, cravachant sa bête qui blatérait sourdement, le nez relevé, le cou ployé sur les pieds arc-boutés, tenue à courte bride par cet incomparable méhariste.

« Le moukala * de Si Hamza ? interrogea angoissé Ould Yahia.

— Non, fusil italien, trancha le Madani. Le mousqueton claque plus sourd... Vite ! vite ! s'il est encore temps. »

Ils pressentaient le drame.

Le camp était à une dizaine de kilomètres vers l'ouest ; mais il leur fallait par places contourner les dunes, escalader les sifs et descendre de chameau ; enfin, ils purent emprunter un fedj uni et y lancer au galop leurs bêtes rendues furieuses par les coups de cravache. El Madani vérifia que le chargeur fût bien en place dans la culasse du mousqueton et conseilla à son camarade de faire de même.

Déjà il devinait ce qui s'était passé !

« Akou est là, Yahia ! C'est lui qui a tiré. Fissa, fissa ; il a dû surprendre les autres au pâturage. Arriverons-nous à temps pour préserver le camp ? »

Le nomade envisageait déjà le pire : les guerbas éventrées, les vivres brûlés, la catastrophe... fissa, fissa... et les chameaux. Ah ! misère ! il aurait dû se méfier ! La fuite des Touareg ne présageait rien de bon, et le lieutenant Verdier l'avait bien prévenu... mais il était trop tard. Où était-il, ce chien d'Akou ? S'il pouvait le rattraper !

L'oued où les bêtes du convoi pâturaient, entravées des antérieurs, s'enfonçait profondément dans le Tassili, y formant un cañon assez large au fond couvert de végétation.

Tamara fit signe au Targui que le moment était venu. Après une dernière prière, Akou se prépara pour l'attaque, dépouilla sa gandoura, remonta son sarrouel en rouleau sur sa ceinture, enleva son litham et son chèche et Tamara put voir son crâne oblong et rasé, sommé d'une courte mèche de cheveux tressés, sa figure allongée aux pommettes saillantes, au nez aquilin, ses yeux de braise injectés, son torse maigre et musclé, ses longs bras et ses jambes minces et parcheminées comme des membres d'échassier. Le Targui serra sa cartouchière, fit jouer le verrou de la culasse de son fusil Beretta, vieille arme de guerre datant de la grande révolte senoussiste de 1916 qu'il avait achetée à un Kel Ajjer * en dissidence. Malgré sa crosse à moitié brisée, son fût rafistolé, son canon aux rayures polies par le sable, elle portait encore assez loin et avec efficacité ; mais, selon l'habitude touarègue, Akou ne l'utilisait qu'à faible distance, moins de cent mètres, préférant approcher à bout portant et par surprise, car il fallait ménager les munitions.

« Es-tu prêt, Akou ? »

La femme elle aussi avait rejeté ses voiles et relevait son sarrouel. Elle portait à l'avant-bras son redoutable poignard et entre ses fermes seins d'amazone pendait le collier de crin aux pochettes en filali bourrées de gris-gris, qui la protégeaient contre les maléfices.

Sur le tassili, un vent léger faisait fuser le sable en minces tourbillons dansants, mais plus bas, dans le cañon, pesait la chaleur lourde des automnes sahariens.

Tandis que le Targui descendait avec précaution un profond couloir taillé dans la falaise de grès, Tamara, par un long détour, se rapprochait du camp abandonné. Elle allait, haletante, se dissimulant de place en place derrière un bloc, examinant longuement le paysage, — le Madani pourrait bien revenir plus tôt que de coutume ; parfois elle se reposait étendue à plat ventre dans le sable chaud, frottant son buste doré, zébré par les reflets bleutés de son ftas. On eût dit Amayas, le Guépard, à la recherche d'une proie.

Si Hamza et Kader El Tidjani dormaient chacun sous un épineux à portée de pierre l'un de l'autre. Les chameaux pâturaient à l'aventure, certains à grand distance, disséminés un peu partout dans l'oued. Akou calcula qu'il pourrait peut-être s'emparer des plus éloignés, mais une caravane chargée de prises serait forcément retardée dans sa retraite ; ainsi trop souvent des rezzous victorieux avaient-ils été anéantis par le contre-rezzou immédiat qui les rattrapait.

Pour l'instant, il fallait tuer.

Il choisit Kader El Tidjani pour première victime.

Quelques chameaux paissaient près du dormeur, mais le Targui fit entendre le léger claquement de langue, le gloussement par quoi les siens apprivoisent les bêtes les plus récalcitrantes : de fait, après avoir examiné dédaigneusement l'arrivant, les bêtes se remirent à manger à pleines bouchées des aiguilles de tamat qu'elles broyaient de leurs gueules baveuses, tout ensanglantées par les épines.

Lentement, mètre par mètre, utilisant tous les accidents du terrain raviné et parsemé de gros blocs d'éboulis, Akou parvint sans peine à portée de main de l'homme qui dormait à moitié nu, gorge découverte. Abandonnant alors son long fusil encombrant, il fit un dernier bond. Le

Chaambi n'eut conscience de l'attaque qu'au moment où il sentit sur lui la masse étouffante de son adversaire qui, pesant de tout son poids, un genou sur la poitrine, l'immobilisait au sol de sa main gauche et dégainait son poignard. Le malheureux eut un dernier réflexe défensif, mais déjà, la gorge tranchée, il râlait sourdement cependant que le Targui essayait d'annihiler les dernières convulsions de l'agonisant ; pas assez cependant pour que le bruit des corps emmêlés roulant sur les cailloux et les râles sourds du mourant ne réveillassent tout près Si Hamza.

D'un bond, Akou lâcha El Tidjani, aux yeux vitreux, reprit son fusil et d'une balle au jugé immobilisa le spahi qui s'abattit la jambe droite brisée. Le bruit, renvoyé par les échos du cañon, se propagea pendant un long instant dans les couches chaudes de l'air. Alors, soucieux de ménager ses munitions, le Targui saisit de nouveau son terrible poignard de l'Aïr à double tranchant, à la pointe effilée comme un poinçon, l'essuya sur son sarrouel et s'avança vers le spahi, comme on s'apprête à sacrifier une bête.

Si Hamza comprit qu'il était perdu ; de sa cuisse fracturée, des flots de sang s'échappaient ; mais l'Ouled Sidi Cheikh dégaina sa baïonnette. Akou, lentement, avec précaution, approchait ; il n'était plus qu'à deux mètres, mais se gardait avec méfiance car il craignait les gestes rapides du spahi. Celui-ci, hagard, maudissait son adversaire jusqu'à la septième génération, mais déjà, dans ses yeux, les roches perdaient leur éclat fauve ; la lumière du jour pâlissait ; il lui semblait que la nuit venait. Pourtant sa main serrait encore fortement la solide et large baïonnette.

« Approche seulement, chien, hurlait-il, approche, et malgré ma blessure je te ferai voir comment se battent les gens du Nord, ô sale fossoyeur de cadavres qui ne sait qu'attaquer par surprise ; approche donc ! O Allah, laisse-moi voir encore quelques instants pour apaiser ma vengeance. Ah ! te tenir par la gorge, maudit Targui, et ne plus te lâcher et mourir en entendant ton souffle siffler sous mes doigts comme une outre qu'on transperce. »

Akou s'arrêta à courte distance de l'agonisant et patiemment comme une hyène, il attendit que la mort fît son œuvre. Mais comme l'autre ne voulait pas encore mourir et se traînait à sa rencontre, il prit peur, se dressa, ramassa un gros bloc et, bras levés, de toute sa taille gigantesque, le projeta sur le spahi.

Il bondit alors sur sa proie et d'un coup entre les côtes l'acheva.

Maintenant, il fallait faire vite ! Les chameaux, les chameaux !

Il allait de l'un à l'autre, tranchant les jarrets d'un seul coup de lame et la bête s'abattait, bêlant lamentablement ; il courait à moitié nu, couvert de sang, véritable ange exterminateur, sautant de roche en roche, blessant à mort les splendides méhara de la mission.

Tous ! ils y passeraient tous ; pendant ce temps, là-bas, Tamara ruinait le camp...

Affolés par le coup de feu, sentant l'odeur du sang, plusieurs chameaux s'enfuirent vers le haut de l'oued, entraînant derrière eux le Targui, ivre de meurtres...

⁂

Lorsque le Madani et Ould Yahia arrivèrent, le désastre était accompli ; les guerbas lardées de coups de poignard, vidées de leur eau précieuse, étaient inutilisables ; parmi les sacs de farine éventrés et les boîtes de conserves trouées, Tamara avait allumé un foyer et entassé quelques ballots de vivres qui brûlaient lentement, mais l'arrivée rapide des goumiers avait interrompu son travail. Le Madani vit tout de suite où était le danger. Ils laissèrent leurs montures à l'entrée du cañon, car le terrain devenait trop accidenté. D'ailleurs, il fallait progresser avec précaution. Prévenu par Tamara, Akou pouvait bien être à l'affût quelque part... Lorsqu'il trouva le premier chameau blessé à mort, le Madani fut bouleversé ; à partir de cet instant, il sut qu'il allait tuer, il fallait qu'il tuât pour se délivrer. Sa haine de grand nomade était telle devant le sacrilège de l'ennemi exécré que c'est presque avec indifférence qu'il heurta du pied, un peu plus loin, le cadavre encore chaud du Tidjani, puis celui de Si Hamza ! Le Madani dénombra les chameaux massacrés. Il y en avait onze. Trois bêtes devaient se trouver encore vers le haut de l'oued ; il était indispensable, vital qu'il les sauvât, sans cela la mission était perdue.

« Toi, Ould Yahia, commanda-t-il, prends sur la droite, abrite-toi derrière les pierres, choûf les traces du maudit... » Et il lui montra l'empreinte d'Akou sur le sable.

Ils allèrent avec précaution, le mousqueton à la main, baïonnette au canon, le doigt sur la gâchette ; dépouillés de leurs voiles inutiles, torse et tête nus, crâne rasé, ils n'étaient guère moins terrifiants, avec leur courte barbe fauve, que le réprouvé qui les guettait sans doute, le canon de sa Beretta dirigé contre leur poitrine.

Le silence se fit.

Ils sentirent tout le poids de la chaleur, mais l'esprit de guerre qui s'était emparé d'eux ne leur laissait plus de répit : déjà le goût du sang leur venait à la bouche. Ah ! tenir le Targui, et aussi cette fille de chitane — dont ils avaient relevé l'empreinte autour du camp —, mais elle, la posséder malgré ses cris et ses supplications, et l'étrangler comme on ferait d'une brebis contaminée qui ne vaut pas un coup de boussaadi.

Quand le Madani vit l'éclair fugitif du canon briller derrière un bloc de grès, il n'eut que le temps de se jeter à plat ventre, sans pouvoir faire signe à Ould Yahia qui avançait en terrain découvert. Trop tard ! le Chaambi gisait à terre, grièvement blessé. En soldat aguerri aux embuscades, le Madani avait épaulé d'instinct. Akou, profitant de la surprise, se repliait vers la montagne, serrant contre lui son long fusil vétuste.

La seule chance de salut pour le Targui était de remonter le cañon et de franchir en courant le court espace dégagé dans le lit de l'oued. Le Madani était toujours à terre et le Targui tenta d'échapper ; mais l'autre, habitué à tirer au sol, plaçait une balle à quelques mètres devant lui, l'obligeant à faire un écart, puis d'autres derrière, à droite, à gauche ; de son côté, Ould Yahia, rassemblant ses forces, ajustait longuement son ennemi et tirait. Le Targui virevolta sur lui-même, superficiellement atteint, essaya de mettre en joue son adversaire ; mais, accoutumé à prendre lentement son point de mire, il n'eut qu'un tir inefficace. Soutenu par le feu d'Ould Yahia, le Madani glissa un nouveau chargeur, fit un bond en avant, réussit enfin à placer une balle en pleine poitrine de l'exilé ; le grand corps dégingandé s'affaissa d'une pièce, en poussant un hurlement ; avant que le Targui eût pu sortir son poignard de bras pour l'ultime corps à corps, le Madani, plus prompt, d'un seul coup de revers, lui avait tranché la gorge.

Il y eut ensuite une accalmie extraordinaire...

L'odeur de poudre monta lentement entre les hautes parois désertiques.

Ould Yahia geignait doucement, la poitrine traversée ; un peu de mousse s'échappait de ses lèvres. Le Madani le releva et l'adossa contre une roche.

Avec la sérénité des croyants, Ould Yahia s'apprêta à franchir l'ultime étape, mais auparavant il rappelait au Madani son devoir :

« Les chameaux, El Madani, les chameaux, vite... Va, laisse-moi ! »

Alors, l'infatigable goumier remonta l'oued, retrouva les trois derniers chameaux échappés au massacre, les rassembla péniblement et les dirigea vers la sortie des gorges. Il eut le temps de voir, très loin dans la montagne, une forme bleue qui fuyait tirant derrière elle un gros chameau pie et une petite chamelle blanche. Il tendit le poing à son apparition et sa malédiction résonna entre les parois, renvoyée trois fois par les échos.

Elle avait près d'une heure d'avance, mais il se décida à la poursuivre. Une fureur, mêlée de convoitise, s'emparait de lui. Déjà elle perdait sensiblement du terrain devant la course rapide du Chaambi qui sautait de bloc en bloc avec une agilité incroyable. Il la vit qui, épuisée, s'arrêtait à plusieurs reprises, pour reprendre son souffle. Bien qu'elle fût hors de portée, il tira un premier coup de fusil pour l'effrayer.

Elle arrivait à la lisière du tassili. Une étroite faille permettait d'apercevoir, au-delà de la montagne, les étendues sans fin de l'ouest. Elle s'y faufila, tirant sa chamelle. La dune, en cet endroit, montait à l'assaut des rochers, comme les névés dans les montagnes d'Europe. Il n'y avait plus à hésiter : en véritable fille du désert, Tamara courba le col de sa monture, lui fit perdre l'équilibre et la bascula sur la raide pente de sable qu'elle n'eût jamais consenti à descendre d'elle-même. La fille et la bête roulèrent emmêlées jusqu'en bas. Elle eut encore le temps de se relever, de monter en selle en voltige.

Debout sur la brèche rocheuse, le méhariste la regarda s'enfuir, suivie de loin par le lourd chameau pie. Une lueur brilla dans ses yeux puis sourdement s'éteignit. Non, il fallait revenir. Ould Yahia avait besoin d'être assisté et puis, là-bas, au camp...

Le Madani tira les corps de ses deux compagnons dans un abri sous roche ; il ne vit même pas que celui-ci était revêtu d'étranges fresques peintes ; il recouvrit les cadavres mutilés avec des pierres, car il avait relevé la trace de hyènes et de chiens sauvages... Il amena ensuite un chameau près de Ould Yahia qui semblait avoir perdu connaissance, fit baraquer la bête et chargea le corps de son compagnon en travers derrière la bosse.

Il revint alors lentement vers le bivouac poussant devant lui les chameaux rescapés. De temps à autre, il regardait derrière lui, mais la fille maudite s'était évanouie entre les rochers, comme un djinn. De nouveau le Madani sentit poindre un violent regret ; pourquoi ne la poursuivrait-il pas ? pourquoi n'achèverait-il pas ce qui était écrit ?... Le ciel était devenu subitement cuivré ; on eût dit une immense coulée de bronze, formée de lourds cumulus déferlant très bas sur les montagnes et les dunes. Il comprit qu'une tornade se préparait, et il songea tout à coup aux sacs de farine éventrés, aux chebkras remplies de dattes pressées qui brûlaient lentement et que, dans sa fureur, il avait négligé de mettre en sûreté.

Lorsqu'il parvint au camp, un premier coup de vent, terrible, s'abattit, accompagné d'un hurlement, crachant avec lui le sable et les cailloux du reg ; la nuit vint d'un coup, terrifiante, les sifs se mirent à fumer de longues comètes échevelées et la voix du Roul, le seigneur des regs, se mêla aux clameurs de l'ouragan. La flamme de l'incendie montait et se tordait sous la tourmente. Le

Madani dispersa les tisons, écarta les caisses, para au plus pressé, et se mit en devoir de transporter sous un abri rocheux auprès d'Ould Yahia le maximum de ce qui pouvait encore être sauvé.

Les premières gouttes d'eau tombèrent, larges comme des feuilles d'olivier, et il sembla que cette pluie eût tout à coup commandé le silence. Cela ne dura qu'un temps ! Il y eut un éclair éblouissant, puis un autre et encore un autre, et, avec le même écart, le fracas du tonnerre se répercuta trois fois à tous les échos. La tornade s'abattit dans un ruissellement d'eau chaude. Des sacs de farine qui n'avaient pas encore pu être abrités s'échappait un limon blanchâtre et gluant ; sans relâche, le Madani faisait le va-et-vient entre la montagne et l'oued, entassant au hasard ce qu'il pouvait encore transporter, ne sentant plus l'immense fatigue qui le terrassait, ni la pluie qui ruisselait sur son corps gangué de sable et pollué de sang ; quand il entendit au loin le roulement du torrent en furie qui approchait, les deux tiers de vivres et du matériel étaient en sécurité ; les chameaux, entravés des quatre pieds, avaient été baraqués à haute distance du thalweg. La crue passa comme un mascaret à la vitesse d'un cheval au galop et le désert fut empli du grondement épouvantable des blocs se heurtant ; le courant boueux charriait des troncs entiers de tamat, d'oleo laperrini, des éthels millénaires. La nuit s'illuminait brusquement d'éclairs et il semblait alors que la nappe même des eaux devînt phosphorescente. Le Madani, épouvanté, courbé jusqu'à terre, écrasait ses oreilles de ses poings, pour ne plus entendre la clameur gigantesque des éléments déchaînés.

Devant cette manifestation de la colère divine, il songeait que Dieu seul est grand, qui nettoie ainsi de façon absolue les lieux du crime, qui purifie les pierres rougies par le sang de la trahison. Ah ! que le torrent divin emporte aussi la vanité malsaine et l'orgueil des humains et la folie sanguinaire de ceux qui ne savent plus penser qu'à leur vengeance. Auraient-ils oublié que Dieu seul sait punir ?

Et devant ce flot plein de pourritures terrestres qui galopait d'est en ouest, issu directement des solitudes vers lesquelles très loin le prophète naquit, le Madani pria.

L'eau continuait à monter lentement, baignant les flancs du tassili et sa poussée irrésistible passait maintenant aux pieds du goumier, dans une rumeur de foule en révolte.

De la falaise cascadaient par toutes les brèches, par tous les couloirs, des torrents furieux qui venaient se joindre aux eaux en mouvement ; le plafond de la grotte se mit à suinter et un mince filet liquide vint sans bruit inonder le sol de l'abri où étaient réfugiés les deux hommes.

Lorsque le Madani eut terminé sa prière, il s'aperçut qu'à ses côtés, Ould Yahia avait cessé de geindre. Dans ses yeux morts, s'attardait encore le reflet de l'ultime vision : celle des au-delà merveilleux qui attendent les croyants.

Le Madani rabattit les paupières encore chaudes.

Comme la mort ne doit pas interrompre la prière de l'homme sage, il reprit sa méditation, bercé par la grande rumeur de la nature en furie.

CHAPITRE XXII

Le bruit de la pluie clapotant sur les charges posées à terre cessa ; Beaufort, accroupi sous la double épaisseur de ses burnous, releva son capuchon. La nuit allait se terminer ; on devinait déjà les teintes de l'aurore mêlées aux clartés mortes de la lune ; celle-ci, à son dernier quartier, tanguait sur les lourds nuages de la tornade, qui s'enfuyaient noirs et menaçants vers l'ouest. Il y avait encore quelques étoiles dans le ciel. Le lieutenant écouta les murmures du bivouac. Il n'entendait pas, comme à l'accoutumée, le pétillement joyeux de la flamme, ni les discussions animées de ses hommes groupés autour des braises. Le vent qui coulait sur son visage terreux était onctueux comme une hypocrite caresse. La brise ne chantait pas et les sifs éboulés ne sifflaient plus en projetant leurs légers panaches de sable ; mais la longue rangée des dunes se silhouettait régulièrement, ultime et implacable obstacle qu'il fallait franchir ou contourner. Un homme toussa, racla de la gorge, avec de petits râles exhalés du fond de la poitrine : « El Touati, pensa Beaufort ; il a dû attraper une forte bronchite. » Il y avait par moments, pour meubler l'étrange silence, comme de vastes soupirs terminés par des chuintements, desploufs, des bruits d'eau, insolites en ces lieux de sécheresse. Un pan de sable mouillé glissait lentement comme un début d'avalanche de neige lourde et venait combler une flaque du gassi sur lequel ils campaient.

Beaufort voyait mieux, maintenant, ses compagnons.

Comme lui, ils étaient accroupis dans la boue depuis la veille à midi, quand la tornade les avait surpris, — par bonheur, ils longeaient alors de grands couloirs entre deux chaînons de dunes. Ils avaient à peine eu le temps de baraquer, de décharger, d'abriter tant bien que mal le reste des provisions. Mais l'orage leur avait apporté ce bien suprême des Sahariens : l'eau. Ils l'avaient recueillie dans la bâche d'abreuvoir, dans les burnous étendus sur des cuvettes de sable creusées à la main, dans tous les récipients qu'ils possédaient ; Chaambi Ahmed et le Touati avaient rempli les betillas qui sonnaient creux.

Il était temps ! Ils en étaient à leurs dernières gorgées, et nul ne pouvait encore dire avec certitude, à l'orée de ce neuvième jour, s'ils sortiraient bientôt de l'erg.

Ils avaient bu, bu...

Ils s'étaient mis nus sous les coups de boutoir de la tourmente qui les frappait de plein fouet comme un paquet de mer vient parfois couvrir le spardeck ; ils s'étaient imprégnés d'eau, imbibés et ils sentaient très nettement leurs pores qui s'ouvraient, se dilataient ; un bien-être délicieux s'emparait d'eux ; ils n'avaient pu allumer de feu ; tout était trempé, transpercé ; d'ailleurs, leurs ventres ballonnés les alourdissaient suffisamment pour qu'ils ne songeassent point à manger.

Franchi avait secoué leur euphorie.

« Rhabillez-vous ! couvrez-vous ! conseilla-t-il avec fermeté. N'attendez pas que la fièvre s'empare de vous. C'est trop imprudent !... »

Alors, comme il n'y avait rien d'autre à faire, ils s'étaient recouverts de leurs lourds burnous, de leurs couvertures, et, accroupis dans les flaques d'eau boueuse, ils avaient attendu que la pluie cessât. Elle était tombée en rafales violentes pendant des heures, mais ils ne craignaient aucune inondation dans cette vallée envahie par les sables qui absorbait tout...

« Queue de tornade soudanaise, avait déclaré Lignac, nous sommes au-delà du 22e parallèle, ça se sent... Au moins nos chameaux auront de quoi brouter... »

Ils avaient claqué des dents jusqu'à l'aube et maintenant...

Il ne leur restait plus qu'à évaluer les dégâts, car leur salut ne s'était pas acheté sans pertes. Franchi, le premier, vint déclarer au lieutenant :

« Le deuxième chameau est mort...

— Alors, nous n'avons plus que Merzouk ! »

Le lieutenant chercha des yeux la brave petite bête qui les avait si bien servis jusqu'alors. Elle stationnait debout, immobile, le cou à peine ployé, tout son pelage mouillé et boueux, ruminant machinalement on ne sait quelle pitance imaginaire.

« Je t'achèterai dès mon retour, songea Beaufort ; je ne veux plus d'autre monture. » Il sourit à cette idée. Reviendrait-il un jour vers ces lointains pays civilisés, vers Tamanrasset la fastueuse ? Il n'en demandait pas tant : revenir simplement aux campements de Tin Tarabine, dans la vallée du crime... revoir des gens vivant normalement, boire et manger sans souci du lendemain.

Franchi, debout à ses côtés, respectait ses méditations. Lui aussi réfléchissait, mais en vrai Saharien il ne pensait ni à son pays, ni aux siens, ni aux choses du passé. Il pensait à l'heure présente et aux suites de la tempête... Il se décida à confier ses pensées :

« Du bon et du mauvais, mon lieutenant ; cette pluie nous a sauvé la vie ; car je ne vous disais rien, mais je nous voyais déjà en train de sécher derrière un oghourd, tandis qu'à présent... du bon et du mauvais. Voyons le mauvais. J'ai vérifié les vivres : pas trop de dégâts car on a pu les abriter ; il ne nous restait pas grand-chose... Il faut attendre que tout sèche, car les harnachements sont détendus et nous sommes obligés de seller Merzouk en aouïa *, il faudra abandonner nos rahlas, fit-il avec un soupir. Ensuite, Merzouk ne peut pas porter deux betillas pleines, les vivres, les instruments !... Nous avons deux guerbas, mais si nous abandonnons les betillas, avec quoi reconstituerons-nous notre réserve d'eau quand nous aurons rejoint le Madani ? Ah ! si la deuxième bête avait encore pu tenir un jour ou deux, mon lieutenant, ç'aurait été mieux.

« Voilà pour les ennuis. Par contre, notons un avantage sérieux : la pluie a raffermi les sables. Regardez ! on peut escalader les dunes par n'importe quel côté, tout est dur et portant. On doit pouvoir avancer rapidement et il faut faire vite tant que le sable n'est pas réchauffé et amolli par le soleil.

— C'est comme cela que Georges Estienne, bloqué avec ses véhicules dans le Grand Erg Occidental, a été providentiellement sauvé par un orage qui, en durcissant le terrain, lui a permis de passer », constata Lignac.

Un chant s'élevait maintenant au bivouac. Djana, dépouillé de ses vêtements, étrangement mince et musclé, la face tournée non pas vers l'est mais vers le sud, improvisait avec une ferveur extatique. Les couplets se succédaient à cadence rapide, sur le même rythme syncopé, très différent du chant targui et des mélopées arabes... Un rythme nègre, et le langage de l'esclave lui-même n'était plus le tamachek du Hoggar, mais une langue plus chantante, plus zézayante.

« Il chante en haoussa, fit Lignac ; le dialecte de ses pères. »

Le savant traduisait : « Il bénit le ciel d'avoir envoyé l'eau et de lui avoir montré le signe. Il chante son prochain retour au pays des ancêtres. Il voit par-delà les horizons que nous ne discernons pas encore surgir des sables la montagne dorée. »

Djana, visiblement, n'était plus de ce monde.

Tantôt, il tremblait de tous ses membres, les yeux révulsés ; tantôt, au contraire, calme et apaisé, il souriait vaguement aux lointains inconnus...

Chaambi Ahmed et le Touati s'étaient instinctivement rapprochés du lieutenant. Ils ne comprenaient pas, mais ils devinaient : l'esclave était possédé ! il voyait des choses qui leur échappaient...

« C'est lui, mon lieutenant, c'est lui qui est cause de tout ; Allah l'inspire pour notre bien ou notre perte, mais il l'inspire. Choûf ! le chemin dans l'erg, les pierres écrites et maintenant la pluie... c'est lui qui nous vaut tout ça ! »

Et le goumier toucha vivement, sous sa djellaba boueuse, les amulettes pendues à son cou. En vérité, un sorcier, ce Djana.

Seul, Sidi-Bouya, le chasseur, vaquait négligemment à ses occupations, resserrant les boyaux d'antilope détendus par la pluie qui liaient entre elles les différentes parties des bâts de charge. Il semblait, depuis qu'ils avaient lâché les Touareg, entièrement tombé sous la domination de l'esclave... Il ne le quittait plus, mangeait avec lui, et jamais il n'avait manifesté de craintes aux moments les plus critiques de l'aventure. « Pour sûr ! pensait Chaambi Ahmed, Sidi-Bouya est envoûté. »

Djana se tut. Il resta encore un long moment étendu face contre le sable, puis il se releva. Il était ou paraissait normal.

« Mon lieutenant, dit-il sans transition, ce soir nous sortirons des sables.

— Comment le sais-tu ?

— Allah vient de m'inspirer. Crois-moi, nous sommes sauvés ! »

Ils accueillirent tous la nouvelle avec joie, car déjà, blancs, nègres ou arabes, tous, insensiblement, se laissaient subjuguer par la conduite extraordinaire du petit noir. Lignac, lui-même, le sceptique de la bande, ne put qu'ajouter :

« Je finirai par être convaincu qu'il en sait plus que nous. Croyez-moi, Beaufort, l'Oasis inconnue existe, la conduite de Djana m'en apporte la certitude. Sans doute une légende s'est-elle transmise depuis des siècles, jalousement gardée par les esclaves noirs qui redoutaient de voir les Touareg razzier le pays bienheureux de leurs ancêtres... Hypothèse à vérifier. Pour l'instant, en route... Je voudrais bien trouver de nouveaux rupestres pour confirmer ma théorie... »

Sur l'heure, Beaufort dépêcha Djana et Sidi-Bouya en éclaireurs. Le premier fut chargé de découvrir le meilleur passage ; le second, de ramener si possible un gibier quelconque pour améliorer leur maigre ration de dattes et de farine.

La matinée fut claire et fraîche... Les gens avaient été vivifiés par la pluie. Seul le Touati sortait éprouvé de la nuit sous l'orage ; il toussait sans arrêt et la fièvre colorait ses pommettes...

Il fallut attendre midi avant de repartir.

Les traces de Djana étaient franchement marquées dans le sable. Franchi avait dit vrai. Il était facile désormais d'escalader les dunes affaissées par la pluie et dont les sifs étaient devenus praticables. Alors qu'en trois jours, depuis le campement des marcouba, ils avaient à peine progressé de cinquante kilomètres en profondeur, chiffre vérifié par les relevés astronomiques de Beaufort, ils couvrirent rapidement cet après-midi-là une quinzaine de kilomètres. Aux grands oghourds, hauts de trois à quatre cents mètres, avait succédé une mer de dunes enchevêtrées mais peu élevées, aux crêtes larges et faciles, et Chaambi Ahmed y reconnut le signe certain que la sortie de l'erg était proche. Le soleil reprenait peu à peu sa force, mais la violence de la tornade avait été telle que le sable conservait sa densité. Merzouk, désormais seul espoir de la caravane, marchait régulièrement, couvé par les deux Chaamba qui veillaient à ce qu'il ne crève pas dans un effort trop violent. La vaillante petite bête, écrasée par les deux betillas et son trop lourd chargement, semblait ragaillardie par la pluie...

Ils avaient cheminé longtemps en direction du sud, lorsqu'ils aperçurent, debout sur une dune, Djana leur faisant signe.

Le Noir était joyeux, il tendait le bras en direction de quelque chose.

« Choûf, mon lieutenant, un tassili ! Il y a un redjem. »

On distinguait à peine, sur la ligne d'horizon, une barre noire horizontale qui effleurait la crête des sables ; Beaufort l'eût confondue avec le ciel, mais le Noir et les Chaamba identifièrent la barrière d'une falaise. Djana s'expliqua.

Dès qu'il avait aperçu là-bas cette chaîne de rochers, il avait couru de dune en dune et, arrivé à proximité de la lisière de l'erg, il avait repéré à de grandes distances plusieurs redjems orientés est-ouest ; les uns étaient sur le haut même du tassili ; les autres, simples lames de grès apportées à dos d'hommes, étaient fichés sur des gours * ou des dunes isolées. Un oued avait coulé la veille avec violence entre le tassili et l'erg, mais il y avait du pâturage et de l'eau. Sidi-Bouya avait relevé des traces de gibier. Il avait pris le pied d'un addax, l'antilope reine des grands espaces soudanais.

« Par Allah, mon lieutenant, nos misères sont terminées...

— Et le Madani ? questionna Beaufort.

— Sans doute nous recherche-t-il plus à l'ouest après avoir jalonné la route de ce côté-ci. Oui, le Madani fait du bon travail. »

Ils explosèrent d'allégresse.

Beaufort, Franchi et même Lignac se serraient les mains, s'esclaffaient, extériorisaient bruyamment leur joie. L'erg inconnu était vaincu ! Sur deux cents kilomètres, ils avaient triomphé de ses obstacles, et voici que tout désormais s'annonçait pour le mieux. Ils allaient bientôt trouver de l'eau, des vivres, des montures neuves...

La nuit les surprit dans les dunes mais ils ne s'inquiétèrent pas d'un pâturage, pas plus qu'ils ne daignèrent, ce soir-là, allumer du feu. Avec quoi, d'ailleurs, l'auraient-ils fait ?... Imprévoyants, comme tous les nomades, les Chaamba parlaient de vider l'eau des betillas pour décharger la bête, mais Beaufort s'y opposa fermement.

« Quand nous aurons bu aux gueltas promises, vous pourrez, dit-il ; d'ici là, continuons à faire preuve de sagesse. »

Cette nuit fut pour tous magnifique. La grande clameur de l'erg s'était apaisée ; le ciel était éclatant de pureté et aucun nuage ne vint barrer le grand tableau constellé sur lequel ils écrivaient leurs pensées. Seul le Touati, les pommettes enflammées, toussa sans arrêt, malgré la quinine que lui administra Lignac. Beaufort s'endormit très tard, juste comme le dernier croissant de lune apparaissait sur l'horizon. Il avait vécu ces heures nocturnes dans une sorte de demi-torpeur bienfaisante, il ne pensait plus, c'est à peine s'il avait revécu les douloureuses et dramatiques journées écoulées. Les assurances de Djana, en lui enlevant ses soucis de chef de mission, l'avaient rendu au calme des gens sans histoire, et ce fut pour lui la première nuit paisible qu'il eût connue depuis son départ de Tamanrasset. L'erg franchi et sa mission victorieusement conduite, il se sentait le droit d'aspirer au repos. Pas un moment il ne songea qu'il était peut-être prématuré de le prendre...

Sans qu'il s'en doutât, le désert pensait pour lui.

Le lendemain, ils furent rapidement au premier redjem, fiché sur une dune avec la lame de pierre orientée vers l'ouest, puis au second élevé sur un gour, et qui les renvoya au troisième signal, plus important celui-là, véritable guemira arabe dressée sur le haut de la falaise. Comme ils l'atteignaient, Sidi-Bouya les rejoignit silencieusement, venu on ne sait d'où, portant sur son dos la lourde dépouille d'un addax. Ils l'accueillirent avec joie. Alors seulement, ils songèrent que, depuis plusieurs jours ils n'avaient pas mangé à leur faim. Comme le chemin pouvait être encore long jusqu'au Madani, ils firent à l'instant griller les viscères sur un feu de bois.

La route évidente était de suivre le lit de l'oued entre les sables et la falaise, mais la crue y avait effacé toutes les traces du Madani et de ses hommes.

Chaambi Ahmed, l'habile pisteur, décida immédiatement :

« Vous, mon lieutenant, Sidi-Bouya et moi, nous parcourrons le haut du tassili ; nous y trouverons une ligne sûre de redjems ; m'siou Lignac, le chef et le Touati avec Djana, ils suivront l'oued ; on tirera des coups de mousqueton pour se reconnaître. »

De la falaise, Beaufort put contempler la morne étendue calcinée du tassili ; c'était un désert de pierres noires, un amas de scories, de dalles craquelées, tout coupé de petits ravins, de failles et de crevasses, entre lesquels il eût été facile de s'égarer.

« Choûf ! mon lieutenant, fit remarquer Sidi-Bouya, encore les traces de l'addax et aussi du mouflon ; il y a beaucoup de gibier par ici, c'est bon bled. »

Au nord, le grand erg qu'ils avaient traversé étalait ses masses de dunes compliquées. On ne devinait pas au sud ce que serait le paysage. Le tassili, uniforme, semblait s'étendre fort loin, mais en fait l'horizon était vite borné par d'insensibles dénivellations de terrain.

Beaufort surveillait le lent cheminement de ses

compagnons à cinquante mètres au-dessous, dans la dépression où avait coulé l'oued. Lignac longeait la barre rocheuse, fouillant les moindres cavités. Djana le suivait comme son ombre puis venaient le Touati tirant Merzouk et enfin Franchi qui, en queue de colonne, depuis les dernières heures, marchait avec lassitude.

« Le chef est épuisé, songea Beaufort ; il s'est surmené, la tornade a sans doute réveillé son paludisme ; pourra-t-il continuer ? »

Chaambi Ahmed allait devant, s'éloignait par moments, escaladant de minces tours rocheuses, cherchait de vaines traces sur ce glacis pétré où rien ne marquait. Parfois, il lançait un appel et faisait signe qu'on était sur la bonne voie. Alors il montrait triomphalement deux petites pierres, l'une sur l'autre, ou bien une plaque de grès dressée et orientée : simples repères qui eussent pu échapper à tout autre qu'au goumier.

Sidi-Bouya avait disparu sur les traces d'un mouflon. Le lieutenant ne s'inquiétait pas de lui ; il saurait les retrouver quand il voudrait, celui-là. Ils marchèrent longtemps, désespérant d'arriver.

Chaambi Ahmed tira un coup de mousqueton.

Rien ne répondant, ils continuèrent d'avancer.

L'inquiétude n'était pas dans leurs cœurs, car ils savaient qu'à cinquante kilomètres près le Madani ne pouvait leur fixer d'endroit précis. La découverte des redjems suffisait pour les rassurer.

Cette journée qu'ils avaient espérée courte et décisive, tournait en longueur. Beaufort, après la détente de la veille, était accablé tout à coup par la plus lourde fatigue physique qu'il eût jamais ressentie. Jusque-là, il n'avait prêté attention à rien hormis au but qu'il s'était fixé — franchir l'erg — et voici qu'il se surprenait à traîner la jambe ; ses pieds nus — depuis longtemps ses derniers naïls avaient été usés — gercés au talon, le faisaient souffrir, il se sentait défaillir, comme si sa pauvre carcasse, bandée de muscles, se révoltait brusquement, le lâchait maintenant qu'aucune volonté ne présidait plus au jeu de ses organes.

L'espoir de retrouver bientôt le Madani, Ould Yahia et le Tidjani, de revoir ses braves compagnons, lui donna un salutaire coup de fouet.

A la suite du Chaambi, il descendit et escalada les invraisemblables fissures du tassili. Parfois, il leur semblait s'éloigner du rebord de la falaise et, malgré lui, Beaufort regardait instinctivement vers le nord, vers l'erg hostile mais qu'il connaissait ; il redoutait la fausse plaine, perforée comme une passoire, pleine d'embûches, coupée de gouffres secrets. Tant l'idée de l'inconnu est effrayante, même pour des âmes bien trempées.

Chaambi tira un second coup de mousqueton.

Ils attendirent longtemps.

Enfin le signal vint.

Une détonation, puis deux, puis trois, auxquelles ils répondirent par un feu de salve dont les échos multiples du tassili se renvoyèrent longuement le bruit.

Déjà Chaambi Ahmed se précipitait vers la corniche, scrutait en contrebas l'étendue où son œil de rapace cherchait à retrouver la masse sombre des chameaux au pâturage.

Il vit enfin, tout proche, une mince fumée qui

s'élevait d'un abri rocheux, et il distingua, debout contre cette colonne mobile et bleutée la silhouette du Madani. Eux se détachaient sur le haut de la falaise, facilement visibles et pour prouver qu'il les avait aperçus le Madani tira à son tour une salve de mousqueton.

Tout à coup Chaambi Ahmed s'arrêta. Il devinait quelque chose d'anormal dans l'attitude du Madani. Et pourquoi n'avait-il pas autour de lui ses compagnons ? Où paissaient les bêtes du convoi ? Enfin, où était le carré régulier du camp, qu'en vieux méhariste des Compagnies sahariennes, le Madani se devait de former chaque soir ?

« Vite, mon lieutenant ! »

Il aurait voulu déjà savoir. Il n'avait pas encore osé confier ses craintes à l'officier.

Ils dévalèrent la falaise par une cassure emplie de gros blocs éboulés et gagnèrent l'abri sous roche à mi-hauteur où se tenait le Madani. Beaufort, qui n'avait encore rien remarqué, s'élançait joyeusement :

« Salam Alekhoum, El Madani, labès[1] ? Bravo, tu es fidèle au rendez-vous. »

Au lieu de répondre, le goumier désigna l'amas hétéroclite des bagages, empilés sans ordre ; le lieutenant vit d'un regard les guerbas lacérées, les sacs troués, hâtivement rafistolés, les couffins à moitié brûlés...

« L'oued ? » interrogea-t-il, ne comprenant pas.

Mais le Madani montra, dans un repli de la falaise, un tumulus fraîchement construit en gros

1. « Le salut sur toi, El Madani, ça va ? »

blocs et sur lequel deux pierres levées signalaient la dépouille d'un croyant.

« Ould Yahia, fit-il.

— Mort ? fit bêtement le lieutenant, tout à coup crispé.

— Assassiné, reprit Chaambi Ahmed qui, lui, savait tout ce qui s'était passé, depuis le premier coup d'œil jeté sur le camp.

— Morts aussi le Tidjani et Si Hamza, déclara encore le Madani, et massacrés les chameaux...

— Tous les chameaux ? fit sourdement Beaufort, appréhendant la réponse qui pouvait signer leur arrêt de mort.

— Regarde ceux qui restent ! » Et le soldat montrait, un peu plus haut dans le ravin du guet-apens, les trois bêtes survivantes qui broutaient paisiblement.

Beaufort ne pouvait encore admettre l'ampleur de la catastrophe. Le choc était trop brutal, après l'immense effort déployé par lui et ses hommes pour traverser l'erg. Il avait besoin de mettre de l'ordre dans ses pensées. Il se surprenait tout désemparé, sans réflexes. Il fit un surhumain effort de volonté pour masquer son trouble. Comme si ses deux fidèles goumiers n'avaient pas deviné déjà ses tourments !

Soudain, du plus loin qu'il les vit, Lignac, levant les bras au ciel, jeta, transporté : « Victoire, mon vieux, victoire ! Les rochers de l'oued sont garnis de rupestres et de tifinars archaïques, et, pour la seconde fois, Beaufort, j'ai retrouvé le sceau de Salomon... Nous sommes sûrs d'être sur la bonne voie ! Rien qu'ici, il y a une moisson de dessins, de gravures et de peintures à recueillir. Ah ! mon vieux, nous avons la baraka !... »

Ils n'osèrent pas se retourner, lui découvrir l'épouvantable ironie de ses paroles.

Lui n'en croyait pas ses yeux : Quoi ! personne ne s'associait à sa joie ? Beaufort qui jadis piaffait d'enthousiasme à ses découvertes...

Franchi s'était attardé derrière avec le Touati ; ils se trouvaient à l'emplacement du camp primitif ; l'eau n'avait pas tout emporté ; quelques débris de ballots à moitié brûlés restaient coincés entre des blocs. Le « chef » et son compagnon croisèrent leurs regards ; ils craignaient le pire désormais.

« Rejoignons ! fit brusquement Franchi. Je crains que nous ne soyons tombés dans un guêpier formidable. »

Tous trois escaladèrent les quelques mètres qui les séparaient des autres.

Lignac comprit sans explication ; son enthousiasme tombé d'un coup, il interrogeait déjà le Madani, mais Beaufort l'arrêta :

« Pas encore, Lignac ! » Il redoutait le récit du goumier. Il lui fallait absolument réagir, contrôler rigoureusement tous ses actes. Car il pressentait qu'il allait être amené à prendre une décision définitive.

Il se tourna vers le Madani : « Reste-t-il du thé, du sucre ? » Et sur la réponse affirmative du goumier, il ordonna : « Fais chauffer l'eau. »

Ils s'accroupirent autour du feu ; le Madani respecta leur silence. Ils attendirent que l'eau eût bouilli ; comme s'il ne s'était rien passé, le Madani prépara minutieusement le thé, goûta le premier des verres, puis les fit passer successivement au lieutenant, au savant, à Franchi et tous humèrent le breuvage...

En levant la tête, Lignac remarqua sur les parois de l'abri d'étranges fresques peintes en ocre, sanguine et blanc, merveilleusement dessinées, quoiqu'un peu effacées ; il identifia des cornes en forme de lyre, un troupeau de bœufs... Il ne put retenir une exclamation :

« Regardez ! »

Mais aucun d'eux ne daigna lever la tête ; que leur importait désormais les trésors qu'ils avaient découverts ? Il s'agissait de sauver leur vie s'il en était encore temps... Seul, Lignac se considérait comme suffisamment payé pour avoir contemplé semblables richesses, dût-il y laisser ses os...

« Raconte, Madani ! fit Beaufort. N'oublie aucun détail... »

Il toisa tour à tour, dans les yeux, chacun de ses compagnons et tous purent lire, dans son regard, une décision implacable de surmonter les événements... Le chef se retrouvait.

Le Madani parla. Tous l'écoutaient. Il parla longuement puis, soudain, il fut interrompu par un chant bizarre qui s'élevait du cañon...

Djana ! Djana qu'ils avaient oublié, sautait et dansait d'un bloc à l'autre, se prosternait devant les gravures découvertes, poussant ce chant syncopé aux finales brèves, aux phrases sans cesse répétées qu'il composait au rythme de sa vision personnelle et qu'avait reconnu Lignac. Lui aussi, ou plutôt lui seul avait considéré avec dédain le sac du camp et le massacre des chameaux.

Il se tut aussi brusquement qu'il avait commencé et resta sur place, assis en tailleur, bras ouverts dans une attitude de prière, écoutant les messages secrets qu'il était seul à percevoir !

Le Madani reprit son récit... Les Chaamba sentaient monter en eux une fois de plus leur colère ancestrale contre les hommes voilés... mais il était trop tard, l'heure n'était plus à la vengeance.

La nuit était tombée ; les flammes jouaient sur les parois et projetaient en grandes et mobiles ombres chinoises les silhouettes du bivouac ; la voix humaine résonnait comme dans un puits ; le moindre mot, la moindre phrase prononcée à voix basse montait, amplifiée comme une clameur et semblait retomber sur eux.

Sur le tard, Sidi-Bouya réapparut portant un gros mouflon qui l'avait entraîné fort loin vers le sud. Il annonça que le tassili cessait vingt kilomètres plus loin et qu'un grand tanezrouft lui succédait, tout fleuri d'acheb par les récentes tornades.

Tout aurait été pour le mieux, si...

« Voyons ! Six chameaux, deux betillas, quinze jours de vivres, résuma Beaufort. Le premier point d'eau connu, Issalane, est à huit jours de marche forcée... Nous pourrons peut-être revenir !

— Qui vous parle de revenir, Beaufort ? » interrompit doucement Lignac.

Et tous le regardèrent comme on dévisage un fou.

CHAPITRE XXIII

Personnelle.

AU LIEUTENANT VERDIER,
CHEF D'ANNEXE,
TAMANRASSET.

« Cher ami,

« MON rapport officiel joint à ce courrier vous aura fait connaître dans tous ses détails la marche de la mission, la traversée de l'erg — j'aimerais qu'on le baptisât *Erg garamantique* en souvenir du bétyle trouvé alors que l'espoir nous abandonnait — et notre tragique découverte au sortir de l'exténuante progression dans les sables. Voici trois jours que nous sommes au camp de malheur, trois jours plus chargés de pensées, de souvenirs, de peines et de désespoir que toutes les journées de mon passé.

« Il me semble avoir tout pesé : mon devoir de chef de mission, le but et le salut de cette mission. Ma décision est prise : je continue.

« Ne pensez pas, cher et fidèle ami, que j'aie perdu la raison. Moi aussi, je croyais Lignac fou, le soir du drame. J'ai bientôt changé d'avis. Ce premier soir, alors que les pertes avaient transformé notre victoire en défaite, trois seulement d'entre nous échappaient au découragement :

« Djana le mystique (lui seul sait où il va et nous ne faisons que le suivre) ; Sidi-Bouya, indifférent à tout ; enfin Lignac dont les déductions scientifiques confirmèrent les visions du nègre inspiré. Quand, dans cet abri sous roche, tout recouvert de fresques merveilleuses — je ne les ai vraiment appréciées que le lendemain —, Lignac a vertement relevé mon désir de retour immédiat, chacun de nous s'est regardé en murmurant : « Il est fou ! » Lignac n'était pas fou ; c'était au contraire le cerveau le plus lucide de l'heure. Ce soir-là, je n'ai pas voulu qu'il développât ses projets plus avant. J'avais besoin de penser, Verdier !

« Cependant que les hommes veillaient autour de la flamme, je portais mon tapis de sol à bonne distance, au pied de la falaise, et là, adossé à une butte de marcouba, j'ai longuement mûri ma résolution. Bien que la nuit soit propice au recueillement, je ne me sentais aucune liberté d'opinion. Il pesait sur moi une force implacable. Le désert, encore une fois, me modelait à sa guise.

« Il faut, Verdier, que vous passiez avec moi cette nuit tout entêtée par l'odeur du chikh arborescent ; il n'y avait plus de lune et c'était mieux ainsi ; j'aime le ciel saharien plein d'images lumineuses qui nous retracent en pointes de feu la perpétuelle histoire de la création. A distance, je pouvais voir la flamme haute et claire, abondamment entretenue, autour de laquelle nos hommes démoralisés discutaient âprement. J'entendais parfois les éclats de voix de Lignac discourant en tamachek. Je devinais Franchi prostré dans un coin, roulé dans ses couvertures, épuisé, déjà malade, s'abstenant de penser. Et puis, il y avait Djana ! Djana qui priait tout haut, récitant à cadence accélérée des versets du Coran ajoutés les uns aux autres comme les maillons d'une chaîne sans fin. Parfois un Chaambi répondait, et tous reprenaient en chœur !

« J'enviais ces gens ; j'aurais voulu prier avec eux, tant je sentais, ce soir, plus que tout autre nuit, le besoin, la nécessité pour l'homme de croire en Dieu. Tout jeune, j'aimais lire et relire un gros bouquin de prix récolté à la communale du village ; on y relatait les grandes aventures des hommes : Selkirk, Cook, l'équipage de la *Jeannette,* Scott, etc. ; il y avait une gravure toute tavelée par les mouches et l'humidité qui montrait un naufragé solitaire sur un radeau au milieu de la mer déchaînée. La légende : « Si tu veux « apprendre à prier, va sur la mer ! »

« Va à travers le désert », aurait-on pu dire également.

« Mais pour prier, Verdier, il eût fallu me dédoubler, m'oublier, me quitter comme dit Gide, laisser mes soucis, mes atermoiements, mes espoirs et mes découragements et ne plus penser qu'à Dieu. Cette béatitude éternelle, je ne l'ai pas encore atteinte. Je reste tourmenté ; je crois mais je n'en suis pas encore au stade de ces hommes pour qui ce soir plus rien ne compte hormis leur prière. Ah ! certes, ceux-là sont sûrs qu'Allah les recueillera ; ils lui font confiance. Pourquoi donc ai-je encore tendance, malgré ma solide formation chrétienne, à me croire seul maître de ma destinée ? Hésiterais-je s'il en était autrement ?

« Lignac — cet homme de fer — avait donc décidé de continuer. Sans attendre le lendemain. Sans recueillir notre assentiment. Je n'ai pas répondu. Les raisons du savant, je les devinais, il avait réagi tout autrement que moi. Je ne parle pas de Franchi (le malheureux est trop abattu pour donner son avis), ni des autres : ceux-là ont les regards fixés sur nous. A la vue du camp dévasté, des hommes assassinés, des chameaux massacrés, mon premier réflexe avait été : revenir, rentrer au plus vite, sauver ce qui restait de la mission. Akou tué, j'étais en fait déchargé de ma mission d'officier ; il n'y avait plus de rebelle. Dès lors, à quoi bon continuer ? La Piste oubliée ? L'Oasis inconnue ? Il fallait être fou pour persévérer... J'allais jouer perdant tout de suite. Quelle monstrueuse erreur ! Lignac venait me montrer qu'il ne faut jamais jouer perdant. Lui, du premier regard, avait jaugé le désastre. Et, une heure après, il déclarait : « Je continue. » Il avait vu qu'une chance s'offrait et il n'était plus question de reculer. Car nous n'étions pas dans une situation ordinaire, le sacrifice de nos hommes, nos peines, nos souffrances nous sommaient de nous dépasser. Revenir avec ce bilan de pertes eût été d'une lâcheté sans nom. Nous devions aller au-delà de nous-mêmes.

« Au matin, j'avais déjà accepté d'envisager une nouvelle progression dans l'inconnu. Sans faire aucune déduction scientifique, je n'avais voulu tenir compte que des réalités techniques, des possibilités humaines. Je dois dire qu'elles militaient en faveur de la poursuite des recherches.

« Il nous restait six chameaux : mon fidèle Merzouk, pas trop mal en point et qui rattrapait sur le bon pâturage où nous nous trouvions les jeûnes de l'Erg garamantique, les montures du Madani et d'Ould Yahia, enfin les trois rescapés du cañon.

« Dans ces conditions, il fallait réduire la caravane, tous ne pouvaient continuer. Il fallait d'urgence rapatrier Franchi dont la santé déclinait dangereusement et qui, certainement, me cachait son état depuis plusieurs jours.

« Brave et cher Franchi, véritable terre-neuve de la mission, comme j'eusse désiré qu'il m'accompagnât encore ! Il y avait aussi le Touati dont l'état avait empiré. Je devais vous renvoyer le Madani, grâce à qui le désastre n'avait pas été total. Enfin, à contrecœur, il faut me séparer de Chaambi Ahmed. Il ne le sait pas encore. Il me faudra prendre beaucoup de ménagements pour le lui dire, car il ne connaît pas le doute et me suivrait, j'en suis certain, de grand cœur. Djana nous conduira. Je conserve Sidi-Bouya qui nous est utile comme chasseur, car dans ces édens perdus il y a du gibier ; avec ces deux hommes, Lignac et moi formerons l'équipe de pointe.

Franchi vous apportera le courrier, les nouvelles et la situation astronomique exacte du camp actuel.

« Il nous reste deux betillas en bon état et deux guerbas. Nous partagerons : une guerba et une betilla à la caravane Franchi ; le reste, à nous.

« La tornade a rempli les gueltas un peu partout et nous ne manquons pas d'eau, mais plutôt de récipients. J'ai calculé qu'en huit jours, Franchi pourrait gagner Issalane et se refaire en eau. A quatre, avec soixante litres, ils doivent y arriver. C'est très juste, mais ils se rationneront.

« Nous pourrons emporter la même ration, et je me donne dix jours de délai : cinq jours à marcher plein sud, et si nous n'avons rien trouvé, cinq jours pour revenir. Les gueltas doivent tenir l'eau encore pendant de longs mois ; c'est providentiel.

« Reste la question des pâturages, car nous devons être très prudents ; nous ne pouvons pas risquer davantage nos bêtes. Sidi-Bouya, qui a poursuivi un mouflon au-delà du tassili, a découvert un tanezrouft tout fleuri d'acheb dans les dépressions. Une vraie prairie. Nous trouverons donc, au début tout au moins, de l'herbe et du gibier.

« Quant à la nourriture, l'inventaire étant fait, nous aurons du blé pour six jours, des dattes pour trois, de quoi faire le thé encore une dizaine de fois. Je compte sur le gibier qui, je le répète, paraît devoir être abondant. J'ai dit à Sidi-Bouya de sécher, à la manière touarègue, les lanières du mouflon qu'il a tué et chaque jour il chasse car il faut refaire des vivres pour les deux caravanes.

« Vous voyez, mon cher Verdier, que l'aventure s'annonce normale, tout bien pesé, mais le plus magnifique est que Lignac l'ait entrevu d'un coup.

« Au jour, j'ai rejoint mes camarades qui palabraient toujours auprès du feu.

« — Alors ? » m'a fait Lignac. Il avait un bon sourire ; on eût dit qu'il prévoyait déjà ma réponse.

« — Alors, c'est oui. »

« Il m'a donné une grande claque dans le dos.

« — Je savais bien que vous accepteriez. On « ne peut pas avoir contemplé de tels trésors « sans avoir envie d'en contempler d'autres. »

« Je ne le suivais pas. Puis je pensai, tout à coup, aux rupestres.

« — Les gravures ? Je vous avoue, Lignac, « qu'elles n'entrent pour rien dans ma décision. »

« Il a paru suffoqué.

« — Mais alors ?... Quel motif pour accepter de « tels risques ?

« — Eh bien, simplement, je décide de conti- « nuer, parce que, techniquement, la chose est « possible... »

« Je lui expliquai mon plan.

« Les autres s'étaient accroupis à l'entour sauf le Touati qui délirait doucement, — une congestion pulmonaire sans doute, — allongé près du feu, à l'endroit le plus abrité de la grotte.

« J'appréhendais le moment où il me faudrait parler ouvertement de la scission de la caravane. Franchi était là, à mes côtés, les joues creusées sous sa barbe inculte, les yeux brillants de fièvre, il faisait visiblement un effort pour ne pas laisser paraître sa lassitude. Pour rien au monde, je n'aurais voulu lui faire de peine... et pourtant...

« Quand il apprit ma décision de le renvoyer, il courba un peu plus les épaules, puis se redressa brusquement.

« — Mon lieutenant, vous ne pouvez pas faire « ça ; je dois rester avec vous... il y a encore du « danger là où vous allez, je veux être à vos « côtés.. Ai-je démérité ? »

« Il s'échauffait, il faisait peine à voir.

« — Non, mon vieux Franchi, croyez-moi, les « dangers sont également partagés. J'ai fait le « compte de notre eau ; pour rejoindre Issalane, « avec un homme fiévreux comme le Touati, vous « n'aurez droit qu'à un peu plus d'un litre et demi « par tête et par jour ; vous savez ce que ça signi- « fie, à cette latitude au mois de septembre... « Sécher à la moindre imprudence. Il me faut un « chef pour conduire cette caravane à bon port. « Je vous confierai tous les travaux de la mission : « vous seul pourrez expliquer avec précision notre « raid au lieutenant Verdier. Vous seul pourrez, « après vous être reposé, revenir avec de nou- « velles bêtes et des provisions à notre ren- « contre. »

« Je vis bien que Franchi ne s'illusionnait guère, mais mes paroles avaient préservé son amour-propre. Lignac avait approuvé.

« — Le lieutenant a raison ; votre rôle est peut- « être plus important que le nôtre ; vous êtes le

« seul lien qui nous relie aux autres, à ceux de « Tamanrasset et d'ailleurs. »

« Franchi, assis à la turque, oscillait du buste, il allait s'abattre.

« — Allez vous reposer un instant, chef, lui « dis-je. Je vous appellerai tout à l'heure pour « régler les questions de détail. Lignac, pendant « ce temps, venez me montrer vos gravures. »

« Nous nous éloignâmes. Il ne fallait pas que Franchi vît nos figures ravagées par l'émotion.

« — Atteindra-t-il Issalane ? questionna Lignac.

« — Inch' Allah... » fis-je.

« Chaambi Ahmed vint nous rejoindre. Je lui expliquai.

« — Pourquoi moi, mon lieutenant ? je veux « rester avec toi.

« — N'as-tu pas vu l'état du chef ? Et celui du « Touati ? Crois-tu que le Madani et toi soyez « de trop pour rapatrier nos malades ? En vérité, « Chaambi Ahmed, ton devoir est là. Que Dieu les « préserve, mais s'il arrivait malheur, c'est toi qui « irais prévenir le lieutenant Verdier. Compris ? »

« Chaambi Ahmed s'est mis au garde-à-vous, puis il a salué. Alors, comme il s'en allait en poussant un gros soupir je l'ai rappelé.

« — C'est bien ! Chaambi Ahmed, je n'oublierai « jamais ton dévouement, jamais ! Je sais que je « peux avoir confiance en toi. Vous pourrez partir « dès que vous voudrez... il ne faut plus attendre... « peut-être est-il trop tard déjà ? »

« Ah ! Verdier ! quel crève-cœur d'abandonner de tels compagnons ; je crois que nous nous aimions bien, tous ; nous avions forgé nos caractères aux mêmes épreuves, de bivouac en bivouac, quelquefois de muettes rêveries nous rapprochaient davantage. Le Corse avait retrouvé son métier d'homme avec une joie accrue. Je ne sais s'il s'en tirera, mais je suis certain maintenant qu'il a repris conscience de lui-même. Le désert, qui peut-être le tuera, l'a sauvé. Il peut mourir à présent.

« En principe, demain, à l'aube, nous partons : cap sur 180° et je n'aurai aucun regret. J'ai mis en ordre ma conscience en calculant que la chose était techniquement réalisable. C'est hypocrite, penseront certains, mais je n'y peux rien. Et s'il me fallait donner une explication complémentaire, je dirais que je comprends Mallory entraînant Irvine dans les derniers cent mètres de l'Everest et disparaissant à jamais. Mallory montait irrésistiblement pour lui-même, dans un ultime geste gratuit. Celui qu'on ne fait qu'une fois.

« Vous connaissez le secret douloureux de ma vie ; si vous ne m'en avez jamais parlé par délicatesse, je suis certain que le colonel Marlier vous avait mis au courant. Mes premiers bivouacs étaient hallucinés par cet amour défunt. Pauvre chère âme ! Que dirait-elle si elle savait qu'il me faut maintenant faire effort pour me souvenir même de ses traits... Où est le temps que, chaque soir, elle m'apparaissait, d'abord triste, puis apaisée, puis radieuse ? Où sont mes premiers colloques intérieurs... nos dialogues muets ?

« Le désert pense pour moi ! Il m'a façonné et m'a appris l'oubli. Il ne pousse pourtant point de lotus par ici. Dégoût de tout ? Besoin de facilité ?

Je ne crois pas. La route qu'il me reste à suivre n'apparaît point facile. Je vais au contraire vers des souffrances et des misères. Pourquoi donc continuer ?

« Parce qu'il le faut, Verdier, par une nécessité que je sens... d'un autre ordre.

« Je ne suis pourtant pas un monstre ; j'ai, tout à l'heure, écrit à ma pauvre vieille maman. Je la revois dans notre cadre familier de la vallée d'Hauteluce, assise au solaret de bois sculpté et bruni, prenant le court soleil d'automne et suivant la courbe de l'ombre qui, chaque jour, mange un peu plus de montagne. Bientôt, en face d'elle — notre maison est sur l'adret — les revers connaîtront les cent jours de l'ombre hivernale. Je m'en doute bien, elle pense à moi constamment. Je lui écris pour lui dire que je continue, je lui en donne les raisons : certitude de pouvoir revenir si je le veux (c'est exact, encore faudrait-il le vouloir), nécessité de ne pas abandonner les recherches de Lignac (c'est faux, aussi bien de sa part que de la mienne), besoin de servir mon pays, de découvrir de nouvelles terres, de relever les blancs de la carte (c'était juste au départ de Tam ; maintenant !...).

« Au fond, ma lettre est tout entière basée sur nos conventions sociales, les seules qui ne comptent point ici où l'homme se retrouve seul en face de lui-même... et dans la main de Dieu.

« J'en oublie de vous parler de nos trouvailles.

« En fait, nous sommes sur un puissant gisement de civilisations disparues. Lignac y reconnaît diverses époques. Des silex magdaléniens, des fresques peintes néolithiques, des peintures merveilleusement conservées, traitées en ocre, en rouge, en blanc, en camaïeu, ayant pour sujets des scènes de chasse et de vie pastorale, ou encore des scènes religieuses telles que l'adoration du bœuf ; les silhouettes humaines ont une curieuse affinité avec les représentations de l'Egypte prédynastique. Enfin, là-dessus, se greffent des tas et des tas d'inscriptions en tifinars archaïques impossibles à déchiffrer, profondément traitées à coup de silex sur les grès du tassili. Puis, plus récents, des dessins garamantiques : chars volants, cavaliers; des signes ! Nous avons retrouvé un deuxième exemplaire du sceau de Salomon, et c'est sur lui que Lignac fonde toute sa théorie. Enfin, assez bizarre, une spirale inversée à quatre branches, très effacée, paraissant fort ancienne. On aurait, paraît-il, découvert la même dans les fouilles pré-colombiennes du Mexique... Mystères de la terre !

« Voilà les preuves. En plus, Lignac se félicite de ce que :

« Contrairement à tout ce qui a été découvert dans le Sahara, il n'y ait pas ici une seule surcharge libyco-berbère, pas une seule représentation de chameau. Les premiers chameaux africains datent des guerres puniques ; pas un seul tifinar moderne (donc les Touareg ne sont jamais venus jusqu'ici, effrayés par l'erg sans doute), pas même de caractères coufiques comme à la Passe d'Aghelad au Fezzan qui attestent la pérennité et l'actualité de ce dernier lieu de passage...

« Voilà pourquoi Lignac veut continuer ; son

unique raison de poursuivre jusqu'à la limite de ses forces et de ses besoins. Un point noir, cependant : nous ne pourrons pas emporter le théodolite, ni la plupart de nos instruments scientifiques, à l'exception d'une boussole Peignet et des chronos. Nous devons être légers et rapides. Comme il n'est pas question d'en charger Franchi, je laisse tout mon surplus dans la grotte où nous sommes.

« En voici les coordonnées astronomiques très exactes relevées sur l'astrolabe à prisme sur des séries de quatre-vingts étoiles. J'y ai employé trois journées complètes, favorisé par un temps meilleur et un ciel purifié par la récente tornade.

« J'ai donc obtenu pour notre bivouac, que nous avons décidé d'appeler « Camp Duveyrier », la position suivante :

Longitude : 9° 31' 08" Est.
Latitude : 20° 54' 12" Nord.

« Ce sera mon dernier boulot précis.

« Après, ne croyez pas que j'abandonne toute idée de travail. Non ! Je continuerai, comme par le passé, à vous dresser un itinéraire journalier à la montre et à la boussole, à relever sommairement le terrain, sa faune et sa flore. Tant qu'il m'est encore possible de considérer mon retour comme une chose possible, je dois rester sur terre. Après, ma foi... on verra bien !

« Verdier, je vous quitte ; nos bagages sont prêts, légers et peu encombrants. On a dû calfater avec des dattes écrasées une betilla qui perdait ; en ne la remplissant pas totalement et en mettant la fuite en haut, nous ne diminuons que d'un dixième notre ration. Je garde cette betilla pour moi. Djana, de plus en plus visionnaire, m'a annoncé la prochaine arrivée dans la terre promise.

« Ma seule inquiétude est le sort de la caravane Franchi. Pourront-ils tenir à marches forcées jusqu'à Issalane ? J'ai bien fait de me séparer de Chaambi Ahmed, lui et le Madani sont les hommes qu'il faut pour mener ce raid à bien. « Ah ! ça n'est pas tout de monter, il faut savoir descendre », disait un de mes grands-oncles montagnard et guide. Il faut savoir aussi revenir. Ceux-là sauront.

« Maintenant, Verdier, Bellafia ! En présentant mes respects au colonel Marlier, dites combien je lui suis reconnaissant de m'avoir lancé dans cette aventure. Elle en vaut la peine.

« A vous, très simplement, merci.

« Et encore au revoir. (Vous voyez : je suis... optimiste !)

« BEAUFORT.

« Camp Duveyrier, 29 septembre 1928. »

CHAPITRE XXIV

Le Touati est mort à l'aube. Depuis quatre jours, depuis leur départ du Camp Duveyrier, le malheureux se consumait de fièvre et délirait doucement sur l'aouïa où l'avaient attaché ses compagnons. Sa pneumonie s'aggravant jointe au rationnement de l'eau, il ne pouvait s'en tirer. Il avait perdu sa ronde face de nègre, et ses yeux, les derniers temps, paraissaient immenses dans son visage décharné. On devinait déjà le squelette sous la peau tendue. Depuis une journée — sans le dire à Franchi, qui malgré sa détresse aurait protesté —, Chaambi et le Madani avaient jugé inutile de gaspiller pour lui leurs dernières réserves d'eau. Tout s'annonçait mal déjà ! A l'aube de ce quatrième jour, ils cherchaient en vain, sur un reg sans limites, les anciennes traces du Madani et de l'escorte : le vent de sable avait tout effacé, tout recouvert.

Et voici que maintenant il n'y a plus d'étoiles dans le ciel ; c'est à peine si, durant le jour, on peut suivre à travers le brouillard, comme une lueur intermittente, la marche du soleil.

Franchi a conservé une boussole. Au début il a réussi à tenir un cap ; mais à son tour, épuisé, déclinant d'heure en heure, rongé par un mal inconnu — peut-être le lointain effet du borbor sur son organisme affaibli — il n'est plus maintenant qu'une épave, attaché sur la rahla d'un méhari, tendant sa volonté pour ne pas geindre haut.

Le Touati est mort ; Chaambi Ahmed et le Madani ont creusé un trou dans le sable, ont déposé son corps, recouvert la tombe et chargé celle-ci de lourdes pierres. Franchi s'est traîné jusqu'au tumulus, il a voulu se mettre debout ; il y est parvenu dans un immense effort ; rajustant son képi bleu il a salué, puis aussitôt s'est affalé. Les autres ont interrompu leur tâche ; Chaambi Ahmed a glissé un peu d'eau dans la bouche du chef. Franchi, plus calme, a pu s'allonger ; il pleurait doucement, sans s'en apercevoir. Les deux autres, gravement, ont fiché les pierres puis se sont mis au garde-à-vous.

« Ouadattek el Moulana, Sidi[1] ! » a fait l'un ; l'autre a répété la phrase sacrée qui accompagne les croyants dans l'autre monde.

Et Franchi qui, tant de fois, au cours des combats de jadis, avait prononcé la même phrase, a dit à son tour : « Que le Seigneur t'accompagne, ô Touati ! »

Chaambi Ahmed, le premier, ramena les chameaux ; il fallait partir, partir immédiatement ! Le Madani ne reconnaissait plus le paysage. Ils

1. « Que le seigneur t'ait en sa protection ! »

avaient dû, dans la brume, tirer trop à l'ouest, et pas une dune de sable, aussi loin que portât la vue pendant les rares heures de clarté, ne venait leur donner une indication.

Franchi essaya en vain d'enfourcher sa rahla. Bien que le Madani serrât l'arzema et que Chaambi Ahmed le soutînt affectueusement, il était évident qu'il ne pouvait se maintenir en selle. Une sorte de rage froide le prit.

« Foutu ! suis foutu ! plus capable de monter !

— Du calme, chef, faisait Chaambi Ahmed, tu sais bien que non ! On va t'installer sur l'aouïa, tu pourras dormir tout le long de la route, car il faut désormais marcher jour et nuit. As-tu soif ?

— Non ! J'attendrai, comme les autres, je boirai ce soir à l'étape, pas avant. » Il s'emportait : « Pas avant ! Chaambi, fais le compte de l'eau ! »

Les autres ne lui dirent pas qu'en quatre jours ils avaient bu trente-cinq litres, soit plus de la moitié du liquide disponible ; il est vrai que le Touati avait cédé sa part...

Les chameaux commençaient à renâcler ; ils n'avaient point rencontré de pâturage depuis deux jours et blatéraient lamentablement.

Le Madani enleva la rahla de la monture du chef, installa l'aouïa sur laquelle, avec les burnous, ils firent une sorte de litière ; ils y couchèrent le Corse, et malgré ses protestations, l'attachèrent.

Ensuite, tirant leurs bêtes, ils revinrent en direction de l'est. Le Madani espérait toujours recouper ses propres traces de l'aller, mais il ne trouvait rien. Si encore il avait pu consulter les étoiles ! Mais les nuages couvraient complètement le ciel et la nuit tombait plus vite que d'habitude. Ils n'avaient plus aucun repère. Ah ! si Beaufort s'était trouvé là, il eût avec ses instruments diaboliques rétabli la situation ; Franchi était trop malade pour cette tâche. Un fatal abattement succédait aux crises de folie furieuse. Au soir du septième jour, ne trouvant toujours pas de traces, n'apercevant aucune dune, le Madani commença à croire qu'ils étaient perdus.

Chaambi Ahmed vérifia la provision d'eau. A l'estime, il mesura : cinq ou six litres ! De quoi vivre de un à trois jours sans bouger, quand il fallait marcher, marcher !

Ils avaient fait halte à même un tanezrouft rigoureusement plat. Franchi, toujours abattu, gisait, immobile, les yeux fixes.

Un rêve s'éveillait en lui, porté par la chanson mystérieuse du vent, et lentement il voyait s'inscrire dans les nuées un paysage qu'aucun de ses compagnons n'eût reconnu. C'était une vallée agreste, plantée de châtaigniers, un clair torrent roulait ses eaux en chantant. Au-dessus d'un village étagé sur un piton rocheux, des pentes recouvertes de maquis s'élevaient jusqu'aux neiges d'une montagne abrupte. Les pâtres ramenaient les troupeaux ; dans les ravins paissaient en liberté les noirs cochons à demi sauvages. Par place, dans la vallée, au milieu des champs et des plantations encloses de murettes en pierres sèches, des tombes blanches conféraient au paysage une sérénité hellénique.

Puis, tout à coup, la vision s'effaçait, le grand

vent des espaces morts arrachait les souvenirs surgis du fond de sa mémoire. Il reprenait un peu connaissance :

« Chaambi, El Madani, nous arrivons ? Partez devant, porter ma sacoche au lieutenant Verdier... » Il divaguait à nouveau : « Je rejoindrai... Je passe par la forêt. O ma Castagniccia !... » Il continuait en patois corse... et les autres le laissaient parler, très graves, épuisés eux aussi, mais ne pensant qu'à leur chef abattu.

Cette nuit-là, ils ne purent allumer de feu ; il n'y avait ni bois, ni racines, rien ! L'état de Franchi les avait contraints de s'arrêter sur place. Ah ! s'il avait pu au moins lire la « boîte magique » ; s'il pouvait leur indiquer une direction, n'importe laquelle ! Il semblait aux Chaamba que, pour la première fois, leur instinct séculaire d'orientation fût pris en défaut. Chaambi Ahmed sortit de la sacoche du chef la boussole. Lui et le Madani contemplaient bêtement cette espèce de montre et son aiguille folle. Ils savaient que cette boîte représentait le salut... encore fallait-il connaître le secret de son maniement compliqué !

Ils se penchèrent sur le Corse, soulevèrent sa tête, soutinrent son buste, et tandis que le Madani le calait, Chaambi montrait la boussole :

« Chef, ô chef ! Par Allah ! reprends tes esprits, voici la boîte magique ; lis-y nos destinées... Vois ! »

Déjà la nuit venue, l'aiguille phosphorescente oscillait à moitié folle dans son cadran.

« Fôy (Nord) ? » interrogea le Chaambi, désignant du doigt l'aiguille sur le cadran.

Franchi, intrigué, écoutait...

« Fôy ! » répéta le Madani, et il égrena les quatre points cardinaux en tamachek : Fôy, Anehol (le sud), Leqqablet (l'est), Tdjedel en Tâfouk (l'ouest).

« Nord ! » fit tout à coup Franchi sortant de son rêve intérieur, et lui aussi tournait curieusement la boîte ronde. Les autres retenaient leur souffle ; enfin une lueur se fit dans son esprit ; il posa la boussole à même le sable et se pencha dessus. Il fallut le soutenir longtemps, car il répétait obstinément :

« Fôy ! le nord ! » Enfin il stabilisa l'aiguille, qui vint se placer sur la lettre N.

« Chôuf, fit-il alternant le tamachek et l'arabe, Lemkechen (la Polaire). » Et il montra une direction dans la nuit.

Chaambi Ahmed traça sur le sable une flèche, puis ils attendirent le jour.

Franchi délira tout le reste du temps, mélangeant le patois corse au français et au tamachek, tenant de longs discours dont le sens échappait à ses compagnons.

« Dieu reprend son âme », disaient-ils gravement en le veillant.

Au matin, ils le ficelèrent sur l'aouïa et reprirent leur méharée. Chaambi Ahmed, s'aidant du repère tracé la veille, calcula un angle de marche empirique. Il était trop tard pour rejoindre directement Issalane, le nomade le comprenait. D'accord avec le Madani, ils décidèrent de tirer franchement ouest.

« Comme cela, fit le goumier à son compagnon,

nous traverserons besif * le medjbed El Soudan, la grande piste de Djanet à Agadès. »

Il tombait toujours sur le désert une fine et imperceptible pluie de sable. Mais le relief changeait légèrement ; on pouvait distinguer quelques buttes isolées, des ravinements, autant de repères que ne pouvaient négliger les deux coureurs de pistes.

Par moments, ils entendaient Franchi râler doucement sur son chameau ; il avait les lèvres racornies, la pupille dilatée ; il haletait de soif et de souffrance.

Bien qu'eux-mêmes fussent exténués, l'un d'eux apportait alors dans la manassa de quoi humecter la bouche du mourant. Il fallait ménager à l'extrême la provision d'eau. Des quelques litres de liquide boueux qui stagnaient maintenant au fond de la guerba, l'évaporation causée par le vent sur l'outre buvait les trois quarts. Demain, ils seraient à sec... et alors !

Il y avait quelques trouées dans la brume et parfois le soleil perçait. Ils en profitaient pour vérifier rapidement leur direction et calculer l'heure.

Quand le soleil fut au zénith, le Madani s'arrêta ; sa langue était comme celle d'un corbeau, sèche et dure dans sa gorge : boire, boire... mais le Madani savait parfaitement que tant que le chef vivrait, Chaambi Ahmed ne toucherait pas à l'eau.

« Tiens, ça te passera la soif. »

Chaambi Ahmed tendait à son compagnon une chique de tabac fort :

« Ça fait saliver...

— Couchons-nous là, veux-tu ? » implora le Madani.

Chaambi Ahmed s'emporta.

« Oh ! Madani ! toi le meilleur des méharistes, tu parles un tel langage ? Allons ! s'arrêter serait mourir. Montons sur nos chameaux ; il faut marcher ; il faut gagner les terrains de parcours des Aït Lohan. Pas avant, nous n'aurons la paix... »

Ils eurent beaucoup de mal à faire baraquer les animaux ; ceux-ci écumaient, rugissaient, cherchaient à mordre. Ils parvinrent péniblement à se remettre en selle.

Chaambi Ahmed passa l'arzema du chameau de Franchi sur l'arçon de sa selle et l'y fixa solidement. Puis eux-mêmes serrèrent les chèches autour de leur visage et se lièrent sur leur selle.

Enfin, Chaambi Ahmed pointa le nez de son chameau vers l'ouest inconnu. La petite caravane reprit sa marche au pas lent des bêtes fatiguées ; c'est tout juste s'ils faisaient du trois à l'heure, sur ce parcours facile entre tous. Puis le Madani s'endormit, et après lui, malgré d'opiniâtres efforts, s'assoupit Chaambi Ahmed.

Ce dernier fut réveillé par un grand coup de vent frais.

Le soir venait. Les chameaux marchaient régulièrement. Chaambi Ahmed regarda les étoiles, réfléchit. Derrière, Franchi parlait tout haut, s'agitait, hurlant des mots sans suite ; il avait lacéré ses habits et cherchait vainement à se défaire de ses liens.

Le Chaambi héla le Madani.

« Oh ! Madani ! regarde les étoiles. Pendant que nous dormions, les chameaux ont changé de cap ; nous marchons maintenant nord-ouest au lieu d'ouest... Vois les bêtes ! Elles ont dressé la tête et vont toutes les trois de front, tendant le cou. En vérité, El Madani, il faut nous en remettre à la Providence. Attache-toi plus solidement et laissons faire les chameaux.

— Regarde le chef, Allah l'a pris sous sa protection [1].

— Laisse-le, nous sommes trop faibles pour nous arrêter. »

Ils fixèrent solidement les rênes sur la croix de leur rahla, de façon que les chameaux ne pussent cesser de marcher [2], puis entrèrent dans la nuit.

Ils furent réveillés par les secousses rageuses, les coups de tête que donnaient leurs montures pour se libérer de l'arzema. Le jour pointait, ils étaient dans un large lit d'oued où, miracle ! croissait une maigre végétation : du drinn sec, des tamats rabougris, sur quoi essayaient de se rassasier leurs bêtes.

Le Madani, saisi par une étrange réminiscence, fit prudemment le tour de l'horizon, la main prête à saisir le mousqueton.

« Vois là-bas ! » fit-il tout à coup.

Chaambi Ahmed découvrit tout de suite à plus de mille mètres la tache blanche suspecte.

Le Madani, déjà, l'avait identifiée.

1. En pays islamique, les fous sont sous la protection d'Allah.

2. Dès que la rêne du méhari pend à terre, la bête tend à s'arrêter d'elle-même.

« La chamelle blanche de Tamara ! »

D'un geste instinctif, tous deux dégainèrent le mousqueton.

« Garde les montures, je vais en chouâf ! » déclara le Chaambi.

Le Madani rassembla dans sa main les trois rênes et tint les bêtes à l'abri derrière une butte de sable panachée de drinn.

Chaambi Ahmed avançait avec précaution, le cœur battant d'angoisse et de fatigue, examinant les traces, s'arrêtant, regardant, soucieux de ne pas être vu le premier.

« Avec cette chienne, le danger est partout ! » jurait-il.

Les traces conduisaient à un tamat isolé plus haut que les autres, et qui, de loin, semblait le plus accueillant des refuges dans cet oued désert.

Alors, ayant découvert ce qu'il voulait, Chaambi Ahmed passa la bretelle de l'arme à l'épaule, fit signe au Madani d'avancer et marcha franchement vers l'arbre.

Autour de Tamara, le sable était labouré profondément : la malheureuse, dans son délire, avait arraché en partie ses vêtements, et se roulait sur le sol, les yeux vagues, les lèvres gercées et gonflées. Comme par miracle, la souffrance avait épargné son jeune corps vigoureux et le Chaambi s'arrêta avec un respect admiratif. Elle n'entendait rien ; on n'eût pu dire si elle priait ou tremblait, car ses lèvres remuaient faiblement.

Le Madani le rejoignit. Ils firent baraquer le chameau qui portait Franchi, maintenant presque sans connaissance, et qu'il fallut traîner à l'ombre du tamat. Ils l'étendirent à côté de la femme ; celle-ci semblait sortir de sa torpeur et regardait, intriguée, tantôt les deux hommes penchés sur elle, tantôt cette forme humaine allongée sur le sable.

Elle fixait ses yeux sur le képi bleu défoncé et maculé.

« Elle va parler ! fit le Madani. Donne-lui à boire. »

Chaambi Ahmed le foudroya du regard, puis montra le chef qui, de nouveau agité, se tordait sur le sol. La folie de la soif s'était emparée de lui.

« Apporte un peu d'eau ! » fit Chaambi Ahmed.

Le Madani prit la guerba et ils s'efforcèrent ensemble de glisser quelques gouttes de cette boue liquide entre les dents serrées de Franchi.

« Laisse, dit le Madani, tu vois bien qu'il va mourir.

— Tant qu'il n'est pas mort, Allah et le lieutenant nous l'ont confié. »

Le Madani inspectait le paysage. Celui-ci n'offrait plus un caractère désertique absolu. La présence de ce tamat, de quelques touffes de drinn, attestait une zone plus clémente. Le Saharien creusa le sable. A un mètre sous terre, il le sentit humide sous ses doigts.

« Cet oued a coulé récemment, Chaambi Ahmed ; la vérité, il faut trouver l'eau. Si tu le veux, je partirai à sa recherche.

— Va, marche et reviens au coucher du soleil ; que Dieu guide tes pas », fit gravement Chaambi Ahmed qui acheva de vider la guerba.

Se dépouillant de ses vêtements inutiles, le

Madani, malgré son extrême faiblesse, prit la guerba vide et partit à petits pas.

Chaambi Ahmed assista, impuissant, à l'agonie du chef.

Visiblement, Franchi n'en avait plus pour longtemps. Il désirait parler, mais n'en avait plus la force. « Verdier ! » murmura-t-il. Il fit un geste de la main, désigna le gesh. Le goumier comprit, apporta la sacoche au sous-officier.

Tamara, dans un curieux réflexe, s'était redressée et se penchait sur le corps du mourant parcouru de longs soubressauts nerveux. Comme Chaambi Ahmed voulait l'écarter, elle le repoussa avec une telle violence qu'il en perdit l'équilibre.

« Arrière, possédée du diable ! » hurla-t-il en levant le bras, mais il n'osa frapper.

Franchi se releva d'un coup ; devenu fou furieux, il lacérait ses vêtements, se griffait les poignets, écumait ! Chaambi Ahmed essaya, en vain, de le recoucher à l'ombre ; le mourant puisait dans son délire des forces surnaturelles, s'accrochait, mordait.

Quand il fut à nouveau étendu, vaincu par cette ultime et terrible crise, Tamara rampa jusqu'à lui, se coucha sur son corps, comme une panthère sur sa proie et défia le Chaambi qui revenait avec un peu de liquide au fond d'un quart.

Il s'assit à l'écart et récita quelques versets du Coran. Il sentait venir la mort avec les ombres du soir. Il douta que, le lendemain, lui-même fût encore en vie.

Franchi expira doucement dans les bras de Tamara.

Puis celle-ci s'écroula à ses côtés, inerte ; mais Chaambi Ahmed qui s'était approché, s'aperçut qu'elle avait les yeux grands ouverts et qu'elle vivait encore. Il recula.

Le Madani ne revenait toujours pas.

Chaambi Ahmed égoutta sa dernière réserve d'eau ; il restait un litre ; il mit de côté la part du Madani, puis lentement but la sienne. Quand il eut fini, il sentit la fièvre s'emparer de lui. Il était en même temps irrésistiblement attiré par Tamara et s'approchait à la toucher. Il fut étonné de voir qu'elle avait un visage paisible ; c'est presque sans haine qu'elle le regardait, comme si la mort de Franchi l'eût tout à coup libérée.

Elle lui montra du doigt la part d'eau qui restait, celle du Madani... dernière ration qui pût permettre au Saharien de tenir jusqu'à l'aube... s'il revenait ! Chaambi vit le geste, et la femme, et l'eau. Il résista au désir tumultueux qui l'envahisssait...

Ce fut comme si cette grande émotion l'avait tout à coup terrassé, il perdit connaissance, et dans sa chute, le contenu du quart se répandit sur le sable.

Quand il reprit ses sens, le Madani était penché sur lui et le faisait boire lentement, aspergeant son visage et son corps. Bientôt, Chaambi Ahmed eut la force de parler.

« Inch'Allah, tu as trouvé un tilmas ?

— Dieu nous a sauvés, Chaambi Ahmed, il y a de l'eau à deux heures de marche. »

Son instinct ne l'avait pas trompé ; à quelques kilomètres de l'arbre, il avait croisé une piste de bourricots sauvages, il avait reconnu leur medjbed serré et profond et suivi les traces fraîches. Ils devaient bien s'abreuver quelque part. Certaines de ces bandes font ainsi quarante à cinquante kilomètres pour aller trouver l'eau. Heureusement pour lui, la distance avait été moindre, car il n'aurait pas eu la force de marcher longtemps.

Il était arrivé épuisé à un étranglement de l'oued. Sous quelques calotropis et un laurier-rose, poussait une petite forêt de roseaux ; le sol était spongieux ; les bourricots, les mouflons et les chacals avaient creusé des trous assez profonds ; à un mètre l'eau apparaissait. Elle était affreusement saumâtre, mais néanmoins buvable ; le Madani fit comme les bêtes, il s'allongea sur le trou, puis, après s'être mouillé le corps longuement, il but. C'était comme si le sang coulait à nouveau dans ses artères ; il but longtemps, longtemps, puis s'endormit. La fraîcheur du soir le réveilla ; il était tout engourdi ; mais il pensa au chef qui se mourait là-bas, à Chaambi Ahmed et, bien qu'il en repoussât l'idée, il revit Tamara svelte et gracile et son beau corps prêt à revivre...

Quand il revint, le chef était mort, Chaambi Ahmed évanoui ; Tamara, toujours vivante, n'avait pu dresser la tête, mais sentant d'instinct la présence de l'eau, elle murmura comme une litanie :

« Amane * ! Amane ! »

Chaambi Ahmed reprit rapidement ses forces. Cet homme était de fer. Il avait vidé d'un trait le contenu du bidon du Madani. Et tout de suite il commanda :

« Partons, El Madani, partons sur-le-champ !

— Et le chef ?

— Nous emporterons son corps jusqu'à un endroit où nous serons certains de pouvoir revenir le chercher.

— Et Tamara ?... dit l'autre montrant la femme.

— Laisse ! » répondit Chaambi Ahmed. Maintenant qu'il avait bu, il se sentait délivré de l'obsession charnelle qui l'avait poursuivi pendant quelques instants... « Laisse ! elle apporte le malheur ; sans elle le chef vivrait encore. Akou n'aurait pas tué ; c'est le fléau de Dieu !

— Dans ce cas, fit le Madani, abrège ses souffrances.

— Qu'elle se sauve elle-même si elle en a la force...

— Tu sais bien qu'elle ne peut plus faire un pas. »

Chaambi Ahmed ne répondit pas, se leva, cracha de mépris et partit rassembler les chameaux.

Quand il revint, le Madani s'approchait doucement, comme hypnotisé par le regard de la femme. Celle-ci s'était adossée à l'arbre. Il semblait qu'elle sourît malgré sa détresse. Le Madani avait dégainé son poignard. Il ne pouvait se résoudre à la laisser à sa lente agonie et déjà il visait la place du cœur sous le sein gauche largement découvert.

Tamara souriait dédaigneusement.

Quand il fut près d'elle, il leva le bras.

Tamara souriait toujours.

Le bras s'abaissa lentement, sans l'arme...

Il y eut comme un coup de tonnerre !

Le Madani sursauta : Tamara glissait sur le sable, la tempe trouée d'une balle, tirée à bout portant.

Derrière lui, debout, Chaambi Ahmed, hébété, reposait la crosse du mousqueton à terre. Le Madani vit que sa poitrine haletait d'émotion ; il comprit :

« Tu as bien fait, Chaambi Ahmed ! nous nous serions entretués pour elle. »

Après avoir attaché les deux corps côte à côte sur le même chameau, ils se mirent en route dans la nuit.

Quand ils parvinrent au tilmas, la harde revenait de boire ; les bêtes marchaient en file indienne, quelques ânons gambadaient dans les jambes des mères. La vieille ânesse grise qui menait la troupe, voyant les chameaux et les hommes dressa les oreilles, se campa un instant immobile et partit au galop sur le reg. A son signal toute la bande se dispersa en éventail, galopant quelques centaines de mètres, s'arrêtant, se retournant avec curiosité, puis s'engouffra au petit trot dans un ravin désert.

« Des bourricots perdus des Aït Lohan, qui sont redevenus sauvages, fit le Madani ; nous ne devons pas être loin des tentes et des terrains de parcours. »

Ils passèrent une partie de la nuit à creuser le tilmas, à boire, à remplir la betilla et la guerba.

De nombreuses étoiles s'allumèrent dans le ciel. Certaines étaient familières au Madani, qui les étudia longuement, réfléchit, puis conclut :

« Je sais où nous sommes, Chaambi Ahmed, Inch'Allah ! En marchant quatre jours vers le Nord, nous rejoindrons Issalane. »

Au matin, ils décidèrent d'enterrer sur place Franchi et Tamara.

« Allah les a réunis dans la mort, dit Chaambi Ahmed, il ne faut plus les séparer. »

Quand ils furent ensevelis, les goumiers recouvrirent les tombes de lourdes pierres, afin de les protéger des fauves.

Puis Chaambi Ahmed ficha deux dalles levées sur la tombe de Franchi, trois sur celle de Tamara.

Le Madani avait brêlé les chameaux. Comme ils allaient partir, Chaambi Ahmed eut une hésitation.

« Astenna chouia ! fit-il. Attends un peu. »

Il cassa deux tiges de roseaux dans l'oued, les joignit en forme de croix et revint ficher le signe du Christ sur la tombe du Roumi :

« Ouadattek el Moulana, chef, fit-il.

— Que ton Seigneur te prenne sous sa bonne garde, Franchi ! » répéta le Madani.

Puis ils se mirent d'accord sur la route à suivre et s'enfoncèrent dans les immenses solitudes du Nord.

CHAPITRE XXV

UN éblouissement saisit Beaufort. Après le dédale sonore des cañons du tassili, voici que s'étendait devant lui, à perte de vue, un reg fin, une plaine morte sans relief apparent, plage immense que cernait le silence venu des au-delà. Quelques semaines plus tôt l'officier eût été frappé de stupeur et d'effroi à l'annonce des épreuves qui l'attendaient, mais il était au contraire plein d'impatience, il sentait une force impérieuse le pousser vers le Sud, cette même puissance qui conduisait Djana, le petit Noir inspiré, sur les vieilles pistes millénaires qu'ils avaient retrouvées. Pas un instant l'idée d'une retraite, encore possible, ne vint effleurer son esprit. Il sentait seulement son cœur battre précipitamment, comme à l'annonce d'un grand événement.

Deux jours durant, Sidi-Bouya, le chasseur, les avait guidés à travers le labyrinthe de pierre du tassili, sur l'itinéraire qu'il avait découvert, poursuivant un mouflon, le premier soir de leur arrivée au Camp Duveyrier. Par une succession de couloirs sombres, de gorges étroites tapissées de sable blond où le soleil ne pénétrait jamais, ils avaient progressé lentement ; parfois ils découvraient d'étranges clairières dans la forêt de pierre, où les aiguilles de roc se miraient dans des gueltas secrètes hérissées de joncs frissonnants. Leur bivouac dans ce site étrange les avait bouleversés d'émotion. Toute la nuit Djana avait récité des versets du Coran, et sa prière montait comme du fond d'un puits vers les sommets des rochers torturés par l'érosion, puis retombait comme une chape sur les explorateurs ; ils parlaient à voix basse et leurs dialogues amplifiés leur revenaient en écho, une fois, deux fois, trois fois, comme un souffle exhalé des profondeurs mêmes du désert.

Sortis de l'ombre des cañons, hors du mystère sonore du tassili, face au vide horizontal rutilant de lumière et de chaleur, ils avaient eu la prescience de leur dernière aventure humaine. Sans nul doute, songeait Beaufort, cette plaine infinie, dont les horizons reculent sans cesse devant nous, n'est plus du domaine de l'homme.

Il fut tiré de son extase par des rugissements de colère et de douleur. Djana et Sidi-Bouya luttaient en corps à corps avec le chameau le plus en bosse, le plus résistant. Bien qu'entravée des quatre pieds, la bête ruait et se refusait à baraquer ; elle blatérait, écumait, entraînait les deux noirs dans une ronde furieuse. Enfin ceux-ci triomphèrent, et lui ayant ployé le col la couchèrent sur le reg. Déjà, rapide comme l'éclair, tandis que Sidi-Bouya ouvrait la gueule du chameau, Djana, d'un bref coup de poignard tranchait la langue qu'il rejeta au loin sur le sable ; ils s'affairèrent ensuite à ligaturer la plaie, à la cautériser avec des charbons ardents. Enfin, libéré de ses liens, sanglant, muet et frémissant de douleur, l'animal se releva.

Les Noirs, le sacrifice terminé, s'étaient rassis autour du feu. Beaufort dut faire effort pour s'approcher d'eux. Il lui semblait s'être dédoublé, avoir perdu toute sensibilité. Auparavant, il eût froidement arrêté cette barbarie sans nom ; au besoin et quoiqu'il lui répugnât d'utiliser de tels arguments, il ne se serait pas fait faute de cravacher d'importance les deux coupables... et voici qu'il se sentait à peine capable d'interroger ; il se voulait rude et c'est avec indifférence qu'il questionna :

« Qu'as-tu fait, Djana ? pourquoi mutiler ainsi notre meilleure bête ? »

En son for intérieur, il pensa à un sacrifice propitiatoire, à un rite oublié resurgi du fond des siècles obscurs. Il n'en était rien.

« Voilà une bonne guerba vivante, fit le nègre. Crois-tu donc que nous aurions eu assez d'eau pour traverser la grande plaine avant le pays des ancêtres ? Rassure-toi, Djana sait tout et la main de Dieu le dirige. Ce chameau n'a plus de langue, il ne pourra plus manger, il ne pourra plus ruminer, mais il est gavé d'eau et il ne fallait pas que cette eau fût polluée par les herbes fermentées de son estomac. Quand nous aurons bu toute notre réserve, quand la betilla sera vide, nous le tuerons, et l'eau de sa panse, à peine troublée, nous assurera une nouvelle semaine de vie, le temps que les étoiles m'indiquent la voie pour gagner les montagnes où nous devons aller. »

Beaufort n'insista pas. Il se souvint que jadis les Touareg partant pour de longs rezzous à travers les tanezroufts de l'Ouest, sacrifiaient ainsi deux ou trois bêtes volontairement.

Il eût voulu déjà être parti, il bouillait d'impatience. Mais il avait consenti cette halte ultime au seuil des régions nouvelles : le lieu où ils se trouvaient était d'une richesse préhistorique inouïe et depuis le matin Lignac le parcourait, craie en main, calepin en poche, appareil photographique en bandoulière. Chaque gorge du tassili recelait des trésors : fresques magistrales peintes il y a plusieurs dizaines de milliers d'années, gravures rupestres profondément incisées, figuration d'animaux aujourd'hui disparus : rhinocéros, éléphants, girafes, lions, hippopotames, attestant une période humide et prospère où des peuples pasteurs et chasseurs fréquentaient ces plaines. Il y avait d'autres signes plus récents qui témoignaient de la justesse des hypothèses échafaudées par Lignac.

« Nous touchons au but, Beaufort, nous approchons, s'écria celui-ci. Ah ! certes, il me faudrait des mois pour tout recenser ici, mais nous reviendrons, car maintenant vous êtes bien d'accord, il faut aller de l'avant ? »

Et l'autre approuvait, très calme. Il semblait étrangement détaché de toute préoccupation humaine. Lignac, naguère, s'en fût bientôt rendu compte, mais ce soir-là trop de pensées tourbillonnaient dans sa tête.

Le lendemain, commença leur dernière méharée. Il régnait sur cette partie du Sahara une chaleur de fournaise, plus lourde que dans le Nord. On sentait l'approche du Soudan. Ils suivaient toujours le même cap immuable : 180°. Le premier jour, Beaufort avait vérifié ; mais dès le deuxième il avait mis boussole en poche. Il marchait aux côtés de Djana qui, le buste droit, le regard perdu vers les au-delà, improvisait et chantait, les mains ouvertes, paumes tournées vers le ciel. Et leur double silhouette, baignée dans le brouillard qui unissait la terre au ciel, semblait s'incorporer aux immuables solitudes.

Dans son exaltation, Lignac gardait une tête lucide ; il avait compris que tout effort était désormais inutile pour tirer Beaufort de son rêve mystique. Djana les conduisait et décidait pour eux ; le savant se contentait de noter les incidents de marche et les caps principaux, travail qui normalement eût incombé au lieutenant. Parfois, le nègre faisait signe à l'un d'eux de chevaucher le seul chameau restant et ils obéissaient, se calant sur la rahla, cédant parfois au sommeil.

Sept jours durant ils allèrent par la plaine sans rencontrer une touffe d'herbe, une faille où pût s'enraciner quelque plante résistante. Les tornades du Soudan qui normalement eussent dû apparaître sur ces régions méridionales semblaient avoir épargné le grand reg. Lignac, qui avait un peu compté sur la présence d'une floraison d'acheb pour entretenir Merzouk, cacha sa déception. Plus rien désormais ne devait les arrêter. Enfin, la plage morte fit place à une sorte de grève pourrie, mi-pierre, mi-sable, une croûte souple sur laquelle la marche devint beaucoup plus difficile. Parfois ils enfonçaient brutalement, c'était comme s'ils trouaient d'un seul coup la surface de la terre, puis à ces marécages sans eau succédaient des sols plus durs.

Le huitième jour, de faibles reliefs vinrent modifier l'horizon : c'étaient de petites buttes de terre, curieux témoins géologiques, rompant la banalité du plateau. Ce jour-là, Lignac qui montait l'unique méhari s'était attardé en queue de la caravane. Devant, Djana et Beaufort marchaient, infatigables. Le savant constata que le noir ne variait pas son cap d'un degré. Soudain, son attention fut attirée par des signes gravés sur un seuil rocheux. Du haut de son chameau, Lignac reconnaissait maintenant deux ornières parallèles profondément burinées. Il reçut un choc terrible. Il eût voulu crier, mais aucun son ne sortait de sa bouche. Malgré son extrême faiblesse, sautant à bas de sa monture au risque de se blesser sur les cailloux, le cœur battant, il dégagea de leur gaine de sable les sillons préhistoriques. Alors, à demi titubant, il mesura — avec précision — l'écartement des ornières.

Les autres, là-bas, continuaient sans se retourner, on entendait chanter Djana, et parfois Sidi-Bouya d'une voix grêle reprenait les strophes qui s'envolaient comme un message dans le ciel.

Il ne fallait plus compter sur eux pour l'aider dans sa tâche. Lignac sortit son calepin, ses notes, écrivit, mesura, photographia. Lorsqu'il eut terminé, il se releva, épuisé et rayonnant. Il venait d'identifier le passage en ce lieu, voilà plus de quatre mille ans, des fameux chars des Garamantes. Cette route que Djana suivait d'instinct, lui l'avait retrouvée, scientifiquement, semaine après semaine. « Ce diable de nègre en sait plus long que moi », songea-t-il.

Il remonta à chameau et cravacha sa bête pour rejoindre Beaufort. Mais celui-ci ne broncha pas. Lignac tout à coup crut ne plus le reconnaître ! Il avait pris la démarche sautillante et rapide du nomade, si différente de la lente et régulière allure du montagnard ; sa barbe avait poussé en broussaille. A vrai dire, observa Lignac, personne — n'eût été le képi bleu enturbanné du chèche — n'aurait reconnu dans cette maigre et ascétique silhouette l'athlétique officier de chasseurs du début de l'année.

Djana chantait : Beaufort en extase, écoutait les phrases inconnues qui le berçaient d'une musique magique.

CHANT DE DJANA

Plus loin que le grand reg blanc,
au-delà même la naissance des vents de sable,
sur la route des ancêtres
j'ai trouvé le signe
des pays mystérieux et paisibles
où vit l'homme libre,
et moi, pauvre esclave, me voici
chantant et dansant,
poussant le chameau gorgé d'eau
vers cet inconnu que Dieu

seul — le vrai, le grand —
transperce de son regard.
Ah ! Djana, Haaaah ! Hoooh ! Haaaah !
Marche, mon beau chameau de course !
Les Touareg sont partis comme des loups
et les Chaamba eux-mêmes ont dû rejoindre
les arrems lointains que je ne verrai plus.
Et moi, Djana, je marche vers l'inconnu
sans peur car Dieu habite mon âme
et dirige mes pas.
Le grand chef blanc a compris l'appel de Dieu
et la vanité des choses
et l'orgueil des gens ;
il va à mes côtés,
confondu avec le Désert,
et celui qui sait l'histoire ancienne
des choses et des gens, ne voit déjà plus
la clarté lumineuse des matins.
Dieu dirige son âme vers les signes
mystérieux et il nous en dit l'histoire,
mais il ne sait pas dans toute sa science
que Djana, le pauvre esclave, deviendra roi
chez ses ancêtres
et coulera des jours paisibles
sur la Montagne aux Ecritures
où seuls les bons et les purs auront accès.
La vérité, M'siou Lignac, il est le seul
à qui Dieu ait permis de savoir un peu
de choses,
il lit sur les pierres,
il lit sur le sable,
il lit sur les eaux,
il lit dans le ciel,

mais Djana seul et aussi le lieutenant
dès maintenant n'ont plus besoin de lire,
car la sagesse les environne :
ils se sont mis dans la main de Dieu.

Et Beaufort répétait avec le Noir :

Car la sagesse les environne :
ils se sont mis dans la main de Dieu.

Depuis la découverte des ornières des chars garamantiques les signes apparurent, de plus en plus nombreux, sur les rochers qui parsemaient le reg. La petite troupe cheminait dans un chaos de grès bleus, galets gigantesques aux formes arrondies sur lesquels Lignac remarqua de nombreuses inscriptions rupestres. Aux iratimen * finement ciselés, aux cercles magiques entourant la tête de bovidés, aux figurations d'animaux, succéda, le dixième jour, le sceau de Salomon.

Le sable en suspens s'égouttait lentement, laissant prévoir une nuit froide et claire. Ils baraquèrent contre un gros bloc : une touffe de marcouba, ô surprise, avait poussé à l'abri de la pierre ; ils en arrachèrent les racines pour faire du feu et passèrent la nuit à grelotter autour de la maigre flamme. Peu avant le jour, les deux Français, succombant à l'écrasante fatigue, s'endormirent lourdement.

A l'aurore, Djana qui, toute la nuit, avait observé les astres, toucha l'épaule de Beaufort et le réveilla. Les grandes forces du ciel dissipaient la nuit ; il n'y avait presque plus d'étoiles, mais la Croix du Sud étincelait au-dessus de la terre.

« Vois ! » dit-il.

Le jour naissait. Sur la sombre masse du désert, une tranche de ciel d'un bleu extraordinaire, d'une pureté absolue, dessinait les contours d'une haute chaîne de montagnes. Sans transition une bande rouge brilla comme une barre incandescente au-dessus du bleu, isolant les montagnes du ciel gris où clignotaient les dernières constellations. Puis brusquement tout cessa et c'est à peine si l'on distinguait maintenant, très loin, comme une frange, l'apparition.

Djana tomba face contre le sol. Beaufort, à ses côtés, frappé de stupeur, contemplait ces horizons nouveaux qui surgissaient des sables.

Ce fut Lignac qui le premier trancha le grand silence :

« L'Oasis inconnue, Beaufort, la troisième, celle que tous les explorateurs du monde ont cherchée en vain, la voici devant nous... » Il y dirigeait ses yeux, mais déjà là-bas, les montagnes s'étaient effacées. Entre elles et les aventuriers l'implacable brume saharienne dégagée par la chaleur du jour tissait à nouveau son rideau impalpable.

Djana s'était relevé. Il vint près du lieutenant. Son visage était grave, sa démarche lente et noble. Il semblait avoir subitement grandi.

Il désigna les montagnes un instant entrevues.

« Adrar Iktebine.

— La Montagne aux Ecritures », traduisit Lignac.

Beaufort eut tout à coup un frisson d'effroi ;

il sentit que toute sa vie se jouait en cette heure décisive, et tous les liens qui jusque-là l'avaient enchaîné à ses souvenirs, à son pays, ses traditions, semblaient d'un ultime effort vouloir le ressaisir ; mais une force inconnue déliait ses angoisses, se substituait à sa propre volonté. Il eut besoin de réfléchir.

Les autres le regardaient, attendant.

Bientôt il reprit son calme et sa sérénité.

« Sidi-Bouya, tu sacrifieras la chamelle... » fit-il au bout d'un moment.

Lignac approuva.

Quand ce fut fait et qu'ils furent en possession de la nouvelle provision d'eau, ils décidèrent de repartir sans plus attendre. Beaufort, déjà, relevait l'arzema et pointait le nez de son méhari vers l'inconnu. Il se retourna.

Lignac construisait de ses mains un haut redjem de pierres sèches. Quand il vit le signal, l'Alpin haussa les épaules ; le savant crut bon de s'expliquer :

« Pour qu'on sache...

— Est-ce utile, Lignac ? »

Déjà Beaufort talonnait sa monture vers les lointains imprécis tracés, comme en filigrane, sur l'horizon du Sud.

Chamonix-Mont-Blanc,
juillet-août 1949 — août 1950.

INDEX

DES PRINCIPAUX TERMES INDIGÈNES FIGURANT DANS LE TEXTE

La transcription des termes arabes ou tamachek a été faite en se basant autant que possible sur la phonétique ; d'où quelques variations, suivant les auteurs, dans l'orthographe des mots.

Aberakka : nom targui d'une piste chamelière en montagne.

Acheb : végétation fugace de plantes herbacées annuelles poussant après la pluie, dont les graines, séchées, résistent quelquefois plusieurs années, sur les grands regs.

Addax : grosse antilope vivant dans les ergs, complètement disparue du Sahara algérien. Se rencontre encore à la limite du Soudan.

Adrar : montagne (en tamachek) ; par extension, région du sud-ouest du Hoggar. C'est aussi le nom de l'oasis principale du Touat.

Aguelmam : nom tamachek de la guelta, point d'eau du Hoggar, généralement vasque rocheuse à moitié ensablée, par opposition au tilmas, trou dans le lit asséché d'un oued.

Ahal : cour d'amour du Hoggar.

Ahnet : tribu targuie.

Aït Lohan : tribu targuie.

Ajjer : Touareg, ennemis héréditaires de ceux du Hoggar.

Ak : là !

Akba : passage d'une piste en terrain rocheux vertical ; montée d'une falaise gréseuse en Tassili, d'un ressaut granitique ou volcanique en pays hoggar.

Allouf ! : péjoratif : tout ce qu'il est interdit de manger par le Coran ; synonyme : impur.

Aman : demander l'aman, demander la paix ; se rendre avec les honneurs de la guerre.

Amane : l'eau.
Am'dullah : louanges à Dieu.
Aménokal : chef suprême des tribus touareg du Hoggar.
Amr'rar : chef de tribu.
Anoubi : garçon.
Aouah ! : vraiment !
Aouïa : bât de chameau.
Arrem : point d'eau cultivé dans le Hoggar (oasis sans palmiers).
Artoufat : au revoir (tamachek).
Arzema : rêne unique de nez du méhari.
Astenna : attends.
Ataï : nom vulgaire du thé, en arabe.
Atakor : massif montagneux au centre du Hoggar.
Aya ! : voici !
Azel : sorte de graminée.
Balek : attention.
Banco : terre mouillée, pétrie et séchée, composant les habitations des oasis.
Baraka : la chance, la protection divine.
Baraquer : agenouiller le méhari pour descendre de selle. Par ampliation, former le camp après l'étape.
Baroud : le combat.
Bechna : mil ; par extension, bouillie de mil.
Bellafia ! : bonsoir, au revoir ! dit avec un sentiment religieux.
Bérabiches : nomades berbères du Sahara occidental : Maures ou Reguibat.
Berma : chaudron.
Besif ! : bien sûr ! certainement ! obligé !
Betilla : cylindre métallique de 50, 100 ou 300 litres, ayant contenu de l'essence et utilisé maintenant par les Sahariens pour le transport de l'eau.
Beylik : tout ce qui est la propriété du gouvernement ; par extension : tout ce qui est commandé, tout ce qui appartient, tout ce qui est dirigé par la France (être au service du beylik ; payer la redevance au beylik ; chameau du beylik, etc.).
Bismillah ! : au nom de Dieu.
Blatérer, blatèrement : cri du chameau.
Borbor : poison lent ou rapide, en usage partout au Sahara et en pays noir. Tue ou annihile toute volonté chez la personne borborisée et la met par conséquent sous la domination immédiate de celui qui a intérêt à cette désagrégation mentale.
Bordj : fortin.
Boubou : veste blanche à manches courtes faisant partie, avec le sarrouel, de la tenue des Sahariens militaires ou civils.
Boujadi : un enfant ; par extension, une personne ne possédant pas plus de raisonnement qu'un enfant ; un novice, un bleu.
Boussaadi : « je donne le bonheur... » c'est-à-dire « j'envoie au paradis ». Poignard effilé des populations berbères ou arabes de l'Afrique du Nord et du Sahara.
Calotropis : plante arborescente, aux feuilles épaisses, charnues, vernies, d'aspect

d'un vert bleuté ; fleurs mauves.

Caoua : café.

Cauris : coquillages utilisés par les populations soudanaises comme mode de paiement.

Chaamba : tribu nomade du Sahara septentrional ; adversaires séculaires des Touareg, les Chaamba ont toujours été pour nous depuis leur pacification, nos alliés les plus fidèles. Laperrine les organisa en Compagnies Sahariennes, et grâce à eux la France a pu réussir la pacification totale du Sahara. Au singulier : **Chaambi.**

Chebkra : filet, réseau serré ; par extension, topographie compliquée.

Chèche : voile de toile ou de mousseline, qui sert à former le turban et qui est la coiffure indispensable à quiconque est méhariste. Rabattu sur la figure, il protège du vent de sable, du soleil et conserve l'humidité de la respiration. — Bien préférable au casque.

Chicaïa : disputes interminables des populations musulmanes pour des sujets dont l'intérêt échappe à nos mentalités occidentales. Goût des palabres et des procès.

Chikh : variété d'armoise.

Chitane : Satan, diable.

Choiries : sacs tressés servant au chargement des chameaux.

Chorba : soupe arabe dans le Nord. Repas principal du nomade au Sahara, à base de pâtes, de bouillon, de piment ; par extension, un plat de pâtes.

Chouâf : sentinelle aux aguets, éclaireur.

Choûf : regarde ! vois !

Creshba : tronc de palmier ; on le glisse sous les pneus d'une voiture pour sortir d'un ensablement. Par extension, tout ce qui sert à cet usage.

Dag Rali : tribu du Hoggar, vassale des Kel Rela.

Dahabiah : sacoche en peau de gazelle, ouvragée.

Dahman : mouton soudanais à longues pattes, recouvert de poils et non de laine.

Daïas : mares asséchées du pays de Laghouat et de Tilremt.

Dassine : femme célèbre par sa beauté ; poétesse du pays Hoggar.

Délou : sorte de récipient ouvert en peau, servant à tirer l'eau des puits.

Diffa : banquet, repas général d'une tribu, d'une secte ; festin donné à l'occasion d'une grande fête religieuse, militaire ou civile.

Djebel : montagne.

Djebira : sac en peau de gazelle.

Djellaba : vêtement musulman, de laine ou de poil ; tunique longue, à demi-manches et à capuchon.

Djemaa : réunion de gens, de ruisseaux, de vallées ; par extension, assemblée de notables.

Djenoun : diable en arabe. Génie, esprit, lutin (sing. : **djinn**).

Djouf : le creux, région presque inexplorée du Sahara central.
Dokkali : tenture (environ 6 m sur 1,20 m) aux couleurs vives — bandes rouges, vertes, orangées sur fond blanc — des environs de Timmimoun.
Doum : sorte de palmier nain.
Drinn : graminée saharienne.
Elkhir-râs ! : le bien seulement ! (tamachek).
Erg : dunes.
Ethel : tamaris saharien.
Faleslez : jusquiame ; poison violent entrant dans la composition du borbor.
Fatihah : prière.
Fatis : tenture monochrome de Gourara, région de palmeraies au nord du Touat.
Fech-fech : sable pourri, croulant sous le pied.
Fedj : espace plat entre des amoncellements de dunes, couloirs praticables aux chameaux.
Fennec : renard des sables.
Filali : peau de chèvre tannée.
Fissa ! : vite !
Ftas : robe d'indienne des femmes du Sahara.
Gaïla : sieste.
Gandoura : vêtement musulman en forme de robe ample.
Gara : montagne ; plus spécialement butte conique à sommet tronqué, butte témoin d'un ancien relief érodé.
Garamantes : anciennes populations du Sahara central, citées par Hérodote.
Gassi : passage en forme de couloir à travers les dunes. Piste d'erg.
Ged-ged : exactement, d'accord.
Gesh : bagages, chargement.
Girgir : plante saharienne annuelle, à fleur mauve, quelquefois blanche.
Goum : peloton cavalier ou méhariste supplétif, levé au service du beylik.
Gour : éminence, butte d'érosion sur un plateau ou reg.
Guelta : vasque rocheuse conservant les eaux pendant des années en pays hoggar ou ajjer.
Guemira : redjem : signal optique, petite pyramide de pierre.
Guerba : outre en peau de chèvre.
Hâd : buisson très apprécié des chameaux.
Hammada : haut plateau rocailleux et sans végétation.
Haoussa : populations nègres au nord du bas Niger (région de Niamey).
Harratin (sing. **Hartani**) : nègres sédentaires des oasis algériennes et sahariennes, fixés depuis plusieurs siècles ; descendants d'anciens esclaves razziés au Soudan.
Hoggar : corruption arabe pour **Ahaggar** (pluriel, **Ihaggaren** : nobles) ; désigne les habitants et par extension le massif montagneux du Sahara central.
Ifetesen : tribu hoggar.
Iforas : importante tribu targuie.
Imochar : nom que se donnent entre eux les Touareg.

Imrad : vassaux des nobles Hoggar.

Imzad : violon à une seule corde.

Inouba : garçon.

Inta labès : ça va bien ou ça ne va pas mal.

Iratimen : gravures rupestres reproduisant la forme des sandales sahariennes.

Issokkamaren : tribu hoggar.

Kanoun : récipient en terre cuite sur quoi on cuit au charbon de bois les aliments ; les règles intangibles qui régissent en particulier et en dehors des lois coraniques les collectivités berbères.

Kel (Kel Ahnet, Kel Ajjer, Kel Messak, Kel Rela) : patronyme targui placé devant chaque nom de tribu ou de groupe social.

Kellesouf : enfant des génies.

Kel Oulli : gardien de chèvres, par opposition à guerrier.

Kel Rela : principale tribu noble du Hoggar.

Kessera : galette de blé, d'orge ou de mil, cuite sous la cendre par le méhariste.

Khodja : interprète.

Koudia : région montagneuse du Hoggar.

Kreb : passage rocheux, piste escaladant une falaise ; synonyme d'**akba** en pays arabe (Tidikelt, Touat, etc.).

Ksour : pluriel de **Ksar** : villages fortifiés, citadelle.

Labès ? : Ça va ?

Litham : voile de visage, ne laissant paraître que les yeux.

Maader : dépression où, en temps de pluie, se concentrent les eaux.

Maalem : forgeron, chef du village.

Makach ! : rien, pas du tout !

Makhzen : Gouvernement.

Manarf ! : ça suffit, il y en a assez !

Manassa : plat de cuivre servant à boire, à creuser le sable, à se laver ; indispensable au méhariste.

Marcouba : graminée soudanaise agglomérant le sable à sa base en forme de petites buttes.

Ma-t-toulid ? : Comment vas-tu ?

Méchoui : viande grillée sur les charbons ardents.

Medjbed : piste formée par le passage répété des gens et des bêtes.

Melfouf : grillade de foie.

Messak : Voir **Kel.**

Miad : délégation pacifique.

Mohor : grande gazelle au dos roux, au ventre blanc, vivant dans le Sahara méridional.

Mokhaznis : mercenaires musulmans à la solde du beylik.

Mokkadem : chef de confrérie.

Moukala : fusil.

Moute : mort.

Mozabites : tribu dissidente de l'Islam réfugiée au M'zab.

Naïls : sandales sahariennes.

Nefra : littéralement bagarre entre musulmans, rixe de tribu à tribu.

Oghourd : haute dune de sable.

Oglat : point d'eau, creusé de main d'homme.
Oleo Laperrini : olivier sauvage du Hoggar.
Ouallou ! : rien du tout !
Ouig : petit tapis de selle pour la rahla.
Panka : écran mobile, balancé au-dessus des tables, des lits ou des bureaux pour donner un peu d'air et de fraîcheur.
Rahla : selle targuie à pommeau en forme de croix.
Raïta : flûte arabe.
Ramla : dunes de sable ; par extension, les **ramblas** (à Barcelone), anciennes dunes entourant les fossés de la ville.
Redir : mare temporaire dans un oued.
Redjem : signal optique formé de pierres entassées en pyramide.
Reg : immense étendue plate et caillouteuse.
Roul : génie de l'Erg.
Salam Alekhoum : le salut sur toi (sur vous).
Sarrouel : pantalon musulman, vaste et bouffant.
Seguia : conduit à ciel ouvert, servant à l'adduction et à la distribution d'eau dans les oasis.
Sif : crête de dune.
Sokhrar : chamelier.
Tahla : acacia nain, épineux du Sahara central.
Taïtoq : tribu targuie du sud du Hoggar.
Takouba : sabre targui à lame plate et large.
Tamachek : langue des Touareg.
Tamat : acacia du Soudan.
Tanezrouft : désert intégral, immenses étendues mortes du Sahara couvrant plusieurs milliers de kilomètres carrés.
Targui : singulier de Touareg.
Targuia : féminin de Targui.
Tassili : plateau gréseux, tel celui des Ajjer.
Teda ou **Tibbou** : habitant du Tibesti.
Tifinar : écriture des Touareg.
Tilmas : point d'eau temporaire obtenu en creusant le sable d'un oued asséché.
Tobeul ou **tobol** : tambour de commandement chez les Touareg ; par extension, ceux d'un tobol, hommes de plusieurs tribus obéissant au même signe de ralliement.
Touameur : ancêtres des Chaamba.
Toub : synonyme de **banco.**
Zeriba : hutte en roseaux.

TABLE DES MATIERES

Pages

ŒUVRES DE ROGER FRISON-ROCHE

Chez le même Éditeur :

PREMIER DE CORDÉE.
LA GRANDE CREVASSE.
RETOUR A LA MONTAGNE.

BIVOUACS SOUS LA LUNE :

LA PISTE OUBLIÉE.
LA MONTAGNE AUX ÉCRITURES.
LE RENDEZ-VOUS D'ESSENDILÈNE.

Lumière de l'Arctique :

LE RAPT. Grand Prix Littéraire de la Jeunesse, 1963.
LA DERNIÈRE MIGRATION.

Belles Pages - Belles Couleurs :

LE GRAND DÉSERT. Photographies de Georges Tairraz.
SUR LES TRACES DE PREMIER DE CORDÉE.
Photographies de Georges Tairraz.

Les Beaux-Pays :

MONT BLANC AUX SEPT VALLÉES (en collaboration avec Pierre Tairraz)
Grand Prix Littéraire du Tourisme.

Le Monde en Images :

MISSION TÉNÉRÉ.

Clefs de l'Aventure :

PEUPLES CHASSEURS DE L'ARCTIQUE.
SAHARA DE L'AVENTURE.

Chez d'autres Éditeurs :

L'APPEL DU HOGGAR (Flammarion).
EN SKIS ET A CHAMEAU A TRAVERS LE GRAND ERG OCCIDENTAL (1937, S.I.P.A.).
KABYLIE 39 (S.I.P.A.).
SUR LA PISTE D'EMPIRE (Charlot).
LES MONTAGNES DE LA TERRE (2 volumes grand in-4°. Flammarion).

IMPRIMÉ EN FRANCE PAR BRODARD ET TAUPIN
7, bd Romain-Rolland - Montrouge - Usine de La Flèche.
LE LIVRE DE POCHE - 12, rue François 1er - Paris.

ISBN : 2 - 253 - 00842 - 7

30/3296/8